L.b. 1900.
27.a.5.

MÉMOIRES

POUR SERVIR

A L'HISTOIRE DE FRANCE.

MÉMOIRES

POUR SERVIR

A L'HISTOIRE DE FRANCE

SOUS LE GOUVERNEMENT

DE NAPOLÉON BUONAPARTE,

ET PENDANT L'ABSENCE

DE LA MAISON DE BOURBON;

Contenant des anecdotes particulières sur les principaux personnages de ce temps.

PAR J.-B. SALGUES.

TOME CINQUIÈME.

PARIS.

IMPRIMERIE-LIBRAIRIE DE J.-G. DENTU,
RUE DES PETITS-AUGUSTINS, N° 5.
1825.

MÉMOIRES

POUR SERVIR

A L'HISTOIRE DE FRANCE

SOUS LE GOUVERNEMENT

DE NAPOLÉON BUONAPARTE,

ET PENDANT L'ABSENCE

DE LA MAISON DE BOURBON.

CHAPITRE PREMIER.

Expédition du général Richepanse à la Guadeloupe. Résistance opiniâtre de Pélage; détails sur ce mulâtre. Soumission de la colonie. Mort du général Richepanse.

Tandis que l'impéritie, la mauvaise foi et de lâches cruautés ravissoient à la France la plus vaste et la plus précieuse de ses possessions d'outre-mer, un officier plus habile et plus sage que Leclerc et Rochambeau faisoit rentrer la Guadeloupe sous la domination de la métropole. Buonaparte avoit proclamé que, dans cette île et Saint-Domingue, les noirs conserveroient la liberté qu'ils avoient acquise au prix de leur sang. Ces promesses avoient été renouvelées dans un exposé officiel sur la situation de la république, présenté au Corps législatif; on y lisoit : *A Saint-Domingue, à la Guadeloupe, il n'est plus d'esclave ; tout y est libre et y restera libre.* Mais ces paroles cachoient des intentions bien différentes. Nous avons vu le contre-amiral Lacrosse (1), chargé de cette mission, obtenir d'abord des succès éclatans, perdre ensuite le fruit de la victoire, tomber entre les mains de l'ennemi, et sortir en vaincu de l'île qu'il étoit chargé de gouverner. Cette révolution était l'ouvrage d'un homme de couleur habile et courageux, nommé *Magloire Pélage*. Il étoit né à la Martinique; et malgré l'abjection où les blancs affectoient de tenir les mulâtres, il s'étoit, à l'époque de la révolution et des premiers troubles de cette colonie, déclaré franchement pour la métropole; sa fidélité, sa bravoure et ses talens l'avoient fait bientôt remarquer. Il étoit entré dans la milice coloniale, et s'étoit distingué en défendant bravement la colonie contre les Anglais, en 1794.

---

(1) Tome III, page 226.

Peu de temps après, blessé à l'assaut du morne Vert-Pré, il avoit vu périr à ses côtés son oncle, capitaine dans son régiment, et s'étoit signalé par tant de courage et de dévouement, qu'il fut nommé lieutenant sur le champ de bataille, et chargé de la défense d'une redoute devant le fort de *la République*. Il n'avoit point trahi la confiance de ses chefs; et quoique forcé de céder à la supériorité du nombre, il s'étoit acquis une nouvelle réputation d'intelligence et d'intrépidité. Transporté en Europe, puis en France, il n'eut pas de peine à obtenir du service, s'illustra de nouveau à Sainte-Lucie, obtint le grade de chef de bataillon, et après avoir servi quelque temps sous les ordres du général Béthancourt, passa à la Guadeloupe avec le contre-amiral Lacrosse : il étoit alors général de brigade.

Le premier consul adressoit à la colonie un plan d'administration dont il se promettoit les plus grands avantages. Un capitaine-général disposoit de la force armée, un préfet colonial régloit les intérêts des planteurs et de la métropole; la justice étoit rendue par un juge supérieur, sous le nom de *commissaire* : il avoit confié ces deux dernières fonctions à MM. Lescallier et Coster. Mais soit que les mulâtres et les noirs eussent pénétré le secret des instructions du contre-amiral Lacrosse, et qu'avertis par le soin qu'il prenoit de dissoudre leurs forces militaires et de désarmer la population, ils conçussent de légitimes inquiétudes pour leur liberté, une violente insurrection éclata tout à coup. Les hommes de toute couleur, presque toujours désunis, se rallièrent. Pélage, jusqu'à ce jour resté fidèle, se mit à leur tête, remporta des avantages importans sur les Européens ; et avant que le préfet colonial et le commissaire de justice fussent arrivés, le nouveau gouvernement étoit déjà dissous. Pélage, maître de la colonie, en proclama l'indépendance, tandis que le contre-amiral Lacrosse, déporté sur un vaisseau danois, mais encontré par les Anglais, fut conduit à la Dominique ; et peut être la Guadeloupe eût-elle été, comme Saint-Domingue, perdue à jamais pour la France, si les noirs et les mulâtres eussent continué de rester unis. Mais les aversions naturelles, les défiances et les jalousies s'étant réveillées dès que les blancs ne leur inspirèrent plus de crainte, la métropole put encore espérer de recouvrer la souveraineté qu'elle avoit perdue. Les anciennes liaisons de Pélage avec les blancs, sa couleur, son premier dévouement à la France, une proclamation malhabilement rédigée, ne tardèrent pas à le rendre suspect aux noirs. De la défiance ils passèrent promptement à la crainte, de la crainte à la défection. Une vaste conspiration tramée avec beaucoup de secret faillit lui ravir l'empire et la vie. Quinze mille noirs devoient se réunir à un signal convenu, s'emparer de sa personne, incendier les plantations des blancs de son parti, et se donner un autre chef. Une femme le sauva. Favorite d'un blanc qu'elle voulut soustraire au massacre, elle révéla tout. Les chefs du complot furent arrêtés, punis, et tout rentra dans l'ordre.

Telle étoit la situation de la colonie, lorsque les préliminaires de paix furent signés entre la France et l'Angleterre. Cette nouvelle rendit l'espoir au contre-amiral Lacrosse. Le préfet colonial et le commissaire de justice vinrent le rejoindre à la Dominique, et de là il exposa dans un manifeste sa conduite et celle des insurgés. La nouvelle de la paix étoit aussi arrivée à la Guadeloupe; elle avoit inspiré des craintes aux vainqueurs et relevé les espérances des vaincus. Le départ de la flotte de Brest, son arrivée à Saint-Domingue, accréditèrent encore les unes et les autres. Dans le premier moment de fermentation, un grand nombre de blancs payèrent de leur sang la joie qu'ils eurent l'imprudence de manifester, et les autres ne furent épargnés que pour servir d'otages. Chaque jour on s'attendoit à voir paroître une flotte française.

Napoléon ne s'étoit point, en effet, contenté de s'occuper de Saint-Domingue, il vouloit en même temps faire rentrer toutes les colonies sous l'autorité de la métropole. A peine la grande expédition avoit-elle quitté les ports de France, qu'une nouvelle escadre en sortoit sous les ordres du contre-amiral Bouvet : elle étoit composée de trois vaisseaux de ligne et de quatre frégates, et portoit trois mille cinq cents hommes destinés à reprendre la Guadeloupe. Mais soit que Napoléon doutât de l'habileté du contre-amiral Lacrosse, soit qu'il entrât dans sa politique de retirer le pouvoir à ceux qui n'avoient pas su le conserver, soit qu'un sentiment moins noble se joignît à ses autres motifs, il confia le commandement de cette entreprise au général Richepanse : c'étoit un homme éprouvé depuis long-temps dans les chances de la guerre, et dont l'habileté s'étoit manifestée glorieusement à la célèbre bataille d'Hohenlinden. Ainsi, ce choix flattoit le premier consul par deux avantages ; il enlevoit un ami au général

Moreau, et donnoit un chef habile à l'armée de la Guadeloupe.

On avoit, autant qu'il avoit été possible, couvert de voiles épais le secret de cette expédition; elle partit dans les premiers jours d'avril, et le 7 mai elle étoit en vue de la Pointe-à-Pître. La Guadeloupe, dont la forme est fort irrégulière, est coupée en deux par un petit bras de mer qu'on appelle *la rivière Salée*. On la divise en deux parties : la Grande et la Basse-Terre. La Pointe-à-Pître est le chef-lieu de la Grande-Terre; elle est située à l'embouchure de la rivière Salée. La partie de l'île qu'on appelle proprement *la Guadeloupe* (nom qu'elle reçut de Christophe Colomb) est hérissée, dans son intérieur, de montagnes et de rochers qui se refusent à la végétation, et sont dominés par un pic qu'on appelle *la Souffrière*. Mais de ces montagnes et de ces rochers coulent une infinité de sources d'eau vive qui vont porter la fertilité dans les plaines qu'elles arrosent. La Grande-Terre offre un terrain plus praticable et plus uni, mais sans rivières, et moins favorisé de la nature. En 1789, on comptoit à la Guadeloupe et dans les petites îles de la Désirade, de Marie-Galande et des Saints, qui en font partie, environ cent quatorze mille habitans, ainsi répartis : douze mille sept cents blancs, treize cent cinquante mulâtres ou noirs libres, et cent mille esclaves ; mais il est probable que des dénombremens plus exacts eussent donné une population plus considérable.

La Pointe-à-Pitre, où le général Richepanse se présenta pour opérer son débarquement, est un port profond et sûr placé à l'extrémité de la Grande-Terre. Le gouvernement français en a fortifié les avantages naturels par les moyens de l'art; et la ville, dont il a fait tracer le plan, est devenue le principal entrepôt du commerce de l'île. L'amiral Bouvet s'étoit d'abord flatté de forcer la passe; mais le danger qu'il y reconnut ensuite obligea l'armée de débarquer à quelque distance. Le général Richepanse avoit prescrit des dispositions militaires; elles devinrent inutiles, par l'accueil amical qu'il reçut; il marcha sur la ville au milieu des acclamations, et rangea son armée en bataille sur la place de la Victoire. Pélage accourut, fit sa soumission, et répondit de celle de toute son armée. Elle eut ordre de se réunir le même jour; mais l'appel démentit les espérances de Pélage; plusieurs chefs manquèrent, ainsi que les troupes qu'ils commandoient. Ignace, général noir, refusa de livrer celui des forts de la ville qu'il commandoit; et ne pouvant le défendre contre les troupes françaises, l'évacua, emmenant avec lui plus de quatre cents hommes. Le général français et Pélage lui-même ne purent douter d'une défection considérable ; il fallut se préparer à la guerre. Le général Richepanse confia la défense de la Pointe-à-Pître aux généraux Seriziat et Dumontier, fit assurer la navigation de la rivière Salée, et convaincu qu'il n'avoit pas un moment à perdre, résolut de s'assurer sans délai de la Basse-Terre, fit embarquer à la hâte les forces nécessaires pour combattre les insurgés, et emmena Pélage avec lui. L'armée française accusoit hautement ce chef de trahison ; cependant rien ne justifioit encore ces soupçons, et dans plusieurs occasions il se montra également fidèle et brave. Toute hostilité étoit ordinairement précédée par des proclamations : celles qu'apportoit le général Richepanse promettoient si formellement aux noirs la conservation de leur liberté, que le général français s'en promettoit le plus grand succès. Mais il trouva la Basse-Terre dans des dispositions bien moins favorables que la Grande. Tout, dans la ville et sur les côtes, lui présenta l'aspect de la guerre. On envoya aux chefs des insurgés un officier noir attaché à Pélage. Il ne put rien gagner sur les rebelles. Déjà les nouvelles de Saint-Domingue avoient exalté les esprits, et les proclamations n'inspiroient plus aucune confiance. Il fallut en venir aux armes. Le général Gobert eut ordre de débarquer sous le feu de l'ennemi : celui-ci paroissoit disposé à se battre en désespéré. Les troupes insurgées étoient accourues de tous les points de la ville et des habitations voisines; le feu de leurs batteries étoit terrible, leur mousqueterie n'étoit guère moins funeste. Cependant la bravoure, aidée de l'art, triompha; les batteries furent emportées ou réduites au silence. L'ennemi se retiroit, mais en bon ordre, et prenant sur un terrain inégal et couvert des positions qui augmentoient beaucoup ses forces; il falloit l'en débusquer pied à pied, gravir les mornes, pénétrer dans les bois; le succès ne s'obtenoit qu'au prix de beaucoup de sang. Pélage se signaloit à la tête de ceux qui comme lui étoient restés fidèles, et répondoit à ses ennemis par une intrépidité héroïque. Forcé de céder successivement le terrain, l'ennemi réunit ses forces et concentra sa défense dans le fort Saint-Charles. Déjà les batteries de la côte étoient au pouvoir des Français, et la ville de la Basse-Terre avoit ouvert ses portes. Mais l'occupation du fort Saint-Charles étoit d'une autre importance, et demandoit plus de temps. Il avoit été, en 1764, revêtu d'ouvrages extérieurs, et mis dans un état de défense respectable. On fut obligé d'en faire le siége dans toutes les formes, et d'attendre la jonction du général Seriziat, dont les forces furent jugées nécessaires pour l'investissement complet du fort. Les noirs se battirent avec intrépidité, souvent avec intelligence, firent de nombreuses sorties, tuèrent un grand nombre d'hommes aux assiégeans, et n'abandonnèrent leurs remparts que lorsque l'artillerie française les eut entièrement détruits. Ils avoient pour chefs deux hommes pleins de résolution, et déterminés à vendre chèrement leur vie, Ignace et Delgresse. Il fallut les poursuivre avec les débris de leur armée, forcer leurs positions et leur livrer des combats sanglans, dans l'un desquels Ignace périt en se défendant vaillamment. Bientôt l'on n'eut plus à poursuivre que des bandes éparses. Il falloit les déloger de postes qui sembloient inaccessibles. Le général Richepanse conduisit cette guerre avec tant de sang-froid et d'habileté, que ni l'avantage du lieu, ni le courage, ni le désespoir même ne purent sauver les noirs. Chaque jour ils voyoient leurs forces s'affoiblir et leurs guerriers diminuer. Enfin, poussés de position en position, cernés de toutes parts, ces malheureux, plutôt que de se remettre entre les mains de leur ennemi, préférèrent une mort affreuse, mais éclatante; ils mirent le feu aux poudres, et se firent sauter, avec leur général Delgresse, au nombre de plus de trois cents. Ce fut le dernier évènement remarquable de cette courte et meurtrière campagne. Les fugitifs qui échappèrent à ce désastre furent poursuivis sans relâche et impitoyablement mis à mort. Le reste de la population noire, sans chefs, sans appui, sans ressources, fut obligé de subir la loi du vainqueur. On apprit alors ce que valoient les proclamations et les promesses du premier consul. Ces hommes qui n'avoient pas pris part à la guerre, auxquels on avoit promis solennellement la liberté, furent chargés de chaînes et replongés dans toutes les horreurs de leur première condition : en vain essayèrent-ils de réclamer la parole du premier consul, on n'y répondit que par le mépris, la violence et les supplices. Les instructions secrètes de Napoléon furent exécutées dans toute leur rigueur : ce qui restoit de chefs et d'officiers noirs ou mulâtres fut arrêté et déporté en France; les membres du conseil provisoire établi par Pélage subirent le même sort. Pélage lui-même, malgré sa soumission et les services qu'il venoit de rendre à l'armée, ne fut pas mieux traité : arrêté au moment où tout sembloit lui garantir un rang élevé et une existence paisible, il fut embarqué pour la France, conduit de Brest à Paris, et jeté dans la prison de l'Abbaye. La conquête de la colonie avoit commencé par la victoire, elle fut achevée par la terreur et la perfidie. Tous les noirs et les mulâtres qui faisoient partie de l'armée française, et l'avoient fidèlement servie, en furent chassés, et l'on vit alors s'accomplir fidèlement ces mots du premier consul au général Vincent : *Je ne veux pas d'une seule épaulette sur l'uniforme d'un seul homme de couleur.*

Il ne s'agissoit plus que d'organiser le gouvernement. Dès que le préfet colonial et le commissaire de justice virent le danger passé, ils quittèrent leur retraite pour se rendre à la Guadeloupe. L'honneur du gouvernement français exigeoit une réparation solennelle pour le contre-amiral Lacrosse. Il reparut avec tous les pouvoirs dont il étoit muni précédemment; on alla au-devant de lui, et le général Richepanse se fit un devoir de lui témoigner tous les égards qui pouvoient adoucir le souvenir de son malheur.

Les rebelles étoient vaincus ; mais il restoit

à vaincre un ennemi plus redoutable. La fièvre, qui exerçoit sur l'armée de Saint-Domingue de si cruels ravages, s'étoit aussi répandue à la Guadeloupe; chaque jour nos soldats, moissonnés par la contagion, dépeuploient les cadres de l'armée. Le général Richepanse lui-même ne tarda pas à en être atteint, et fut enlevé à sa patrie, à son armée, le 3 septembre 1802, quatre mois après son arrivée; sa mort excita de vifs regrets. Il réunissoit en sa personne toutes les vertus qui peuvent faire estimer et chérir un guerrier. Ami du général Moreau, il partageoit ses heureuses qualités, joignant comme lui un talent consommé à la présence d'esprit et à l'intrépidité dans les combats. Il étoit né en 1770, d'un officier du régiment de *Conti-Cavalerie;* à quatre ans il étoit soldat. En croissant en âge, il parcourut successivement tous les grades, et se trouva lieutenant de cavalerie au commencement de la révolution; trois ans après, il étoit chef d'escadron; sa conduite à la bataille d'Altenkirchen l'éleva au grade de général de brigade. Il étoit général de division à la célèbre bataille d'Hohenlinden, à laquelle il prit la part la plus brillante. La France perdit en lui un de ses meilleurs officiers. Il n'avoit que trente-deux ans. On lui éleva un tom-

beau sur le rempart du fort Saint-Charles. Une des rues de Paris porte son nom. Il ne s'étoit chargé qu'à regret de la mission que lui avoit confiée Napoléon; ses instructions, qu'il communiqua au général Moreau, étoient indignes d'un homme de son caractère ; elles lui prescrivoient de susciter la guerre, si les insurgés s'y refusoient. Ce fut chez lui, dans son propre appartement que Pélage fut arrêté, au moment où il venoit lui rendre une visite et lui demander ses ordres. Il viola ses promesses, en replongeant dans les fers des hommes auxquels il avoit solennellement promis la liberté. Pour les réduire à ce malheureux sort, il fut forcé, contre son gré, de recourir aux supplices. Il s'étoit flatté, en partant de France, d'éluder ces ordres. Arrivé à la Guadeloupe, assiégé d'une foule de considérations, il n'en eut pas le courage ; s'il l'eût fait, il se serait perdu Il exécuta, par respect pour le chef du gouvernement, par crainte pour lui-même, ce que le soin de sa conscience et de son propre honneur lui prescrivoit de rejeter. Il eut même la faiblesse de prendre, dans sa correspondance, les formes de style qui pouvoient convenir peut-être à Buonaparte, mais nullement à un général tel que lui. « Il ne me reste plus, disoit-il, qu'à
« poursuivre et exterminer les restes de ces bri-

« gands, qui, insensibles à la persuasion,
« opiniâtres dans leurs résolutions, refusent
« de rentrer dans le devoir. La mort de ces
« scélérats est le seul moyen d'arrêter les in-
« cendies et le massacre des blancs. Il est
« heureux, ajoutoit-il, qu'ils aient voulu ré-
« sister, car ils nous ont fourni l'occasion de
« les détruire. » Mais cette destruction fut plus
funeste que profitable à la métropole, car elle
décida la perte de Saint-Domingue. Instruits des trahisons de la France envers les
noirs de la Guadeloupe, ceux de Saint-Domingue se résolurent à une guerre d'extermi-
nation; ils se seroient fait sauter comme les
trois cents soldats de la Guadeloupe, plutôt
que de reprendre leurs fers. Avec plus de justice et de modération, la Guadeloupe n'en
eût pas moins été conservée, et nous n'aurions
pas à gémir aujourd'hui sur la perte irrépa-
rable de la plus belle de nos possessions.

CHAPITRE II.

Actes de sévérité du premier consul envers quelques officiers opposés à son gouvernement. Nouvelle Constitution établie sous le nom de lois organiques. *Réunion de l'île d'Elbe et du Piémont à la France. Prise de possession du duché de Parme. Suppression du ministère de la police générale; réunion de ce ministère à celui de la justice. Élimination d'un grand nombre de tribuns. Travaux entrepris. Encouragemens donnés aux arts d'industrie. Suppression du culte théophilanthropique. Nouveaux présages de guerre.*

Quittons l'Amérique et les théâtres de dévastation sur lesquels nous n'avons peut-être que trop long-temps arrêté nos regards. Reportons-nous sur le sol de la France, que nous avons laissée goûtant les prémices d'une paix où elle se flattoit de trouver les sources d'une longue prospérité. Deux ans s'étoient écoulés depuis la grande expédition de Saint-Domingue, et de tout ce vaste appareil il ne revenoit en France que les restes inanimés du capitaine-général Leclerc, que ramenoit tristement la sœur du premier consul pour les déposer dans sa terre natale. Déjà la face de l'Europe n'étoit plus la même : la paix, dont elle avoit joui si peu de temps, s'en étoit exilée. La France et l'Angleterre, qui avoient montré tant d'empressement pour se rapprocher, ne songeoient plus qu'à se livrer de nouveaux combats. Cette rupture étoit facile à prévoir. Le premier consul avoit une âme trop ardente pour se condamner à un repos qui enchaînoit son amour de la guerre et ses desseins ambitieux. Le consulat à vie étoit loin de le satisfaire ; et si l'on en croit les Mémoires d'un homme qui jouissoit alors d'une grande influence (1), la concession qui

---

(1) *Mémoires* publiés sous le nom de *Fouché*. Beaucoup de lecteurs se persuadent que ces Mémoires sont réellement de Fouché ; mais ils portent des caractères de supposition trop évidens pour qu'on puisse s'y tromper. L'éditeur s'est souvent contenté de copier littéralement les écrits dont il a formé sa compilation. Ainsi, à la page 274 du premier volume, on lit : « Puisque les Français adoptoient d'enthousiasme « le gouvernement renfermé désormais dans la per- « sonne du premier consul, il n'avoit garde de leur « laisser le temps de se refroidir ; il étoit d'ailleurs

lui en avoit été faite étoit moins un hommage que le résultat d'une combinaison politique pour l'empêcher de ceindre trop tôt le diadême. Il s'indignoit d'être contrarié, et frappoit surtout de sa disgrâce les officiers de son

---

« persuadé que son autorité ne seroit pas entièrement
« affermie tant qu'il resteroit dans l'Etat un pouvoir
« qui n'émaneroit pas directement de lui. »

On lit dans la *Revue chronologique de l'histoire de France*, page 363 : « Puisque les Français adoptent
« sans hésiter et d'enthousiasme tout ce qu'il propose,
« il ne leur laissera pas le temps de délibérer et de se
« refroidir. Son autorité ne sera pas entièrement affer-
« mie tant qu'il restera dans l'Etat un pouvoir qui n'é-
« manera pas directement de lui-même. »

L'éditeur ajoute : « Telle fut la cinquième Consti-
« tution jetée sur un peuple aussi léger qu'irréfléchi,
« n'ayant que très-peu d'idées justes sur l'organisation
« politique et sociale, et qui passoit, sans s'en dou-
« ter, de la république à l'empire. »

L'auteur de la *Revue chronologique* dit : « Ce sé-
« natus-consulte peut-être considéré comme une cin-
« quième Constitution jetée sur un peuple aussi peu
« judicieux qu'ignorant des élémens de l'organisation
« politique et sociale. »

Nous pourrions citer dans nos propres Mémoires plusieurs passages qui n'ont pas nui à l'éditeur de ceux de Fouché. D'autres que nous ont déjà remarqué que l'éditeur s'étoit singulièrement aidé des Mémoires du baron Fain.

armée qui manifestoient des opinions trop républicaines. Il avoit établi autour de lui une contrepolice dont l'activité et l'émulation donnoient souvent de vifs embarras à la police générale. Dans sa* sombre inquiétude, il voyoit partout des conspirations, et ne dissimuloit pas les craintes qu'elles lui inspiroient. Il crut en voir une dans une réunion d'officiers qui, échauffés par le vin, s'étoient permis de gémir sur la perte de la liberté, de rappeler la fin tragique de César et le poignard de Brutus. Ce n'étoit pas, disoient-ils, dans le sénat qu'ils vouloient frapper le dictateur, mais au milieu même de ses soldats, pour donner un grand exemple à tout ambitieux qui voudroit asservir sa patrie. Celui qui, dans cette réunion, s'étoit montré le plus disposé à jouer le rôle de Brutus, étoit le colonel du 12e régiment de hussards, Fournier de Sarlovèze (1). Sa bravoure n'étoit pas douteuse, et l'on savoit en outre qu'il étoit l'officier de l'armée le plus habile à tirer le pistolet. Il s'étoit engagé à

---

(1) Cet officier avoit été fait colonel à vingt-trois ans. Il s'étoit fait connoître à Paris par une action d'honneur. Lorsqu'en 1798 une bande d'assassins s'étoit jetée, le soir, dans les salons de Frascati, sous prétexte d'y poursuivre les chouans, le colonel Four-

frapper l'ennemi à cinquante pas. Mais les réunions de table sont de mauvais moyens pour conspirer. Dès le soir même, le complot fut déféré par un des convives au général Menou, qui s'empressa de le communiquer au premier consul. Les ordres sont aussitôt donnés à la police du château. Le premier consul, qui se disposoit à se rendre à l'Opéra, ne change rien à cette détermination. Arrivé à sa loge, il apprend que le colonel est dans la salle même du spectacle. Il charge le général Junot de l'arrêter et de le conduire devant le ministre de la police. Fournier est interrogé, réprimandé, et gardé à vue. Le lendemain, on le conduit chez lui pour assister à la saisie de ses papiers. Le colonel, homme d'esprit et de résolution, enferme les agens de la police, et s'évade. La colère de Napoléon fut extrême. Mais on fit tant de recherches que le colonel fut repris peu de temps après. On mit à cette arrestation un appareil ridicule; les agens de la police étaient

---

nier, quoique zélé républicain, les avoit chargés le sabre à la main, en avoit blessé plusieurs en défendant leurs victimes, avoit reçu lui-même six coups de sabre, et s'étant fait jour à travers les brigands, s'étoit retiré baigné dans son sang.

appuyés de cinq cents hommes. On vouloit donner à cette affaire toute l'importance d'une grande conjuration. Le chef d'escadron Donnadieu fut arrêté, et tenu au secret dans un des cachots du Temple. Il ne connoissoit nullement le colonel Fournier; mais il étoit jeune, ardent comme lui, et passoit pour un panégyriste enthousiaste des libertés publiques et du général Moreau, sous lequel il s'étoit déjà signalé par des actes de bravoure; sa captivité se prolongea plusieurs années. Cependant, Fouché, qu'effrayoit aussi l'ambition du premier consul, et que sa conduite passée tenoit fortement attaché au parti républicain, parvint à calmer l'irritation de son maître. On étouffa cette affaire, qui se termina par des exils et des destitutions. Le colonel Fournier fut confiné en Périgord, puis envoyé en Amérique, sur les vaisseaux de l'expédition du contre-amiral Villeneuve. Nous le reverrons par la suite employé à la grande-armée d'Allemagne et se signalant à la bataille d'Eylau, où Buonaparte, en le revoyant, lui dit qu'il avoit besoin d'un *baptême de sang* (1).

---

(1) Déjà le général Lannes, Masséna et Bernadotte s'étoient montrés peu satisfaits du nouveau gouvernement : le premier s'en étoit expliqué, dans un entre-

Il manquoit au consulat à vie un avantage auquel Buonaparte auroit attaché un grand intérêt, celui de désigner son successeur. On avoit vainement sondé les dispositions du Tribunat et du Corps législatif. Le Sénat lui-même craignit de compromettre son autorité, en proposant une étendue de pouvoir que Toussaint-Louverture s'étoit fait conférer sans difficulté. On résolut d'attendre; mais pour ne pas laisser refroidir le zèle des Français, on proposa au Sénat un projet de

---

tien particulier, avec une brusquerie qui avoit effrayé Napoléon; Lannes l'avoit quitté en jurant de ne plus reparoître. On sentit la nécessité de ramener un homme de ce caractère. Cette négociation fut conduite par l'épouse du premier consul; l'ambassade de Portugal en fut le prix; et pour donner au nouvel envoyé de la république les moyens d'acquitter les dettes qu'il avoit contractées, il reçut la permission d'user d'une manière illimitée de la franchise d'ambassadeur pour importer et exporter toute espèce d'objets de commerce. Les arrangemens qu'il prit à ce sujet avec plusieurs banquiers lui valurent, dit-on, beaucoup d'argent. On appela cette paix *la paix de Montmartre*, par allusion au nom de celui qui en étoit l'objet.

Buonaparte vouloit envoyer Masséna à Constantinople, mais il ne put parvenir à lui faire accepter cette ambassade; *l'Enfant chéri de la victoire* s'obstina à rester à Paris.

décret élaboré dans le cabinet du premier consul, et qui devenoit comme une nouvelle Constitution ajoutée à celle de l'an VIII, sous le nom de *lois organiques*. Le second et le troisième consuls y étoient déclarés, comme le premier, consuls à vie. Le Tribunat, dont l'opposition avoit si souvent contrarié Napoléon, étoit réduit à moitié. Le Sénat, investi de nouveaux pouvoirs, pouvoit changer les institutions, dissoudre le Corps législatif et le Tribunat. On reconnoissoit le conseil d'Etat comme autorité constituée. Le premier consul avoit droit de faire grâce, et de présider le Sénat. Les colléges électoraux étoient composés de manière que le choix des sénateurs et des membres du Corps législatif se trouvoit à la disposition du premier consul.

Le sénatus-consulte qui instituoit Buonaparte consul à vie avoit été rendu le 6 août; le 15, on en remercia Dieu dans Notre-Dame, où l'on chanta un *Te Deum*, et ce jour fut dès lors consacré comme anniversaire de la naissance de Buonaparte, quoiqu'il fût né le 5 février. Peu de jours après, le premier consul se rendit au Sénat avec une pompe royale. Il présida cette assemblée fidèle et soumise, et présenta un nouveau projet qui réunissoit l'île d'Elbe à la république française. On remarqua sur son passage peu de ces acclamations auxquelles il étoit accoutumé. Le peuple, qui s'étoit attendu à jouir des bienfaits de la paix, n'en ressentoit pas encore les heureux effets, et remarquoit que le chef de son gouvernement étoit plus occupé d'accroître ses Etats et de fortifier sa domination que d'adoucir le sort de ses sujets. A peine l'île d'Elbe étoit-elle réunie à la France, qu'un nouveau sénatus-consulte annonça la réunion du Piémont à la république. Trois mois auparavant, Charles-Emmanuel, roi de Sardaigne, avoit abdiqué en faveur de Victor-Emmanuel, son frère, et s'étoit retiré dans un cloître, en se réservant le titre de *roi* et une pension de 150,000 francs. L'empereur de Russie avoit manifesté pour ce prince un vif intérêt, et l'on assuroit qu'il avoit été secrètement convenu qu'il ne seroit point pris de résolution définitive à l'égard du Piémont. Mais Buonaparte, que n'arrêtoient pas même les traités, n'étoit pas disposé à se laisser enchaîner par de simples paroles. Un mois après la réunion du Piémont, ses armées occupoient les Etats de Parme. Le souverain de ce duché venoit de mourir subitement, et les bruits les plus sinistres couroient à ce sujet ; il étoit père du roi d'Etrurie; et par une clause particulière du traité avec l'Espagne, ses Etats, après sa mort, devaient revenir à la France. Ainsi, dans l'espace de moins d'un an, Buonaparte avoit soumis à ses faisceaux consulaires l'Italie, le Piémont, la Louisiane, l'île d'Elbe et le duché de Parme. La république batave et la Suisse pouvoient être regardées comme des dépendances de ses Etats; mais rien de tout cela ne satisfaisoit encore son ambition. Il s'étoit formé autour de lui un cercle de courtisans qui l'entretenoient sans cesse de la gloire de Charlemagne, de l'honneur qui l'attendoit s'il en relevoit l'empire, en s'aidant comme lui de la puissance spirituelle et de la religion pour fonder sa dynastie. On distinguoit parmi les hommes les plus empressés de cette réunion le poëte Fontanes, qu'on appeloit *le Céladon de la politique*, et dont les Mémoires étoient remis et recommandés par une des sœurs du premier consul, Elisa, femme hautaine et passionnée, et dont M. de Fontanes passoit pour le favori. Toutefois, il n'étoit lui-même que le ministre plénipotentiaire d'une société plus adroite qui s'étoit emparée de quelques-uns de nos journaux pour agir plus souvent et plus immédiatement sur l'esprit public. On comptoit dans cette association des noms déjà célèbres, ceux de MM. de Chateaubriand et de Bonald, connu avant sous le modeste nom de *Séverin*. M. Fiévée commençoit à y faire ses premières armes (1). Mais pour arriver au but qu'on se proposoit, il falloit arracher le pouvoir des mains du ministre de la police, homme redoutable qu'il sembloit impossible de faire entrer dans un pareil projet, et dont la vie passée inspiroit une invincible aversion aux royalistes. Joseph et Lucien ne l'aimoient pas, le ministre des affaires étrangères ne dissimuloit pas sa haine pour lui. Il étoit constant que la nature de ses fonctions lui mettoit entre les mains un pouvoir immense, et que le jour où, se réunissant aux mécontens, il auroit voulu rétablir la république, rien ne pouvoit sauver la couronne du premier consul. On ajoutoit à ces réflexions des faits notoires. Il étoit le protecteur habituel des hommes de la république; il conservoit avec eux des liaisons intimes, et quelque dis-

---

(1) Plusieurs de ces messieurs se réunissoient au château du Plessis, près de Senlis, où Lucien tenoit une espèce de cour. Lafond, habile acteur du Théâtre-Français, y jouoit la comédie avec le nouveau Mécène et Mme de Santa-Croce, qui passoit pour sa maîtresse. L'auteur de *Marius à Minturne* et quelques autres poëtes grossissoient cet illustre cercle.

posé qu'il fût à tout sacrifier à ses intérêts personnels, il ne paroissoit guère naturel de confier la défense de l'autorité absolue à un homme qui ne pouvoit remplir ses devoirs sans trahir ses affections. Ces discours retentissoient souvent autour du premier consul. Il se détermina enfin à les examiner; et dans une réunion secrète à Morfontaine, la question fut discutée en présence des deux consuls et du sénateur Rœderer. On rappela alors que la haute police étoit autrefois confiée à la magistrature, et que le procureur-général du Parlement en étoit l'âme et le régulateur suprême. Le sénateur Rœderer lut un Mémoire où il proposoit de rappeler, autant qu'il étoit possible, cet ancien ordre de choses, et de réunir la police générale au ministère de la justice. C'étoit remettre à des mains inhabiles des fonctions qui exigeoient une surveillance toujours active, un esprit délié, du sang-froid et de la pénétration : le grand-juge Regnier n'étoit que médiocrement pourvu de ces qualités. C'étoit un ancien avocat de Nanci, qui avoit été député de son bailliage à l'Assemblée constituante, où il s'étoit conduit avec modération. Réélu depuis au Conseil des anciens, il y avoit fait des rapports plus solides que brillans, mais s'étoit fortement engagé dans les projets du 18 brumaire. Le premier consul l'avoit appelé à son conseil d'Etat, où ses connoissances dans la jurisprudence pouvoient lui être utiles. On s'étonna de le voir investi de la plus haute magistrature de France; car ni ses habitudes, ni son extérieur, ni ses manières ne répondoient à l'élévation de son rang; mais on louoit avec raison sa modération et sa probité.

Fouché parut supporter sa disgrâce avec une espèce de stoïcisme; il est vrai que le premir consul prit soin lui-même d'en adoucir l'amertume; il voulut être le premier à lui annoncer qu'il l'avoit nommé sénateur. Il ajouta que c'étoit avec peine qu'il se séparoit d'un homme de son mérite; mais qu'en supprimant le ministère de la police, c'étoit un sacrifice qu'il avoit fait aux cabinets de l'Europe pour les convaincre de ses dispositions pacifiques.

Fouché, non moins habile à feindre que lui, se confondit en témoignages de reconnoissance, et se condamna volontiers à la vie privée, où le revenu de sa sénatorerie, les biens qu'il avoit acquis précédemment et un million de gratification que lui donna Buonaparte, lui promettoient une vie heureuse et toutes les jouissances de la fortune.

La réduction des membres du Tribunat fournit à Napoléon le moyen d'en écarter ceux qui lui étoient le plus opposés. On suivit alors l'exemple donné dans le cours de la révolution, sous le nom d'*épuration*. Ce ne fut point le sort, mais le premier consul qui décida de ceux qui devoient sortir ou rester. La liste des premiers se composa de noms qui s'étoient fait remarquer par des talens et quelque courage; les plus distingués étoient MM. Daunou, Andrieux, Benjamin Constant, Desrenaudes, Chénier, qui avoient attaqué vivement l'établissement des tribunaux spéciaux. Chaque jour aplanissoit la route qui le conduisoit à l'autorité suprême. Si quelquefois il perdoit une partie de cet enthousiasme qu'excitoit dans le peuple l'éclat de ses victoires, il le ranimoit par des entreprises aussi nobles qu'utiles; des routes nouvelles et magnifiques s'ouvroient sur les Alpes. Il avoit ordonné la construction du canal de l'Ourcq, qui devoit fournir avec abondance à la capitale les eaux qui lui étoient nécessaires. On se disposoit à planter les dunes depuis les bouches de l'Adour jusqu'à Bordeaux. Trois nouveaux ponts construits à Paris devoient faciliter les communications de cette grande ville.

On agrandit la place du Carrousel, sur laquelle on se proposoit d'élever un monument de reconnoissance au premier consul (1). La bibliothèque de Mayence fut accrue de vingt-cinq mille volumes. On ajoutoit au musée de Dijon, déjà fort riche en tableaux, une salle d'exposition. On racheta *le régent*, mis en gage par le Directoire. On venoit de faire les premières expériences du galvanisme, de l'éclairage par le gaz, des filtres épuratoires, et le gouvernement se montroit disposé à encourager ces découvertes. Napoléon fonda un prix de 60,000 francs pour hâter les progrès du galvanisme. On faisoit venir des taureaux et des vaches de Suisse pour repeupler la Vendée. On rétablissoit à Rouen la chambre de com-

---

(1) Le 7 brumaire an x (29 octobre 1801), le conseil du département de la Seine avoit délibéré qu'il seroit élevé à Buonaparte, aux frais de la ville, un monument de reconnoissance. Il avoit nommé une commission pour lui faire un rapport à ce sujet. On remarque, parmi les membres de cette commission, des noms qui depuis ont exprimé des sentimens bien différens.

Les villes se disputoient l'avantage de flatter le premier consul. Son père, Charles Buonaparte, étoit mort à Montpellier en 1785. La ville délibéra qu'il lui seroit érigé un monument en marbre qui représenteroit la ville de Montpellier accompagnée de la Religion, ouvrant le tombeau de Charles, et lui disant : *Sors de la tombe; ton fils Napoléon t'élève à l'immortalité.*

merce. L'inoculation de la vaccine, introduite en France par le duc de Liancourt, étoit vivement recommandée et protégée. Les arts d'industrie étoient honorés. Une exposition publique des produits des manufactures avoit fixé les regards de l'Europe entière; et par une délicatesse aussi habile que flatteuse, le premier consul avoit invité à sa table ceux des artistes et des fabricans qui avoient obtenu les médailles d'or.

La sécurité qu'inspiroit le gouvernement ranimoit le commerce; tous les ports reprenoient une nouvelle vie. Quatre-vingt mille personnes s'étoient réunies à la dernière foire de Beaucaire, et l'on y avoit vendu pour quarante millions de marchandises. Les eaux de Bagnères comptèrent près de sept mille étrangers.

Les hospices, autorisés à recevoir des legs, voyoient chaque jour la piété des fidèles réparer les spoliations des gouvernemens révolutionnaires. La statue du vertueux curé Cochin, fondateur de l'hôpital de la Pitié, fut rétablie. L'église de l'Abbaye-Saint-Germain étoit ensevelie sous des monceaux de salpêtre; on la fit réparer pour la rendre à la religion. Les prêtres remplissoient paisiblement leurs fonctions, et voyoient avec joie les solennités de l'Eglise célébrées par un concours considérable de fidèles de tout âge et de tout sexe. Buonaparte affectoit lui-même de faire oublier les torts des époques malheureuses. Il renvoya au pape *la madone* de Notre-Dame de Lorète, que ses propres troupes avoient enlevée, et envoyée autrefois avec dérision au Directoire. Le pape fit célébrer à cette occasion une fête solennelle. Mais en même temps que Napoléon protégeoit le clergé, il le contenoit dans les bornes de la soumission et du devoir.

Mlle Chameroy étoit une jeune danseuse de l'Opéra, aussi célèbre par sa beauté que par ses talens. Cette jeune fille étant venue à mourir, le curé de Saint-Roch lui refusa les honneurs de la sépulture. Cette conduite avoit causé beaucoup de tumulte, et les parens de la jeune morte avoient dirigé le convoi vers l'église des Filles Saint-Thomas, où le desservant l'avoit reçu. Buonaparte, instruit de ce scandale, en exigea la réparation, et écrivit de sa propre main dans *le Moniteur* :

« Le curé de Saint-Roch, dans un moment
« de déraison, a refusé de prier pour Mlle Chameroy et de l'admettre dans l'église. Un de
« ses collègues, homme raisonnable, instruit
« de la véritable morale de l'Evangile, a reçu

« le convoi dans l'église des Filles-Saint Thomas. L'archevêque de Paris a ordonné trois mois de retraite au curé de Saint-Roch, afin qu'il puisse se souvenir que Jésus-Christ commande de prier même pour ses ennemis, et que, rappelé à ses devoirs par la méditation, il apprenne que toutes ces pratiques superstitieuses conservées dans quelques Rituels, nées dans des temps d'ignorance ou créées par des cerveaux échauffés, ont été proscrites par le concordat et la loi du 18 germinal. »

L'archevêque de Malines, M. de Roquelaure, suspendit de ses fonctions un curé de son diocèse, pour avoir exhorté un moribond à restituer à l'Eglise les domaines nationaux qu'il avoit acquis, provenant des biens ecclésiastiques.

Un curé de campagne ayant interdit son église à trois de ses paroissiens, et les ayant déclarés déchus des prières et des honneurs de la sépulture, il le fit arrêter, et remettre entre les mains de ses supérieurs. L'évêque de Nanci publia une instruction aux curés de son diocèse sur les mariages civils, le divorce, les baptêmes, et leur rappela la véritable doctrine de l'Eglise et les préceptes de la charité évangélique.

Il s'étoit établi à Lyon, depuis quelques mois, une société religieuse sous le nom de *Pères de la Foi*. Il en ordonna l'abolition, comme dangéreuse pour l'Etat, s'insinuant dans les familles riches, cherchant à s'emparer de l'éducation de leurs enfans, et, au moyen de deux puissans leviers, la confession et la prédication, essayant de porter le trouble dans les consciences et d'établir des doctrines contraires aux principes du gouvernement (1). Mais en même temps il affectoit de donner des gages de son respect pour la religion. Après la signature du concordat, il avoit fait présent de trois boites garnies de diamans au cardinal

---

(1) Ils furent néanmoins conservés, par la protection du cardinal Fesch, oncle du premier consul. On leur donnoit pour fondateur un aventurier nommé *Pacanari*, qui de soldat s'étoit fait prêtre, et ensuite chef de secte. Il se donnoit pour inspiré, trompa long-temps l'archiduchesse d'Autriche Mariane, princesse très-pieuse, mais visionnaire, et très-bornée. Il avoit fondé, outre les Pères de la Foi, un collège de jeunes béates qu'il nommoit *dilette*. La corruption de ses mœurs ayant attiré l'attention publique, le pape fit informer contre lui, et le résultat des informations fut tel, que Pacanari fut condamné à une prison perpétuelle. On croit qu'étant parvenu à s'échapper, il périt dans le Tibre. Les Pères de la Foi l'ont depuis renié, et le donnent aujourd'hui pour disciple de saint Ignace.

Consalvi, secrétaire d'État, à monseigneur Spina et au P. Caselli.

Il fit interdire, par son ministre de la police, les édifices publics aux théophilanthropes, secte de déistes fondée par le directeur la Reveillère-Lépeaux, et presqu'entièrement composée d'hommes de la révolution. Dès ce moment, ils cessèrent de se réunir.

Louis Buonaparte ayant épousé Mlle de Beauharnais (1), il voulut que la bénédiction nuptiale leur fût donnée par le cardinal Caprara.

Il rappela le célèbre littérateur La Harpe, qu'il avoit précédemment frappé de sa disgrâce et envoyé arbitrairement en exil.

Il ordonna aussi la démolition de cette fameuse salle du Manége, d'où il étoit sorti presqu'autant d'erreurs ou de crimes que de décrets.

___

(1) Au milieu de sa grandeur, Buonaparte n'étoit pas exempt de quelques humiliations. Mme Buonaparte, malgré toutes ses avances, avoit eu le chagrin de voir sa fille refusée par les héritiers de plusieurs grandes maisons, celles de Clermont, de Luynes, de Monaco, de Montmorin. Il courut alors des bruits assez étranges sur les relations de cette demoiselle avec son beau-père. On peut voir à ce sujet les Mémoires attribués à Fouché.

Pour gagner de plus en plus la faveur du soldat, il décréta la formation de cinq camps dans les départemens du Piémont et cinq dans ceux du Rhin nouvellement réunis, les uns de quatre cents hommes, les autres de trois cents. Il entendoit par *camp* une certaine étendue de territoire qui devoit être partagée entre les soldats : ces terres devoient provenir de la vente des biens des religieux. Mais ce projet, comme la promesse du milliard, n'eut pas d'exécution.

On restitua à la ville de Bruxelles les tableaux qu'on lui avoit enlevés dans le cours de la révolution.

Il acheva de s'attacher le sénat en créant des sénatoreries particulières avec un revenu considérable.

Ces actes particuliers lui concilièrent la bienveillance publique, et pouvoient peut-être le mener doucement à ce trône où il lui tardoit tant de monter. Mais son ambition étoit trop vaste, son caractère trop irritable, pour supporter long-temps le fardeau de la paix. Le repos étoit pour lui un ennemi implacable qui l'assiégeoit sans cesse. L'année 1802 s'étoit écoulée paisiblement. L'année suivante commença sous de moins heureux auspices.

CHAPITRE III.

Cession de la Louisiane aux Etats-Unis d'Amérique. Répression des pirates d'Alger et de Tunis. Plaintes de Buonaparte contre l'Angleterre, et de l'Angleterre contre Buonaparte. Interdiction des journaux anglais en France. Procès intenté à la requête du premier consul, contre l'émigré français Peltier, l'un des anciens collaborateurs des Actes des apôtres; *issue de ce procès. Réponses violentes des journaux français aux journalistes anglais. Rupture entre les deux Etats. Départ de l'ambassadeur de S. M. B. Décret qui ordonne l'arrestation des Anglais sur toute l'étendue du territoire français.*

DE toutes les nations de l'Europe, aucune n'est plus propre à conquérir et moins habile peut-être à conserver, que le peuple français. On ne sauroit se défendre d'un sentiment pénible et d'une sorte d'humiliation, lorsque l'on considère ce que la France a fait d'étonnant dans les deux Mondes et ce qui lui reste aujourd'hui de tant d'exploits, de conquêtes et de riches possessions. De quelle puissance n'a-t-elle pas joui dans les Indes orientales? quatre cents lieues de terrain obéissoient à ses lois; aujourd'hui son nom y est à peine prononcé. Deux îles de quelques lieues d'étendue lui restoient encore; le sort l'a forcée de les abandonner au plus redoutable de ses rivaux. Nulle terre ne se glorifie plus aujourd'hui de s'appeler *la Nouvelle-France,* car le Canada est aussi tombé au pouvoir de la Grande-Bretagne. Sous quelles lois sont aujourd'hui l'Acadie, Terre-Neuve, les îles de Saint-Jean, de la Madelaine, du cap Breton, de Sainte-Lucie, de Saint-Christophe, de Grenade, de Tabago, de Saint-Vincent, de la Dominique? la France les a toutes perdues. Livrée sous Louis XV aux femmes, à l'intrigue, à l'impéritie, elle a vu tomber de ses mains les plus anciens et les plus riches de ses domaines. Si la sagesse de Louis XVI rattacha l'honneur aux pavillons français, la révolution, en brisant son trône, en frappant sa tête d'un fer parricide, a détruit son ouvrage. Si la guerre de la république contre l'Espagne vient ensuite offrir quelques moyens de compensation, si le Directoire acquiert par un traité la partie espagnole de Saint-Domingue, si la

Louisiane nous rentre par un autre traité, ni Saint-Domingue ni la Louisiane ne restent en notre pouvoir. Haïti toute entière obéit aux nègres. Buonaparte a ébloui le monde par l'éclat de ses armes, il a vu toutes les puissances du continent abaisser leur sceptre devant le sien, de grandes victoires et d'admirables travaux ont immortalisé son règne; mais la fortune l'a frappé de ses revers avant qu'il ait pu rien entreprendre pour rendre à la France sa puissance maritime. Par sa faute, Saint-Domingue est sortie de nos mains; sa guerre obstinée avec l'Angleterre nous a laissé à peine quelques restes de nos anciennes possessions dans les mers de l'Amérique; et telles ont été les suites funestes de son insatiable ambition, que la France, envahie par l'Europe entière, réduite à payer ses oppresseurs, n'a pas même conservé ses anciennes limites; le traité de Paris a consommé notre humiliation. On détourne avec regret ses regards du tableau des puissances européennes, quand on considère à quel point la nôtre est déchue. De quel poids est aujourd'hui ce grand et magnifique empire dans la balance politique? Les sciences, les lettres, les arts seuls le montrent encore avec honneur au reste du monde; sa gloire est dans ses géomètres, ses peintres, ses statuaires, ses poëtes et ses danseurs, comme celle de l'Italie est dans ses musiciens et dans son opéra. En vain la Victoire, à l'aspect de nos enseignes, est-elle venue récemment couronner nos guerriers en Espagne, notre foiblesse a laissé perdre le fruit de leurs exploits. Ainsi, tels qu'un malade après de longs accès d'une fièvre ardente, nous sommes tombés de l'exaltation des sentimens et de l'excès de l'ambition, dans une insensibilité léthargique; et quand tout s'agite autour de nous, quand l'Angleterre, de ses bras immenses, enveloppe l'Asie et l'Amérique, et menace d'étouffer le vieux Monde, la seule ambition qui nous flatte est de conquérir quelques écus sur de pauvres rentiers : triste et déplorable effet, non de l'esprit national, mais de l'esprit étroit et pusillanime des hommes qui tiennent les rênes de l'État.

Cependant, au milieu de tant de pertes et d'humiliations pendant près d'un siècle, nul contrat honteux n'avoit flétri la diplomatie française. Si la mauvaise fortune avoit pu la réduire à de pénibles sacrifices, jamais des vues d'un vil intérêt n'étoient entrées dans ses déterminations. Il étoit réservé à Buonaparte de livrer à prix d'or une des plus vastes possessions de son empire, une acquisition immense qui pouvoit racheter la perte de Saint-Domingue, et rapprocher les Français de ce Canada qu'ils avoient conquis et défendu avec tant de courage, et dont le souvenir leur était si cher.

La Louisiane est en effet l'une des plus importantes et des plus considérables contrées de l'Amérique septentrionale; elle est bornée au midi par la mer, au nord par le Canada et des terres qu'on suppose s'étendre jusqu'à la baie de Hudson, au levant par la Floride et la Caroline, au couchant par le Nouveau-Mexique : tout dans ces lieux rappelle le nom français; sa capitale est la Nouvelle-Orléans. Son étendue en longueur n'est connue qu'inexactement, mais elle excède de beaucoup sa largeur, qui est de deux cents lieues. Le nom du *Mississipi*, fleuve immense qui la parcourt, a retenti dans toute la France au commencement du siècle dernier, et dans le nôtre, un écrivain célèbre a répandu sur lui un nouvel éclat. Dans un si grand espace, la température varie suivant les distances; mais la chaleur n'y est jamais telle qu'on auroit droit de l'attendre de sa position géographique. D'épaisses forêts, des lacs, des rivières innombrables y entretiennent une humidité habituelle. La Louisiane est aujourd'hui ce que les Gaules étoient du temps de César; il faut que la main de l'homme s'étende sur cette vaste contrée pour la rendre saine et habitable. Elle fut d'abord découverte par les Espagnols; mais ils n'y fondèrent aucun établissement, et ce vaste territoire continua de rester inconnu. Ce ne fut qu'en 1660 que l'on commença à s'en occuper. Des sauvages ayant parlé aux Français canadiens d'un vaste pays qu'arrosoit un grand fleuve qui ne couloit ni à l'est ni au nord, la curiosité les porta à en faire la découverte. L'entreprise fut confiée à l'intelligence et au courage de Jolyet, homme propre à ces sortes d'expédition, et au jésuite Maquette, que recommandaient la douceur de ses mœurs et sa piété bienfaisante. Ils partirent, et après de longues recherches reconnurent le fleuve qu'on leur avoit indiqué, et revinrent à Québec faire part des lumières qu'ils venoient d'acquérir.

Proposez aux Français une entreprise aventureuse, mais capable de procurer de la gloire et de la fortune, vingt chefs se présenteront pour un. Un Normand nommé *Lasale*, homme actif, enthousiaste, ambitieux, ne put entendre parler de la découverte de Jolyet sans éprouver le vif désir d'y jeter les fondemens d'une nouvelle colonie et d'assurer la gloire de son nom. Il inspira l'ardeur qui l'animoit au gouverneur du Canada, le détermina à s'embarquer avec lui pour aller en France raconter ce qu'ils savoient et ce qu'ils pouvoient faire, et solliciter d'un prince dont toutes les idées étoient grandes et magnifiques, les secours et l'appui dont ils avoient besoin. Ils furent accueillis avec une sorte d'admiration, obtinrent ce qu'ils demandoient, et repartirent tout pleins de leur projet. Lasale étoit fier, dur et emporté. Il réunit des compagnons, se met à leur tête, leur fait parcourir des lieux sauvages et désolés, les irrite par ses violences, et périt de leurs mains. D'Iberville lui succède, entre à son tour dans le Mississipi, construit un fort sur l'une de ses rives, et donne au pays dont il venoit de prendre possession le nom de *Louisiane*.

Il falloit pour fonder une colonie choisir un lieu propre à la faire prospérer : le gouvernement, presque toujours mal conseillé, désigna le site le moins convenable. Les malheureux colons, jetés sur un sol âpre, brûlant et sablonneux, périrent rapidement. Iberville lui-même mourut en servant sa patrie dans la marine.

La colonie sembloit perdue, lorsqu'un homme d'un génie aventureux parvint à tourner tous les regards de la France vers ces contrées abandonnées. Depuis long-temps c'étoit une opinion répandue dans l'Amérique septentrionale, que la Louisiane possédoit des mines d'or d'une richesse extraordinaire : on les avoit cherchées long-temps avec des peines incroyables, et personne ne les avoit trouvées. Law annónça qu'elles étoient enfin découvertes : accueilli par le ministère français, qui, après la fin malheureuse du règne de Louis XIV, désespéroit de l'état des finances, il relève son courage, fait créér une Compagnie d'Occident, forme une association qui prendra des billets d'Etat pour leur valeur courante, et les rendra au trésor pour leur valeur nominale, excite un enthousiasme général, et le nom du *Mississipi* retentit dans toute l'Europe. Les billets de Law sont recherchés avec autant d'ardeur que l'or même qu'on attend des mines.

Il falloit des hommes pour peupler : la Suisse, la France, l'Allemagne en fournirent par milliers. On les entasse pendant deux ans sur des vaisseaux, et l'on va les déposer sur une terre aride et désolée, sur cette affreuse contrée choisie précédemment par les ministres français. On sait ce que la mort en moissonna; on sait quelle fut la fin de la Compagnie d'Occident et des billets de Law; on sait que la Louisiane et le Mississipi, devenus un pays d'exécration, ne furent plus peuplés que des plus vils individus tirés des prisons et des lieux de débauche. Tel fut le sort de la Louisiane jusqu'en 1763. Cependant, mieux administrée, elle pouvoit offrir d'immenses ressources au commerce, à la culture, à l'industrie; les fautes mêmes du gouvernement pouvoient contribuer à sa prospérité.

Lorsque Rome et les jésuites eurent enfin déterminé un roi magnanime, mais superstitieux, à exiler de ses Etats ceux de ses sujets qui suivoient encore la religion d'Henri IV, ces infortunés sollicitèrent vainement la permission d'aller déposer sur les bords du Mississipi les restes de leur fortune et les trésors de leur industrie, à condition d'y professer librement leur religion; cette faveur leur fut refusée, et la Louisiane resta dans son premier état de langueur et de dépérissement. Jamais, dans sa plus grande prospérité, sa population n'avoit excédé six à sept mille blancs; ses exportations ne s'élevoient pas au-dessus de 2 millions, et les frais d'administration excédoient de beaucoup le produit des perceptions. Le guerre terminée par la paix honteuse de 1763 la fit sortir de nos mains.

L'Espagne, notre alliée, avoit perdu la Floride; elle reçut, par une clause secrète du traité, la Louisiane en indemnité, et resta en possession de cette vaste contrée, lorsque, par une nouvelle combinaison des chances de la fortune, elle se vit dans la nécessité de la rétrocéder à la France. Cette restitution fut le fruit du traité secret de Saint-Ildefonse, entre Napoléon et le roi d'Espagne, le 1er octobre 1801.

Les Français revirent avec plaisir rentrer sous leur domination un pays qu'ils n'avoient abandonné qu'avec peine, quoiqu'il eût trahi leurs espérances; mais ils n'avoient jamais eux-mêmes douté que, mieux connu, gouverné plus sagement, il ne dût un jour récompenser largement les sacrifices qu'ils s'imposeroient pour le conserver. Le premier consul parut d'abord s'occuper avec beaucoup de zèle de sa nouvelle conquête. Elle étoit maintenant mieux connue; on sembloit disposé à profiter des fautes qu'on avoit faites et des renseignemens qu'on avoit acquis. Buonaparte ne se voyoit pas non plus sans une certaine satisfaction voisin des États-Unis de l'Amérique; il se flattoit ou de les faire entrer dans sa politique, ou d'exciter leur inquiétude en troublant leur commerce, en élevant entre eux et lui des contestations, comme il faisoit en Europe avec les nations limitrophes. Pendant plus d'un an on vit sortir des décrets relatifs à la Louisiane. Jean-Jacques Aimé y fut nommé chef de la justice : c'étoit un homme d'un esprit ardent, qui s'étoit acquis précédemment quelque célébrité par son opposition au gouvernement du Directoire, les proscriptions qui en avoient été la suite et le récit qu'il en avoit fait. On distribua le vaste pays qu'on venoit d'acquérir en départemens, comme s'il eût été une simple province de France, et que les institutions de l'Europe fussent applicables à tous les climats. La Louisiane, couverte de bois dont il falloit se hâter d'abattre une partie, eut un conservateur des forêts. Il n'étoit plus question à Paris que des avantages immenses que présentoit cette magnifique acquisition. Tous les regards des spéculateurs et des aventuriers se portoient de nouveau vers cette contrée lointaine, lorsqu'on apprit tout à coup que le premier consul, de son propre mouvement, de sa pleine autorité, sans décret du Corps législatif, venoit de la céder aux États-Unis d'Amérique pour 80 millions. Jamais aucun souverain n'avoit porté aussi loin le mépris de la nation à laquelle il commandoit; jamais roi de France, depuis le retour de la civilisation, n'avoit cédé une portion de ses domaines sans le consentement des États-Généraux. Buonaparte, pénétré de l'avantage de sa situation, crut qu'il pouvoit tout se permettre, et nulle voix n'osa en effet s'élever contre cet acte d'un audacieux despotisme.

Buonaparte avoit besoin d'argent; il se disposoit à rompre avec l'Angleterre; et convaincu qu'il lui seroit presque impossible de conserver la Louisiane si la guerre se rallumoit entre les deux peuples, il préféra des avantages présens et certains à des avantages éloignés et douteux. Cependant, il n'étoit pas démontré que l'Angleterre enlevât la Louisiane à la France dans le cas d'une nouvelle rupture; ses forces militaires ne lui permettoient pas d'étendre ses conquêtes; il falloit d'ailleurs créer la Louisiane, et c'étoit vers des contrées plus riches et toutes formées que le cabinet britannique portoit ses spéculations. Quelques murmures sourds s'élevèrent à Paris, mais Buonaparte les étouffa sans peine. Il venoit de satisfaire d'une manière éclatante l'amour-propre de la nation.

Les pirates de Tunis et d'Alger infestoient la Méditerranée : un d'eux avoit osé capturer un bâtiment cisalpin, et faire mourir sous le bâton le capitaine qui le commandoit. Dès que le premier consul en fut instruit, il résolut d'en tirer une vengeance exemplaire. Il expédia au contre-amiral Lasseigne l'ordre de partir aussitôt de Toulon à la tête d'une escadre, de se présenter devant Alger, d'exiger du dey que tous les esclaves français et italiens fussent sur le champ mis en liberté, que le forban qui avoit fait mourir le capitaine italien subît le même supplice, et que le dey payât une indemnité de 200,000 piastres : en cas de refus, il devoit déclarer la guerre. L'escadre se présenta le 7 août 1802, ayant à bord le général Hullin, aide-de-camp du premier consul. Le dey accorda tout, remit au général une lettre de soumission pour le premier consul, et lui fit présent, ainsi qu'au contre-amiral Lasseigne, d'un superbe cheval arabe. Le commissaire des relations commerciales demanda la grâce du forban, et l'obtint. L'escadre fit voile aussitôt pour Tunis, où elle trouva le dey aussi disposé à respecter le pavillon français et tous ceux que le premier consul prenoit sous sa protection.

Napoléon avoit écrit au dey d'Alger : « Dieu
« a décidé que tous ceux qui seroient injustes
« envers moi seroient punis. Si vous voulez
« vivre en amitié avec moi, il faut que vous
« fassiez respecter le pavillon français et celui

« de la république italienne, qui m'a nommé
« son chef. »

Ces actes d'une fierté vraiment française, quoiqu'empreints d'une teinte de charlatanisme, satisfaisoient une nation sensible à l'honneur, lui faisoient oublier les entreprises du premier consul sur ses libertés.

La paix, en rouvrant les mers au commerce de France, avoit ranimé l'émulation des grands spéculateurs, et les plus riches d'entre eux s'étoient livrés à des entreprises maritimes qui devoient bientôt leur faire oublier les pertes immenses qu'ils avoient essuyées dans le cours de la révolution. On estimoit à près de 100 millions les avances de fonds faites pour ces entreprises, ou la valeur des marchandises qu'elles étoient destinées à échanger. Les chantiers de Saint-Malô étoient couverts de bâtimens en construction ou en radoub. On se flattoit que plus les intérêts du commerce exigeoient de ménagemens, plus le premier consul mettroit de soin à conserver la paix: on se trompa, et, dans cette grande cause, ce fut moins l'honneur et les intérêts de la France qu'il consulta que son amour-propre.

L'excès de la puissance l'avoit rendu depuis quelque temps incapable de souffrir la plus légère contradiction, encore moins la plus légère insulte. Si tout fléchissoit devant lui dans la vaste étendue de ses États, si les plus beaux esprits se disputoient servilement l'honneur de le flatter, il n'en étoit pas de même en Angleterre; on y parloit quelquefois de lui avec une extrême liberté; mais celui de tous les écrivains polémiques qui lui portoit les coups les plus sensibles, étoit un émigré français qui s'étoit signalé à Paris par la part qu'il avoit prise à un journal d'opposition, sous le titre d'*Actes des apôtres*. Il se nommoit *Peltier*, et s'étoit acquis quelque célébrité en se réunissant à Rivarol, à Champcenets et quelques autres, pour attaquer la révolution, et en vouer les auteurs au ridicule. Après la malheureuse journée du 10 août 1792, il avoit quitté la France et s'étoit retiré en Angleterre, où il avoit entrepris un journal sous le titre de *Paris en* 1792; il l'avoit continué ainsi d'année en année, et conduit jusqu'au 55e volume en 1802. Il entretenoit une correspondance active et piquante, et recueilloit avec soin toutes les anecdotes scandaleuses. Dévoué à la maison de Bourbon, il n'épargnoit pas la satire aux usurpateurs de son trône. Buonaparte n'y étoit pas plus épargné que la Convention et le Directoire; et au milieu de ses triomphes, il interrompoit souvent les acclamations publiques par des traits mordans et de courageuses accusations. Il ne voyoit en lui qu'un charlatan vain et ambitieux, plus fort de la foiblesse et de l'impéritie des puissances qui l'entouroient, que de ses propres moyens. Il avoit de lui l'opinion de tous les hommes sages et éclairés; mais il avoit sur eux un mérite particulier, celui de l'exprimer librement. A son journal intitulé *Paris* il avoit substitué une autre feuille sous le titre d'*Ambigu*; elle étoit ornée de sphinx et de divers emblêmes qui formoient autant d'épigrammes contre le premier consul et sa famille : celui-ci ne put supporter cet outrage. Il étoit parvenu précédemment à faire entrer dans ses intérêts M. de Montlosier, qui rédigeoit en Angleterre *le Courrier de Londres*. Il l'avoit attiré à Paris sous prétexte de le mettre à portée de mieux connoître les intérêts de l'Europe, et trois mois après il avoit supprimé son journal (1).

---

(1) M. de Montlosier étoit venu en France dans le cours de l'année 1800, chargé de proposer à Buonaparte une couronne en Italie, à condition de rétablir la maison de Bourbon sur le trône de France : mais il n'avoit retiré de sa mission qu'un emprisonnement au Temple et quelques conférences avec M. de Talleyrand, qui ne contribuèrent pas peu à l'attacher à Buonaparte.

Il voyoit avec peine s'en former un plus audacieux. Dès le quatrième Numéro de *l'Ambigu*, il en fit demander la suppression par son ministre plénipotentiaire, M. Otto. Mais le ministère britannique lui répondit que les lois protégeant la liberté de la presse, il lui étoit impossible de satisfaire à sa demande; qu'il pouvoit, comme tout citoyen, poursuivre l'auteur de ce journal, et le faire condamner si les jurés le reconnoissoient coupable. Buonaparte ne pouvoit se résoudre à ces formes légales. Dès la première année de son consulat, il avoit, par un seul acte de sa volonté, supprimé la presque totalité des journaux, et réduit les autres à un style, sinon flatteur et servile, au moins respectueux. Il venoit de faire supprimer en Hollande la *Gazette de Leyde*, dont la liberté lui déplaisoit. Cependant il se résigna aux formes légales. Cette cause excita l'attention de toute l'Angleterre : elle devoit être plaidée par l'un des plus célèbres orateurs du barreau, le docteur Makintosh. Il s'agissoit d'examiner si l'écrit de Peltier avoit le caractère du libelle, s'il contenoit une provocation à l'assassinat du premier consul. Le procureur-général présenta à l'examen du jury trois pièces qui paroissoient les plus condamnables : l'une étoit une *Ode sur le 18 brumaire,* attribuée à Chénier; la seconde, le *Vœu d'un bon patriote hollandais;* la troisième, une parodie du discours de Lépide contre Sylla, attribuée à Camille Jordan. Le *Vœu d'un patriote hollandais* étoit de Peltier; on pouvoit y reconnoître sans peine sa manière facile, libre, piquante, mais négligée, et rarement de bon goût. L'ode n'étoit point de Chénier : Peltier ne s'est jamais expliqué sur le véritable auteur de cette espèce de philippique, mais il n'a jamais non plus soutenu qu'elle fût de l'auteur de *Charles IX;* il paroît certain qu'elle lui avoit été envoyée de Paris. Enfin, on accusoit Fouché d'avoir fait composer la parodie du discours de Lépide, et de l'avoir perfidement glissée dans les papiers de Camille Jordan pour le faire tomber dans la disgrâce du premier consul; mais il est constant aujourd'hui que ce morceau appartenoit à la plume satirique de Peltier (1). Il étoit difficile de n'y pas voir une provocation à l'insurrec-

---

(1) La véritable cause de la disgrâce de Camille Jordan fut une brochure publiée à Paris, intitulée : *Véritable sens du vœu national sur le consulat à vie.* C'étoit un écrit plus républicain qu'il ne convenoit à Buonaparte et à Camille; il étoit sans nom d'auteur. La

tion contre le gouvernement de Buonaparte ; on y lisoit : « Français, c'est en ce moment qu'il « faut se résoudre à servir ou à commander, à re- « cevoir la terreur ou à l'inspirer. Le tigre qui « ose se dire *le fondateur* ou *le régénérateur* « *de la France* jouit du fruit de vos travaux « comme d'une dépouille enlevée aux enne- « mis. Il n'est pas rassasié de la destruction « du roi, de celle de tant de braves, de tant « de princes que la guerre a moissonnés ; il « devient et plus avide et plus cruel dans les « circonstances où la prospérité change chez « la plupart des hommes la fureur en pitié. « Reste-t-il à des hommes qui veulent être « dignes de ce nom autre chose à faire qu'à « venger leur injure ou à périr avec gloire ? « La nature a marqué le terme de notre vie à « tous, même aux plus puissans : nul ne doit « attendre la dernière extrémité sans avoir « tenté quelque chose pour la liberté, s'il ne « veut passer pour une femmelette timide et « pusillanime. »

---

police le fit saisir, et Camille Jordan se hâta de le reconnoître. Cette noble conduite détourna le ministre de toute poursuite contre l'auteur, qui s'ensevelit à Lyon dans une prudente obscurité jusqu'à l'époque de la restauration.

Le *Vœu d'un patriote hollandais* se terminoit par ces vers :

Le voilà donc assis où s'élevoit le trône!
Consul, il règle tout; il fait, défait les rois;
Peu soigneux d'être aimé, la terreur fait ses droits!
Il est proclamé chef et consul pour la vie!
Pour moi, loin qu'à son sort je porte quelque envie,
Qu'il nomme, j'y consens, son digne successeur;
Sur le pavois porté qu'on l'élise empereur;
Enfin (et Romulus nous rappelle la chose),
Je fais vœu, dès demain, qu'il ait l'apothéose.

L'ode attribuée à Chénier ressembloit aux fameux couplets qui avoient fait proscrire notre célèbre lyrique J.-B. Rousseau. L'auteur y comparoit Buonaparte à César foulant aux pieds la statue de la Liberté, et s'écrioit :

De la France, ô honte éternelle!
César, au bord du Rubicon,
A contre lui, dans sa querelle,
Le sénat, Pompée et Caton;
Et dans les plaines de Pharsale,
Si la fortune est inégale,
S'il te faut céder aux destins,
Rome, dans ce revers funeste,
Pour te venger, au moins, il reste
Un poignard aux derniers Romains.
. . . .
Guerriers, ressentez-vous l'outrage

Qui, pour un Corse, vous est fait?
Guerriers, que le traître subisse
De Tarpéia l'affreux supplice!
Pour ces biens qu'il vous a ravis,
Pour ces biens, sa honteuse idole,
Il a livré le Capitole :
Ecrasez-le sous ses débris.

Quel avocat pouvoit justifier devant un tribunal des agressions aussi violentes!

M. Makintosh défendit son client avec beaucoup d'adresse et d'éloquence. Il établit qu'il étoit impossible de prouver que Peltier fût auteur des pièces citées dans son journal, qu'elles ne représentoient nullement ses sentimens, qu'il étoit évident qu'elles étoient l'ouvrage de quelques jacobins forcenés, et que jamais il n'avoit été défendu de citer et de faire connaître les déclamations d'un parti contre le parti opposé; qu'un Français loyal n'auroit point été repris sous Henri IV, pour avoir reproduit les provocations fougueuses, les déclamations incendiaires des ligueurs. Il montra qu'on ne pouvoit nullement apercevoir dans ces libelles la main d'un royaliste aussi ardent que M. Peltier; et profitant habilement de cette idée pour exprimer ses propres sentimens sur Buonaparte, il dit :

« Si M. Peltier avoit fait un appel aux Fran-

« çais, en invoquant la mémoire de saint
« Louis et de Henri-le-Grand, en leur rap-
« pelant le souvenir de cette illustre famille
« qui a régné sur eux pendant six siècles, et
« avec laquelle toute leur renommée martiale
« et toute leur gloire littéraire est si étroite-
« ment liée; s'il les avoit adjurés, au nom sans
« tache de Louis XVI le Martyr, de son
« amour pour son peuple, dont presqu'aucun
« homme en France ne peut prononcer le
« nom sans prendre l'accent de la pitié et de
« la vénération.....; s'il les avoit ainsi excités
« à convertir leurs inutiles regrets et leur sté-
« rile pitié en une active et généreuse indi-
« gnation; s'il avoit reproché aux conquérans
« de l'Europe le déshonneur d'être les es-
« claves d'un obscur étranger; s'il avoit re-
« présenté à leur imagination l'humiliant con-
« traste qui existe entre leur patrie sous ses
« anciens monarques, la source et le modèle
« du raffinement dans les arts et le goût, et
« depuis leur expulsion, l'opprobre et le fléau
« de l'humanité; s'il les avoit exhortés à
« chasser leurs ignobles tyrans et à remettre
« leur souverain naturel sur son trône, j'eusse
« alors reconnu la voix d'un royaliste........,
« j'eusse reconnu le langage qui doit avoir
« découlé du cœur de M. Peltier, et j'eusse

« été forcé de convenir qu'il étoit dirigé con-
« tre Buonaparte. »

M. Makintosh opposa ensuite agression à agression, libelle à libelle; il cita un article du *Moniteur*, du 9 août 1802, contre le peuple anglais et le roi d'Angleterre lui-même; « contre un prince, dit-il, qui a traversé un règne orageux de quarante-trois ans sans la moindre imputation faite à son caractère personnel; contre un peuple, ajouta-t-il, qui a passé par les plus rudes épreuves de la vertu nationale avec une gloire sans tache, et l'on a osé accuser le roi d'un tel peuple, non seulement d'avoir gagé des assassins, mais d'avoir été assez dépourvu de toute honte, assez étranger à tout sentiment d'honneur, pour avoir promis à ces mêmes assassins, si leurs projets meurtriers réussissoient, la plus haute marque d'une distinction publique, la récompense réservée aux hommes d'Etat, aux héros, l'ordre de la Jarretière, qui a été porté par Henri-le-Grand et par Gustave-Adolphe; cette Jarretière non encore souillée, qu'un détestable libelliste ose dire s'acheter au prix du meurtre et de l'assassinat. »

Ce plaidoyer fut entendu avec un grand intérêt. La cause avoit attiré les personnages les plus illustres de la Grande-Bretagne. M. Makintosh ne put néanmoins sauver son client; il fut condamné aux frais de la procédure et à une somme considérable, pour tenir lieu à Buonaparte de dommages et intérêts, avantage plus humiliant que conforme à la dignité d'un souverain. Mais ce procès devint plus désagréable encore pour le premier consul, par l'empressement des hommes les plus recommandables de l'Angleterre à payer, par une souscription, l'amende à laquelle le hardi journaliste avoit été condamné.

M. Makintosh, dont la réputation avoit déjà de l'éclat avant ce procès, en acquit un nouvel encore.

Cet habile orateur avoit été, au commencement de la révolution française, un de ses admirateurs les plus exaltés ; il avoit écrit pour elle un ouvrage latin intitulé *Vindiciæ Gallicæ*, et l'Assemblée législative, par reconnoissance, lui avoit décerné le titre de *citoyen français*. Mais lorsqu'il vit que les *citoyens* avoient, au 20 juin 1792, enfoncé les portes de la demeure royale, qu'ils avoient outragé le prince jusqu'à souiller son front de l'infâme bonnet de la révolte, lorsqu'au 10 août ils eurent brisé le trône, forcé à la fuite le plus humain des rois, lorsqu'au 21 janvier ils l'eurent assassiné sur un échafaud, il secoua avec indignation l'opprobre dont on l'avoit décoré, et d'ennemi du célèbre Burke il devint, après une conversation avec ce grand écrivain, son admirateur le plus zélé.

Cette triste victoire contre un journaliste irrita encore le dépit du dictateur français, et devint le présage d'une guerre plus sérieuse qui ne tarda pas à éclater (1).

En fermant irrévocablement la liste des émigrés français, en leur rouvrant les portes de leur patrie, en pacifiant la Vendée, en désarmant l'Europe entière et l'Angleterre elle-même par des traités, Buonaparte s'étoit flatté de détruire à jamais le trône de saint Louis et d'en fermer le retour à ses augustes descendans. Mais lorsqu'il vit que la maison de France conservoit encore de nombreux et fidèles partisans, que les émigrés les plus courageux refusoient d'accepter l'humiliante amnistie qu'il leur avoit offerte, qu'ils ne renonçoient point à l'espérance de voir refleurir le trône des lys, qu'ils trouvoient un asile inviolable dans les Etats de Sa Majesté britannique, que les journaux de Londres leur ouvroient leurs

---

(1) Il avoit fait dire dans ses journaux de Paris que Pelletier seroit chassé d'Angleterre ou enfermé à Newgate.

pages pour y pleurer leurs malheurs et ceux de l'illustre famille dont ils partageoient le sort, alors il ne put se contenir; maître de lui dans la chaleur des combats, il ne sut conserver le même empire dans cette guerre de plume, et ne cessa d'accabler de demandes et de plaintes le cabinet de Londres.

L'île de Jersey, où commandoit le duc de Bouillon, recéloit quelques officiers vendéens, quelques chouans qui n'avoient pas voulu accepter la pacification, et même quelques criminels qui s'étoient soustraits à la rigueur des tribunaux de France : Buonaparte en désigna neuf dont il demanda la déportation; quatre furent arrêtés, les cinq autres se mirent en sûreté; mais par une condescendance plus conforme à la politique qu'à la justice, le ministère anglais étendit la proscription à dix-sept chouans ou émigrés, qui furent conduits à Southampton.

Le général Villot, déporté au 18 fructidor avec Pichegru, étoit entré au service d'Angleterre, et commandoit dans la Méditerranée un régiment de chasseurs britanniques, composé en grande partie d'émigrés suisses et français qu'il avoit pris sous ses ordres à Gênes. Il fut sacrifié au maintien de la paix, et son régiment licencié. Les ministres accordoient tout ce que les lois d'Angleterre leur permettoient de céder; mais les demandes du premier consul se multiplioient à un tel point, ses plaintes devenoient si amères, ses prétentions si injustes, sa conduite si offensive, qu'il étoit difficile que la guerre n'éclatât point incessamment entre les deux nations. A défaut de son épée, Buonaparte attaquoit son ennemi avec la plume. Il étoit facile de reconnoître ses hauteurs et la violence naturelle de son caractère dans quelques articles du *Moniteur*. Les écrits de sa chancellerie avoient encore toutes les couleurs du style révolutionnaire; et quoique Buonaparte affectât depuis quelque temps les manières élevées des souverains, on n'y reconnoissoit que trop souvent les formes acerbes d'un parvenu de la révolution. Irrité de ne pouvoir imposer silence aux journaux anglais qu'il n'avoit pu acheter, il les proscrivit en France, en Italie, et dans tous les lieux où on redoutoit sa puissance et son courroux.

Le premier il eut l'idée de ces correspondances privées devenues si célèbres sous le ministère de M. Decazes, et depuis essayées de nouveau, mais avec moins d'activité, de persévérance et de succès. Il faisoit répéter par les journaux français ce qu'il avoit envoyé lui-même aux feuilles anglaises qui lui étoient affidées, et dans ces articles il ne ménageoit guère la maison de Bourbon. Ainsi, en se plaignant des outrages dirigés contre lui par les journalistes anglais, il leur reprochoit de n'avoir jamais fait usage de leur liberté, sous les Bourbons, contre les actes les plus tyranniques de ces princes. Il citoit deux faits qui auroient en effet excité une légitime indignation, s'ils n'eussent pas été controuvés.

« Louis XV, disoit-il, étant sur le trône, un prêtre, du nom de *Lafosse*, fut pendu en Grève pour avoir dit seulement que le jésuite Busembaüm, qui recommandoit l'assassinat des tyrans, étoit un honnête homme.

« Sous le même règne, trente respectables artisans furent tous exécutés, une nuit, à la sourdine, sans forme ni procès : leur crime étoit d'avoir, deux mois auparavant, excité une émeute dans la rue Saint-Nicaise, en apprenant que quelques-uns de leurs enfans, qui avoient disparu, avoient été transportés à Versailles pour satisfaire de honteuses passions.

« Si la prudence des anciens journalistes anglais, ajoutoit Buonaparte, si le silence qu'ils gardoient alors sur les actions les plus infâmes de l'ancien gouvernement de France méritoient des éloges, que peut-on dire des écrivains périodiques d'aujourd'hui, qui, ne trouvant rien à blâmer, ont recours à la calomnie, et ne se font aucun scrupule de violer le respect dû à la vérité et à la justice ?

« Tous les jours ce sont, à les en croire, des insurrections et des complots ; cinquante généraux ont été enfermés à la fois dans le Temple (1). L'auteur de la machine infernale n'a pas honte de faire parade à Londres de son ruban ensanglanté (2). La Grande-Bretagne

---

(1) Il s'agit ici de l'emprisonnement des généraux Fournier-Sarlovése, Donnadieu et quelques autres, dont on avoit à la vérité exagéré le nombre ; mais il étoit constant qu'à cette époque les prisons d'Etat étoient remplies de victimes arrêtées et détenues sans forme de procès.

(2) Ce trait paroît dirigé contre M. Hyde de Neuville, que le ministre de la police Fouché désigna, dans son rapport sur la machine infernale du 3 nivose (24 décembre 1800), comme l'un des auteurs ou complices de la conspiration. Après cette journée, M. Hyde de Neuville ayant trouvé moyen de se soustraire aux recherches de Fouché, s'étoit retiré à Londres, où il étoit en relation habituelle avec M. de Conzié, évêque d'Arras, qu'on accusoit également d'avoir conseillé cette machine. M. Hyde de Neuville a publié un Mémoire pour se justifier de cette atroce accusation. On lui attribua long-temps un mot qui, s'il étoit véritable,

nourrit des serpens dans son sein par sa générosité sans bornes envers une foule d'enragés qui font les plus grands efforts pour ressusciter les animosités entre les deux nations, à dessein de replonger le monde dans les horreurs de la guerre.

« C'est un fait notoire que les plus odieuses calomnies, les plus coupables insinuations répandues dans les papiers anglais contre le premier consul, ne sont que des traductions de papiers envoyés par des émigrés, et spécialement des prêtres réfractaires.

« Il y eut un temps où ces prêtres eurent quelques droits à la commisération humaine; mais depuis qu'ils ont ouvertement abjuré

---

pourroit justifier jusqu'à un certain point les préventions de Fouché. Etant, dit-on, dans le cabinet du ministre Pitt avec M. de Conzié, et parlant avec beaucoup de chaleur de la révolution française, il dit au ministre : « Vous avez eu votre conspiration des pou-
« dres, pourquoi n'aurions-nous pas la nôtre ? » On ajoute que ce mot fut vivement improuvé par Pitt et M. de Conzié lui-même; mais M. de Neuville et M. l'évêque d'Arras étant liés avec les plus ardens ennemis de Buonaparte, il n'est point étonnant qu'on les ait crus associés au complot de Limoëlan et Saint-Régent. Il est constant que Buonaparte ne prononça jamais le nom de l'évêque d'Arras qu'avec une sorte d'exécration.

leur religion par une résistance obstinée à la bulle du pape, nous ne croyons pas que cette commisération puisse plus long-temps plaider leur cause. Quand le gouvernement français a ouvert, avec très-peu de restrictions, toutes les portes de la France aux exilés, pourquoi tant d'émigrés français montrent-ils leur visage en Angleterre? Le meilleur conseil que nous puissions leur donner est de tirer parti de la sollicitude paternelle et de la libéralité manifeste du premier consul. C'est en vain qu'ils espèrent rallumer la guerre : tous leurs méchans plans sont inutiles ; leur malveillance est dans un état complet d'impuissance. Ils ne peuvent rien effectuer contre le premier consul ni contre l'Etat.

« Aux grandes calomnies qu'ils inventent, il peut toujours répondre comme Titus : *Nemo injuriâ me afficere; aut insequi contumeliâ potest, proptereà quod nihil ago quod reprehendi mereatur. Ea verò quæ falso de me dicuntur prorsùs negligo.* « Je ne crains ni
« le blâme ni l'injure, parce que je ne fais
« rien qui mérite d'être blâmé; et si l'on m'im-
« pute des torts que je n'ai pas, je méprise
« ces honteuses impostures. »

Le premier consul se paroit ici d'une élévation de caractère qu'il n'avoit pas, et que ses paroles et ses actions démentoient tous les jours. Depuis le retour de la paix entre les deux nations, les Français qui passoient en Angleterre, et les Anglais qui passoient en France, s'embarquoient indifféremment sur des paquebots français ou anglais. Le premier consul fit défendre à ses sujets (car on pouvoit dès lors se servir de ce mot) de s'embarquer sur des paquebots étrangers. Il prit les mesures les plus actives pour empêcher l'entrée en France des marchandises anglaises; il interdit leur transit par la Hollande. Instruit que le ministère anglais improuvoit l'influence de la Russie et de la France sur les affaires d'Allemagne, et qu'il paroissoit disposé à appuyer les plaintes des puissances mécontentes, il opposa à ce qu'il appeloit *les intrigues du cabinet britannique,* une triple alliance entre la Russie, la Prusse et lui, et fit répandre à Paris des caricatures où l'Angleterre étoit représentée par un bâtiment chargé de monstres, de spectres ou de fantômes de toute espèce, remontant l'Elbe pour décharger sa hideuse cargaison. La triple alliance menaçoit évidemment la liberté du continent, et surtout l'Autriche, qui, se trouvant sans alliés, ne pouvoit trouver d'appui que dans l'Angleterre. L'électorat d'Hanovre pouvoit aussi devenir la facile conquête de la Prusse : ces considérations tendoient à rallumer la guerre.

Buonaparte compromettoit donc sa puissance en voulant l'accroître, et la durée de la paix en abusant de ses forces. Paris attendoit depuis long-temps l'ambassadeur britannique, comme Londres attendoit l'ambassadeur français. Le premier consul avoit désigné pour cette ambassade le général Andréossy. On s'étonnoit que, dans un gouvernement où le mérite devoit tenir lieu de rang et de naissance, cet honneur n'eût pas été déféré à M. Otto, qui, par la douceur de ses mœurs, la facilité avec laquelle il parloit la langue anglaise, et la popularité qu'il avoit acquise à Londres, pouvoit mieux qu'un autre conserver les sentimens de bonne amitié qu'il étoit parvenu à établir entre les deux nations. Le général Andréossy n'apportoit pas les mêmes avantages; c'étoit, à la vérité, un officier de génie d'un grand mérite, mais il étoit tout à fait étranger à l'Angleterre; ses habitudes militaires, les traits de sa figure, auxquels sa naissance méridionale, ses nombreuses campagnes et les fatigues de la guerre avoient donné une empreinte fortement martiale, convenoient moins pour une mission toute pacifique, que l'extérieur doux et prévenant de M. Otto : mais Buonaparte étoit en secret mécontent de ce dernier ; il lui reprochoit la célérité avec laquelle il avoit fait la paix ; et quand M. Otto fut de retour à Paris, il s'aperçut facilement qu'il étoit plus près d'une disgrâce que des faveurs de la cour.

L'ambassadeur anglais étoit lord Withworth, homme de mérite qui jouissoit en Angleterre d'une haute considération. Il avoit été long-temps à Saint-Pétersbourg comme ministre plénipotentiaire de Sa Majesté britannique, et n'avoit quitté la cour de Russie qu'à l'époque où l'empereur Paul s'étoit jeté tout entier dans les intérêts de la France. Il avoit reçu de Georges III des marques éclatantes de satisfaction, l'ordre du Bain et le titre de *baron,* honneur qui n'est point prodigué en Angleterre comme en France. Lord Withworth se recommandoit par un air de grandeur et de dignité ; ses manières étoient douces et affables, son esprit conciliant. On lui avoit donné pour secrétaire M. Talbot, qui, en 1796, avoit accompagné lord Malmesbury en France, et depuis s'étoit distingué dans les missions qu'il avoit remplies en Suisse, en Allemagne et en Suède. On s'étonnoit à Londres du peu d'empressement qu'il montroit pour se rendre à

Paris, comme on s'étonnoit à Paris des retards du général Andréossy. Un jour, quelques Anglais de haute considération ayant à ce sujet exprimé leur étonnement à lord Hawkesbury, et lui ayant demandé si la Grande-Bretagne pouvoit compter sur la durée de la paix, il répondit : « Les nouvelles m'annoncent que tout va bien, » mot qui rappeloit celui de lord Holland, qui répondit à une question de ce genre, qu'*il n'avoit pas lu les papiers publics*.

Cependant, au milieu de ces nuages précurseurs d'une longue tempête où devoit s'engloutir la fortune du premier consul, on continuoit de se prodiguer les marques d'affection et de bonne intelligence. On fit préparer à Londres un magnifique hôtel pour l'ambassadeur français; et lorsqu'il débarqua à Douvres, il fut reçu au bruit du canon, de la musique et des acclamations du peuple. Le premier consul envoya au ministre anglais, lord Hawkesbury, quatre superbes services de porcelaine de Sèvres, estimés plus de 100,000 fr. Le roi de Sardaigne lui-même eut part à des témoignages de grandeur et de générosité. Quelques-uns de ses sujets s'étant trouvés parmi les captifs italiens et français que le dey d'Alger avoit remis au contre-amiral Lasseignes, le premier consul les lui renvoya affectueusement : cependant, il venoit de le dépouiller de ses Etats de Piémont, et l'on ne doutoit pas qu'il n'eût le dessein de lui enlever encore la Sardaigne, possession assez voisine de l'île de Corse pour qu'il fût tenté d'en faire un département français. Déjà on voyoit dans la Méditerranée une escadre hollandaise qu'on supposoit destinée à cette expédition ; mais une escadre anglaise plus forte fit échouer ce dessein.

Les matériaux d'un prochain incendie s'amonceloient rapidement. Les hommes éclairés ne regardoient la paix que comme une trève armée que devoit suivre une lutte plus terrible. Il y avoit peu de bonne foi de part et d'autre. La possession de Malte importoit trop à l'Angleterre pour qu'elle consentît à la rendre. Buonaparte ne vouloit abandonner ni la Hollande, qu'il avoit le projet de réunir un jour à son empire, ni le Piémont, qui joignoit si heureusement ses Etats d'Italie à la France. Quel que fût le voile dont il cherchât à couvrir ses desseins, un œil exercé le perçoit facilement ; les bureaux mêmes de sa diplomatie ne manquoient pas de traîtres qui en vendoient les secrets. Il s'étoit formé dans le Parlement britannique un parti d'opposition qui blâmoit la paix; et les journaux de ce parti s'appliquoient chaque jour à révéler les desseins réels ou imaginaires du premier consul. Le dépit de Napoléon s'en irritoit de plus en plus. L'ouverture du Parlement lui fournit une nouvelle occasion de le manifester. Le roi, en s'expliquant sur la situation politique de l'Europe, avoit dit :

« Dans mes relations avec les puissances étrangères, j'ai été animé jusqu'à présent du désir sincère de conserver la paix. Il m'est néanmoins impossible de perdre de vue un seul instant le sage et antique système de politique qui lie intimement mes propres intérêts aux intérêts des autres nations. Je ne puis donc être indifférent aux changemens qui s'opèrent dans leurs forces et dans leurs positions respectives; ma conduite sera invariablement réglée par une juste appréciation de la situation actuelle de l'Europe. »

Ce paroles ne pouvoient s'appliquer qu'aux invasions successives de la France, qu'à son intervention dans les affaires de l'Europe, et à l'accroissement immense de sa puissance; elles furent soigneusement recueillies par le parti de l'opposition. Après que le roi se fut retiré, la discussion s'engagea avec vivacité. Lord Nelson parla de la paix comme d'un état incompatible avec la sûreté et la dignité de l'Angleterre ; il montra Buonaparte agitant ou dominant l'Europe entière, entretenant la guerre civile dans la Suisse pour l'asservir, forçant l'Allemagne de subir ses lois, et réglant à son gré les indemnités des puissances lésées. Il acheva son discours en disant que les ressources de l'Angleterre étoient loin d'être épuisées. D'autres membres parlèrent avec la même véhémence, et n'épargnèrent pas l'invective aux ministres, qu'ils accusoient d'avoir déshonoré leur pays par une paix honteuse.

Napoléon ne put lire le récit de cette célèbre séance sans une vive agitation. L'impétuosité de son caractère lui fit oublier le soin de sa dignité et les conseils de la prudence. Il se hâta d'exhaler son ressentiment dans les pages du *Moniteur* et d'un autre journal officiel intitulé *l'Argus*. Cette dernière feuille étoit rédigée par un juif anglais, que son fanatisme et ses écrits révolutionnaires avoient forcé de quitter son pays.

C'étoit une espèce de manifeste où il entreprit de répondre à tous les reproches des membres les plus influens de l'opposition britannique, l'asservissement de la Hollande, de la Suisse et de l'Allemagne, l'accroissement du territoire français. Il soutenoit que l'augmentation de sa puissance, loin de devoir alarmer l'Europe, étoit au contraire le gage de sa sécurité; et pour justifier cette assertion, il s'appuyoit de l'autorité d'un publiciste célèbre, qui, sans paroître écrire sous sa dictée, n'en recevoit pas moins de lui ses principales inspirations.

M. de Bonald avoit dit en effet : « Une politique perfide essaieroit peut-être de rendre à la Suisse son oligarchie, pour lui faire mieux sentir la nécessité d'un pouvoir concentré, mais l'humanité défend de le tenter; elle prescrit à la France de sauver la Suisse d'elle-même et des haines affreuses que des évènemens récens y ont allumées entre les citoyens et les cantons, et de lui donner la paix domestique en dédommagement de la guerre étrangère qu'elle lui avoit apportée. »

Buonaparte faisoit l'application de ces principes à la prépondérance qu'on lui reprochoit d'exercer dans les affaires de l'Allemagne, de concert avec la Russie. Il soutenoit ensuite qu'en examinant les acquisitions faites par les grandes puissances depuis le traité de Westphalie, la France était celle qui avoit le moins profité de ses forces et de ses victoires; et s'appuyant de nouveau de l'autorité du même écrivain, il disoit : « La Russie, placée sur les confins de l'Europe et de l'Asie, pèse à la fois sur toutes les deux, et, depuis les Romains, aucune puisssance n'a montré une plus grande force d'expansion. » Il en concluoit qu'il étoit nécessaire que la France s'agrandît pour maintenir l'équilibre.

Les Anglais lui reprochoient-ils encore d'avoir reculé sans mesure les frontières de son empire, il répondoit que *ce mouvement étoit pour l'Europe un gage de sécurité plutôt qu'un sujet d'alarme;* « car la nature, « disoit-il, a donné aux nations, comme à « ses autres ouvrages, des limites naturelles ; « elles s'agitent tant qu'elles n'y sont pas ar- « rivées, elles se reposent dès qu'elles les ont « acquises; et dans cet état de calme, si elles « se trouvent forcées par les intrigues de quel- « ques brouillons à recourir aux armes, ce « n'est plus que pour châtier les perturbateurs « du monde et venger l'humanité. »

Après ces explications, il prenoit à son tour le rôle d'accusateur, et disoit à l'Angleterre : « N'avez-vous pas été, dès l'origine de la ré- « volution, justement soupçonnée d'en avoir « provoqué tous les excès ? ne vous a-t-on pas « depuis convaincue de ce crime contre le « genre humain ? n'est-ce pas vous qui la pre-

« mière avez allumé les brandons de la guerre?
« n'avez-vous pas arboré vos léopards sur les
« citadelles de Toulon? et votre politique in-
« humaine ne tient-elle pas les anciens sou-
« verains de la France dans un honteux avi-
« lissement? Avant l'époque de nos discordes
« civiles, vous aviez trois puissances rivales
« de votre commerce et de votre marine, la
« France, l'Espagne et la Hollande: la for-
« tune ou la trahison vous a livré toutes
« leurs forces, et maintenant nulle d'elles
« n'oseroit vous disputer l'empire des mers;
« leurs pavillons humiliés s'abaissent sous vo-
« tre trident despotique. »

Il demandoit si, tandis que les puissances du continent s'agitoient sur le petit coin de terre qu'elles occupent, le reste de l'univers n'étoit créé que pour être exploité par une compagnie de marchands? Puis, s'adressant aux publicistes si vantés de la Grande Bretagne, il affectoit un sourire de dédain en les voyant se traîner encore sur les routes abandonnées de la vieille diplomatie, se placer, comme autrefois, au centre des mouvemens politiques, sans s'apercevoir que *le nouveau système du monde les avoit relégués dans un coin de son orbite, prêt à les en chasser tout à fait comme une pièce inutile, ou du moins incohérente avec la machine de l'univers.* (Il étoit facile de reconnoître sa propre main dans cette dernière phrase.)

Entrant ensuite dans le fond de la question, il se livroit, sur la nature du gouvernement anglais, sa tendance et sa marche, à des considérations dont il étoit difficile de contester la justesse.

« L'Angleterre, disoit-il (en copiant encore
« M. de Bonald), l'Angleterre est, par sa po-
« sition même, en état d'opposition et de
« guerre habituelles avec tous les peuples du
« monde. Cet état tient à sa situation insu-
« laire, au caractère de son peuple et à sa
« Constitution, qui donne à sa politique un
« caractère inquiet et agresseur, et qui la place
« constamment dans un système d'accroisse-
« ment, et jamais dans celui du repos et de
« la stabilité. Une puissance continentale a
« des bornes au-delà desquelles elle ne peut
« sans danger pour elle-même porter de gran-
« des armées; mais une nation uniquement
« maritime n'a de limites que celles de l'uni-
« vers, parce qu'elle peut, avec ses flottes
« nombreuses, promener ses forces dans le
« monde entier avec moins de dépenses et de
« pertes d'hommes que le chef d'un grand
« empire continental ne peut porter d'ar-

« mées d'une extrémité de ses Etats à l'autre. »

De là, considérant les Etats du continent avec lesquels l'Angleterre pouvoit encore se flatter de former une nouvelle ligue, il soutenoit que tous les motifs de rivalité entre l'Autriche et la France, que toutes les causes de discorde entre ces deux Etats étoient éteintes par les traités de Campo-Formio et de Lunéville; que ces deux puissances, séparées par le Rhin, sans avoir le dessein de former au-delà de nouveaux établissemens, rapprochées par leurs Constitutions respectives, par leur religion et la sympathie de leur caractère, n'avoient plus d'intérêts opposés à démêler entre elles. Puis, revenant de nouveau au reproche d'accroissement que l'opposition anglaise ne se lassoit point de lui opposer, il répétoit qu'il étoit nécessaire qu'il se constituât fortement au Midi, à l'instant où l'empire le plus puissant par son étendue, fort à la fois de sa civilisation naissante et de son ancienne barbarie, commençoit à s'ébranler du Nord et à peser sur l'Europe.

Puis, descendant de ces hauteurs, où il devoit rester, il se livroit à des personnalités puériles contre le célèbre Sidney-Smith. Cet officier, d'une humeur vive et originale, avoit dit, dans la Chambre des pairs, qu'il étoit loin de compter sur la durée de l'empire de Buonaparte; que, durant son séjour au Temple, il avoit vu deux révolutions, et que, dans ces différens drames politiques, chaque acteur qui réussissoit devoit au peuple une pièce nouvelle; que si la main de quelque scélérat venoit à frapper le premier consul, il ne seroit pas surpris, qu'après sa mort, le héros ne devînt un objet de dérision, et qu'on ne jouât sur les théâtres de France *la Résurrection de l'empire de Tippoo-Saïb, la Prise de Constantinople,* ou *la Conquête de l'Angleterre,* grands et vastes projets dont sa tête ardente n'avoit cessé de se nourrir.

Indigné de ces plaisanteries, Napoléon crut devoir ramasser les traits de son ennemi et les lui renvoyer. Le soûvenir de Saint-Jean d'Acre étoit profondément gravé dans son cœur.

« On pardonneroit à peine, dit-il, aux sau-
« vages de l'Afrique de spéculer publiquement
« dans leurs assemblées sur l'assassinat du
« chef d'une peuplade ennemie; que dire d'un
« membre du Parlement britannique qui se
« permet d'aussi indécentes ironies? Elles se-
« roient atroces dans la bouche d'un autre,
« elles sont une bassesse dans celle de M. Syd-
« ney Smith. Il étoit perdu dans un coin du

« monde, lorsque Buonaparte occupoit dans
« l'univers toutes les bouches de la Renommée.
« M. Sydney-Smith est plus honoré, plus cé-
« lèbre par les égards que lui a rendus ce
« grand homme que par les petites victoires
« et les petits exploits particuliers dont il peut
« se targuer (1). »

Napoléon repoussoit ensuite l'opinion du commodore anglais sur la stabilité du gouvernement consulaire : « Tout étranger, di-
« soit-il, qui vient en France et qui considère
« l'état de force et de splendeur où s'est élevé
« un gouvernement de trois ans, ne peut
« croire à tant de merveilles, et retourne
« frappé de surprise et d'admiration. »

Enfin, il arrivoit à la question qui lui donnoit de plus vives sollicitudes, la possibilité de relever le trône des Bourbons ; il soutenoit que ces princes avoient perdu successivement tous leurs partisans; que la rentrée des émigrés et le rétablissement de la religion avoient détruit leurs dernières espérances. « Loin de nous,
« ajoutoit-il en feignant une fausse pitié, la
« pensée d'insulter ici à des malheureux d'au-
« tant plus dignes de ménagemens à nos

---

(1) Buonaparte se targuoit lui-même d'un avantage qu'il n'avoit pas.

« yeux, qu'ils sont déchus de tout espoir et
« qu'ils ont perdu toute considération poli-
« tique; mais il importe de révéler à nos en-
« nemis une vérité qui paroît avoir été sentie
« par tous les partis en France.

« Les Bourbons n'ont rien osé pour une
« couronne, lorsque toute l'Europe étoit ou
« du moins sembloit armée pour leur que-
« relle. Ils n'ont jamais occupé la Renommée
« de leurs exploits ou de leurs tentatives dans
« cette lutte fameuse où tant de noms sont
« sortis de l'obscurité ; leur existence est pres-
« que ignorée; l'Europe les connoît moins
« que les généraux français du second ordre.
« Dans le siècle de la gloire et des réputa-
« tions, chez un peuple où l'honneur militaire
« a tant d'empire, l'oubli est le dernier op-
« probre, et les Français ne veulent point être
« gouvernés par des hommes oubliés.

« Au reste, ajoutoit Napoléon, le masque
« est tombé; ce n'est plus ni la cause des
« Bourbons ni celle de la religion et de l'or-
« dre social que l'Angleterre plaide aujour-
« d'hui : c'est son ambition et sa cupidité
« qu'elle veut satisfaire, c'est le désir de res-
« saisir une domination qui lui échappe, et
« la rage de ne pouvoir imposer le produit de
« ses manufactures à l'univers. »

Puis, prenant le ton d'oracle, il annonçoit qu'au premier coup de canon la moitié des ports de l'Europe serait fermée aux bâtimens anglais, que leurs marchandises accumulées resteroient sans écoulement, qu'ils quadrupleroient leurs dépenses, et que cet état mettant ses finances en péril, amèneroit promptement la banqueroute. Il parloit de l'Irlande, de son impatience à supporter ses fers, de ses dispositions à se jeter dans les bras d'un allié plein d'énergie, et que la ressemblance de la religion devoit unir étroitement avec lui. Il terminoit cette espèce de manifeste par une phrase trop présomptueuse pour qu'elle pût imposer à personne :

« La France n'a rien à craindre pour sa « puissance continentale, et peut, par un « coup audacieux et soudain, renverser en un « jour cette puissance qui prétend donner une « législation maritime à l'univers. »

Le ton menaçant de ces protestations de paix annonçoit suffisamment la guerre. Napoléon en rassembloit les élémens et se disposoit en même temps à occuper le trône. Quelqu'indifférence qu'il affectât pour les prérogatives de la naissance, il n'en fit pas moins insérer dans la *Gazette de Hambourg* une note sur la noblesse et l'antiquité de sa race. « La famille du premier consul, y disoit-on, est originaire de Sarzana. Il existe dans cette ville des manuscrits qui font mention de la maison Bonaparte dès l'an 1300. Il se trouve de plus un écrit d'Antoine Ivani, chancelier de Voltera, adressé à César Bonaparte, en 1456. Sous le gouvernement des Viscomti, en 1370, les familles Aldobrandini, Bonaparte, Piazzi et plusieurs autres furent obligées de quitter Sarzana, comme partisans des gibelins. Plusieurs se réfugièrent en Toscane, d'autres en Corse, où la famille Bonaparte a continué d'exister, ainsi que l'écrivoit Sandinelli en 1600. Bonaventure Rossi, qui a écrit une chronique sur les antiquités de la ville de Sarzana et sur les familles nobles de cette cité, désigne parmi ces dernières la famille Bonaparte. Il existe dans la Bibliothèque nationale, à Paris, une comédie dont l'auteur se nomme *Nicolas Bonaparte ;* elle a été imprimée en 1692. On connoît une *Histoire du massacre de Rome en* 1527, qui a été écrite par Jacques Bonaparte (1). »

---

(1) On est depuis revenu sur ce texte, qu'on n'a pas manqué d'amplifier. Le docteur Antomarchi, dans ses Mémoires, rapporte une conversation de Napoléon sur ses ancêtres (tome 1, page 155).

Il rassembloit autour de lui les noms les plus illustres de l'ancienne monarchie. Il s'assuroit par des faveurs les suffrages du clergé; il fit présent d'un anneau épiscopal à chacun des évêques d'Amiens, d'Autun, d'Avignon, d'Arras, de Coutances, d'Evreux, de Gand, de Limoges, de Meaux, de Metz, du Mans, de Namur, de Nanci, d'Orléans, de Soissons, de Saint-Brieux, de Troyes, de Vannes, de Versailles. M. Baour-Lormian célébra dans une ode le retour de la religion et des mœurs. Quelques communautés de religieuses furent rétablies. Ses généraux, comblés de biens et d'honneurs, commençoient à se familiariser avec les idées de monarchie, et les jeunes guerriers, réglant leurs sentimens sur ceux de leurs chefs, voyoient dans une guerre prochaine de brillantes espérances. Sous prétexte d'une expédition à la Louisiane, le premier consul, avant de céder cette vaste contrée aux Etats-Unis, avoit rassemblé, à l'embouchure de la Meuse, des forces considérables dont il avoit donné le commandement au général Victor, aujourd'hui duc de Bellune. Le colonel Sébastiani, officier d'un esprit délié, d'une égale habileté à la guerre et dans les négociations, parcouroit l'Orient, chargé d'explorer les moyens de reprendre un jour l'Egypte, et de porter des coups sérieux à l'Angleterre dans ses riches possessions de l'Inde. Il s'étoit embarqué, le 16 septembre, à Toulon, s'étoit rendu à Tunis, y avoit fait reconnoître la république italienne, en étoit reparti pour Alexandrie, chargé d'en demander l'évacuation au général Stuart, qui y commandoit, s'étoit, sur son refus, dirigé dans l'intérieur de l'Egypte, avoit eu des conférences avec le pacha du Caire, étoit reparti pour Saint-Jean d'Acre, afin d'y sonder les dispositions du fameux Degeszar-Pacha, et de là étoit revenu en France. Sa mission n'avoit pas eu tout le succès que le premier consul s'en étoit promis; mais elle avoit vivement inquiété le gouvernement anglais, qui en avoit pénétré le secret et que ses nombreux espions servoient activement en France. Buonaparte en entretenoit aussi en Angleterre. On ne doutoit pas que M. F....., qui venoit de s'attacher à son char et de passer à Londres, n'y eût été envoyé comme *observateur*. Les lettres qu'il publia dans le *Mercure de France* sur le caractère et le gouvernement anglais, étoient trop empreintes des opinions et des sentimens du premier consul, pour qu'on pût attribuer son voyage à l'unique désir de voir et de s'instruire.

D'autres agens plus actifs parcouroient

les différentes parties de la Grande-Bretagne : les uns levoient, avec autant de secret qu'ils pouvoient, le plan des côtes, indiquoient les points de débarquement les plus faciles. La ville de Dublin fut fort surprise d'apprendre qu'elle possédoit dans son sein un commissaire des relations commerciales de France. Une famille française ayant eu besoin de constater le décès d'un des siens, qui étoit mort en Irlande dans le cours de la dernière guerre, les pièces qu'elle produisit furent renvoyées à Dublin, pour être certifiées par ce commissaire ; mais jusqu'alors il s'étoit tenu dans un secret si profond, que son existence et son domicile étoient absolument inconnus et qu'on ne put l'y découvrir (1). D'autres agens parcouraient l'Irlande pour y entretenir l'esprit d'insurrection, et y former de nouvelles ligues s'il étoit possible.

---

(1) Ce commissaire étoit frère de M. de B...., alors secrétaire intime du premier consul et conseiller d'Etat. Il avoit été envoyé en Angleterre avec un ancien membre du conseil des anciens, nommé *Moreau*, qui, après avoir été compris dans une liste de déportation comme jacobin, avoit d'abord obtenu sa grâce du premier consul, et ensuite le titre de *commissaire des relations commerciales à Londres*.

De quelque prétexte que Buonaparte cherchât à couvrir ces obscures menées, elles n'échappoient point à la pénétration du gouvernement britannique; un évènement funeste vint d'ailleurs exciter toute sa surveillance. Le jour même de l'ouverture du Parlement, on découvrit une horrible conspiration contre la vie du roi. Les conjurés avoient pour chef le colonel Despard : c'étoit le dernier des six fils d'une famille irlandaise. Il avoit embrassé de bonne heure la carrière des armes, et s'y étoit distingué par son courage, son intelligence et sa fidélité à ses devoirs. Il avoit été honoré de plusieurs commandemens militaires, et notamment de celui des établissemens cédés par l'Espagne dans la baie de Honduras. Rappelé par le gouvernement, sur les plaintes d'un certain nombre de colons, il avoit en vain sollicité une enquête sur sa conduite et la liquidation de ses comptes; le ministère s'étoit constamment refusé à ses instances. Soit que le mécontentement, soit que les idées de liberté qui fermentoient en Irlande eussent exalté son imagination vive et ardente, il se jeta dans le parti des Irlandais unis, fut arrêté, en 1798, comme complice d'Arthus O'Connor, subit une longue détention dans les prisons de Cold-Bath-Fied et de Shrewsburg, et obtint enfin la liberté, sous la condition de se représenter lorsqu'il en seroit requis. Mais il nourrissoit de trop profonds ressentimens pour ne pas tenter quelque action d'éclat qui satisfît sa vengeance. On découvrit bientôt qu'il avoit choisi pour l'accomplissement d'un sinistre projet, le jour même où le roi devait se rendre au Parlement pour en faire l'ouverture. Cet excellent prince devoit être assassiné, la Tour et la Banque occupées par les conjurés, et le gouvernement renversé. Un soldat révéla le complot aux magistrats. Le colonel et vingt-neuf ouvriers et soldats, la plupart Irlandais, furent arrêtés aussitôt, à la taverne d'Oakley-Arms. Ils étoient porteurs d'une formule de serment semblable à celle des Irlandais unis. On le leur faisoit prêter séparément, pour éviter la présence des témoins. Le complot paroissoit s'étendre sur différens points de l'Angleterre, et particulièrement dans les villes manufacturières. Il avoit été conduit avec beaucoup de secret. Dans les papiers saisis sur la plupart des complices, on trouva une Déclaration des droits de l'homme avec ces mots : *Constitution, indépendance de l'Irlande et de la Grande-Bretagne, égalité de tous les droits civils.* On assuroit qu'ils comptoient sur l'appui des plus pauvres habitans de Georges-Fields et Spithead-Fields, gens toujours prêts à se mêler aux émeutes populaires.

Dès que cette nouvelle fut connue, elle excita en Angleterre la plus vive horreur. Personne ne douta que cette conspiration ne fût l'ouvrage du parti jacobin qui commençoit à se former en Angleterre (1), et agitoit toute l'Irlande. En France, telle étoit l'opinion qu'on avoit du premier consul, que la plus grande partie de la nation le soupçonna de ne pas être étranger à ce crime, et ce qui fortifia ce doute, c'est que les journaux attachés à sa cause firent tous leurs efforts pour diminuer l'horreur de cet attentat. Ils se plaignoient du bruit que l'on faisoit pour une équipée d'ivrognes; ils donnoient à penser qu'elle étoit l'œuvre secrète des ministres, qui avoient jeté parmi de pauvres ignorans les plus vils suppôts de leur police, pour les séduire et les perdre. D'un autre côté, l'on avoit observé que les mouvemens des Irlandais dans le comté de Limerick n'avoient rien de commun

---

(1) Les troubles que les élections avoient excités en quelques lieux révélèrent ses progrès. A Nottingham, on avoit vu les novateurs parés de la cocarde tricolore, et marcher en chantant l'hymne marseille et *Ça ira*.

avec ces tumultes populaires qu'un mécontentement aveugle excite tout à coup, qu'ils avoient été conduits avec ordre, et par des combinaisons qui supposoient un plan et des chefs habiles.

Cependant, on instruisit le procès du colonel Despard avec beaucoup de soin, et l'on ne découvrit rien qui pût indiquer les moindres relations avec les agens secrets du premier consul. Le colonel, déclaré coupable par le jury, mourut avec beaucoup de fermeté, en accusant de son malheur la haine des ministres, et protestant hautement de son innocence. Mais ce complot, quelque mal combiné qu'il fût, n'en inspira pas moins de vives alarmes en Angleterre, et l'on commença à concevoir de sérieuses inquiétudes sur les progrès du jacobinisme.

On accusoit Buonaparte de l'étouffer dans ses Etats et de le propager dans les autres. On ne pouvoit se dissimuler qu'il ne fût occupé de grandes entreprises, sans scrupule sur les moyens, et qu'en affectant un amour extrême pour la paix, il ne méditât contre l'Angleterre elle-même une guerre plus redoutable que celle qu'il lui avoit faite jusqu'alors.

Le ministère anglais s'étoit procuré des renseignemens très-exacts sur la mission du colonel Sébastiani; il savoit qu'il avoit visité tous les points importans de l'Egypte, qu'il en avoit visité les fortifications, et que sa présence avoit excité dans les îles Ioniennes des mouvemens qui annonçoient de la part de Napoléon des desseins sur ces îles, et de la part des insulaires des dispositions très-favorables à la France. On se plaignoit de la saisie arbitraire de plusieurs bâtimens anglais dans les ports de France, et de la détention de six Anglais qui avoient été arrêtés sur les indices les plus légers. On citoit une lettre confidentielle du ministre des affaires étrangères au commissaire des relations commerciales de Dublin, où, sous prétexte des intérêts du commerce, on lui recommandoit spécialement de faire passer des notes exactes sur les ports compris dans son commissariat, de s'en procurer le plan, et, dans le cas où il ne le pourrait pas, d'indiquer les vents les plus favorables pour y entrer, le genre de navires qu'ils peuvent recevoir, et la plus grande hauteur d'eau que les bâtimens peuvent y tirer. Une correspondance très-active étoit établie entre lord Withworth et lord Hawkesbury, et la nature de cette correspondance ne tendoit rien moins qu'à la paix. La première conférence du lord avec M. de Talleyrand avoit été fort vive; elle rouloit sur deux points, les papiers de Londres et Malte. Le ministre français ne dissimuloit pas que ces papiers troubloient le repos de Napoléon et le jetoient dans d'étranges accès de colère. Il représenta que le ministère anglais pouvoit imposer sinon le silence, du moins une sorte de respect aux journalistes; que si leur influence ne s'étendoit pas sur les journaux d'opposition, elle pouvoit atteindre au moins les feuilles ministérielles. Lord Withworth, pour se justifier, exposa que l'influence des ministres étoit nulle, même sur les journaux qui passoient pour leur être attachés, et que toutes leurs relations se bornoient à leur envoyer quelquefois des notes officielles. Il ajouta que les feuilles anglaises ne faisoient qu'user de représailles envers les feuilles françaises, qui se permettoient journellement les imputations les plus injurieuses envers l'Angleterre, et qu'entre les papiers anglais et les papiers français il existoit cette différence, que les premiers étoient libres, et que les seconds ne parloient qu'avec permission. Quant à Malte, l'ambassadeur anglais promit d'en référer à son gouvernement, et lord Hawkesbury répondit que le traité d'Amiens avoit garanti des indemnités à l'Angle-

terre; que, depuis ce traité, la France s'étant singulièrement accrue, l'article des indemnités devoit être réglé de nouveau; que d'ailleurs le rapport du colonel Sébastiani étoit d'une importance qui réclamoit des explications. Cette conférence en produisit bientôt une autre. Napoléon voulut s'expliquer lui-même avec l'ambassadeur anglais, lui assigna un rendez-vous aux Tuileries, le reçut avec cordialité, et après quelques minutes de conversation indifférente, le fit asseoir auprès d'une table dont il occupoit le vis-à-vis, et lui dit:
« Ce qui s'est passé entre vous et M. de Tal-
« leyrand m'a fait sentir le besoin de vous ex-
« poser mes sentimens d'une manière claire
« et positive, afin que vous puissiez les trans-
« mettre à votre gouvernement. Je ne puis
« vous dissimuler que j'éprouve une peine
« infinie de voir que le traité d'Amiens, loin
« d'être entre les deux nations une occasion de
« paix et de conciliation, est devenu la source
« d'une jalousie et d'une défiance qui ne
« font que s'accroître tous les jours. Au mé-
« pris des conditions les plus expresses de
« ce traité, je vois encore Alexandrie et
« Malte occupées par les troupes de votre
« gouvernement: c'est un point sur lequel je
« ne transigerai jamais; et si j'avois à choisir,

« j'aimerois mieux voir les Anglais maîtres du
« faubourg Saint-Antoine que de Malte. Les
« papiers anglais me traitent d'une manière
« atroce; mais cela m'importe beaucoup moins
« que les outrages qui me sont prodigués
« dans les papiers français imprimés à Lon-
« dres. Il est évident qu'ils ont le dessein de
« me rendre haïssable à l'Angleterre et peut-
« être à la France.

« On m'avoit promis d'envoyer Georges et
« ses semblables au Canada : au lieu de cela,
« on les souffre à Londres, on les protége,
« on les pensionne, et cependant ces hommes
« ne sont occupés qu'à méditer ou commettre
« des crimes sur les côtes de France et dans
« l'intérieur. Deux d'entre eux viennent d'être
« arrêtés en Normandie, et sont maintenant
« en route pour Paris : ce sont des assassins
« notoires payés par l'évêque d'Arras, le ba-
« ron de Rolle, par Georges et Dutheil (1).
« L'instruction de leur procès le prouvera.

---

(1) M. Dutheil, que Napoléon désigne comme un artisan de conspirations et de crimes, étoit employé à l'intendance de Paris à l'époque de la révolution. Il fut nommé, en 1789, commissaire du roi pour remplacer M. Berthier, après la mort tragique de ce magistrat. Il émigra l'année suivante, s'attacha avec un dévoue-

« J'avoue que je me sens chaque jour aigri
« davantage contre l'Angleterre : tout vent
« qui souffle de là ne m'apporte qu'injure et
« inimitié (1).

« On prétend que j'ai de nouvelles vues sur
« l'Egypte : si j'avois eu la moindre velléité
« d'en renouveler la conquête, j'y aurois fait
« passer sans aucun obstacle vingt-cinq mille
« hommes qui auroient chassé vos quatre
« mille hommes de garnison. Cette mesquine
« armée ne peut que compromettre la tran-
« quillité de ce pays, car elle me fourniroit
« un prétexte légitime pour l'envahir. Cepen-
« dant, je ne le ferai jamais, quelque désir
« que j'aie de fonder une colonie dans ce

---

ment sans bornes à la cause de la maison de Bourbon, repassa en France après les funestes évènemens de 1792, fit tous ses efforts et s'exposa aux plus grands dangers pour communiquer avec le roi au Temple, fut arrêté lorsqu'il accomplissoit ce noble projet, échappa par une sorte de miracle, fut chargé de plusieurs missions par les princes, devint un de leurs agens auprès du gouvernement britannique, et par l'audace de ses conceptions intimida souvent Buonaparté. Après la restauration, il est rentré en France, où il a été décoré de la croix de Saint-Louis.

(1) Ce mot se trouve littéralement dans les *Mémoires de Fouché*.

« pays, parce que je ne veux pas courir les
« risques d'une guerre où j'aurois l'air d'être
« l'agresseur, et où j'aurois plus à perdre qu'à
« gagner ; car tôt ou tard l'Egypte appar-
« tiendra à la France, soit par la ruine de
« l'empire turc, qui tombe en lambeaux,
« soit par quelque accommodement avec la
« Porte.

« Que gagnerois-je à faire la guerre à l'An-
« gleterre? Je n'ai de moyen contre elle
« qu'une descente, à la tête de laquelle il fau-
« droit que je me misse. Mais au point où je
« suis parvenu, voudrois-je courir les risques
« d'une expédition dont la chance pourroit
« être d'aller au fond de la mer? Je ne
« m'en dissimule pas les difficultés. Je la ten-
« terois cependant si la guerre devoit être la
« suite nécessaire de cet entretien ; et tel est
« l'esprit de mes soldats, que les armemens
« se suivroient sans cesse pour le succès de
« l'entreprise.

« La France a quatre cent vingt mille hom-
« mes prêts à tenter les plus périlleuses aven-
« tures ; l'Angleterre possède une marine
« qui lui assure l'empire des mers, et avec
« laquelle je ne pourrois rivaliser avant dix
« ans : deux Etats semblables qui s'enten-
« droient bien gouverneroient le monde, comme

« leurs débats le bouleverseroient. Si, depuis
« le traité d'Amiens, l'Angleterre ne m'eût
« pas donné mille preuves de son inimitié,
« il n'est rien que je n'eusse fait pour lui
« prouver le désir de la paix et de l'union :
« partage des indemnités, traité de commerce,
« influence sur le continent; mais rien n'a
« pu vaincre la haine du gouvernement bri-
« tannique; maintenant tout consiste en deux
« mots, *la paix* ou *la guerre*.

« Si c'est la paix, il faut exécuter le traité
« d'Amiens, contenir la liberté de la presse
« dans des bornes décentes, renoncer à pro-
« téger des misérables tels que Georges et
« ses pareils. Si c'est la guerre, il suffit d'un
« mot, et du refus d'exécuter le traité d'A-
« miens. »

Ici Napoléon parcourut d'un regard tout le continent pour prouver que l'Angleterre ne pouvoit compter sur un seul allié, et que son propre intérêt lui prescrivoit d'attendre une circonstance plus favorable. Il ajouta que l'on se trompoit si l'on pensoit qu'il se crût au-dessus de l'opinion de l'Europe ou de la France; qu'il ne voudroit, pour rien, provoquer une coalition contre lui, et qu'il n'étoit pas assez puissant en France pour engager la nation dans une guerre qui ne seroit ni juste ni utile; que s'il n'avoit pas châtié complètement les Algériens, c'est qu'il avoit craint d'exciter la jalousie des autres cabinets ; mais qu'il espéroit bien qu'un jour l'Angleterre, la Russie et lui s'entendroient pour détruire ce nid de brigands, et les forcer à cultiver leurs terres au lieu de vivre en voleurs.

Cette conversation remarquable dura plus de deux heures. Lord Withworth répéta au premier consul ce qu'il avoit dit au ministre des affaires étrangères ; et s'étant arrêté sur les accroissemens de la puissance française depuis le traité d'Amiens : « Vous « voulez, lui dit Napoléon, parler du Piémont et de la Suisse ; ce sont des bagatelles. « Il falloit s'en occuper au traité d'Amiens ; il « n'est plus temps aujourd'hui. » Il se leva alors, demanda des nouvelles de la santé de la duchesse de Dorset, et quitta l'ambassadeur sans qu'on aperçût dans sa figure la moindre trace de la conversation sérieuse qu'il venoit d'avoir.

Elle avoit eu lieu le 20 février ; le 20 mars suivant, le général Andréossy présenta à lord Hawkesbury une note dans laquelle il demandoit des explications promptes et catégoriques sur les points qui sembloient diviser les deux gouvernemens.

Il exposoit qu'en vertu du dixième article

du traité d'Amiens, Malte devoit être évacuée au bout de trois mois, et remise aux troupes napolitaines; que dix mois s'étoient écoulés, et que Malte étoit encore entre les mains des Anglais. L'armée française devait, de son côté, évacuer dans le même délai Naples et l'Etat pontifical, et l'évacuation avoit eu lieu avant l'expiration des trois mois; elle avoit généreusement remis Tarente, dont la France avoit relevé les fortifications, où elle avoit rassemblé cent pièces de canon. Diroit-on que les troupes napolitaines ne se sont point présentées à Malte? Ce seroit manquer à la vérité; elles sont arrivées, et l'Angleterre a méconnu leur droit. Alléguera-t-on aussi que les puissances continentales n'ont point accepté les garanties dont on a désiré qu'elles se chargeassent? D'abord, ce ne seroit point une raison pour violer le traité. Mais l'Autriche a envoyé son acte d'acceptation, la Russie a demandé quelques modifications, et le premier consul y a consenti; s'il reste quelque difficulté de ce côté, ce ne peut donc être que de la part du gouvernement anglais. Le général Andréossy demandoit une explication positive et catégorique, déclarant que, s'il ne l'obtenoit il étoit impossible de compter sur la durée de la paix.

Il étoit difficile de répondre franchement à cette note, car le gouvernement français n'avoit réuni le Piémont et ne s'étoit mêlé des affaires de la Suisse que postérieurement au délai fixé pour l'évacuation de Malte. Il pouvoit renvoyer à l'Angleterre le reproche qu'elle lui faisoit, et prétendre qu'il n'avoit accru son territoire et son influence que pour y trouver une compensation de l'occupation de Malte.

Cet état de plaintes et de récriminations ne pouvoit durer long-temps. Un message du roi d'Angleterre accéléra le dénouement. Sa Majesté représentoit au Parlement que les armemens qui se faisoient dans les ports de France et de Hollande méritoient la plus sérieuse attention; qu'ils sembloient, à la vérité, n'avoir pour objet que les colonies françaises, mais qu'il s'étoit élevé entre le gouvernement britannique et la France des difficultés qui pouvoient amener une rupture, et que Sa Majesté croyoit à propos de prendre ses sûretés sur terre et sur mer; elle demandoit, en conséquence, la levée des milices et l'armement de ses forces maritimes.

Cette démarche inattendue jeta Buonaparte dans un état d'irritation difficile à dépeindre. L'ambassadeur anglais s'étant présenté au cercle de Mme Buonaparte, le premier consul, en le voyant, lui cria d'une voix émue : « Eh bien! vous voulez donc la « guerre? Nous l'avons déjà faite pendant « quinze ans; vous voulez la faire encore « quinze années, et vous m'y forcez. »

Puis, se tournant vers le comte de Marcow et le chevalier Azara, qui étoient à quelque distance : « Les Anglais, dit-il, veulent « la guerre; mais s'ils sont les premiers à tirer « l'épée, je serai le dernier à la remettre. Ils « ne respectent pas les traités; il faudra do- « rénavant les couvrir d'un crêpe noir. »

Il se rapprocha ensuite de lord Withworth : « Pourquoi des armemens? contre qui des « mesures de précaution? Je n'ai pas un seul « vaisseau de ligne dans les ports de France. « Mais si vous voulez armer, j'armerai aussi; « si vous voulez vous battre, je me battrai « aussi. Vous pourrez peut-être tuer la France, « mais jamais l'intimider. — On ne voudroit « ni l'un ni l'autre, répondit lord Withworth, « on voudroit vivre en bonne intelligence. — « Il faut donc respecter les traités. Malheur à « ceux qui ne respectent pas les traités; ils en « seront responsables à toute l'Europe! »

Il étoit si agité en achevant ces mots, que lord Withworth n'osa lui répondre; il le laissa se retirer dans son appartement, où il répéta à haute voix : *Malheur à ceux qui ne respectent pas les traités !* Ainsi, tout se disposa pour la guerre. Il est certain que l'Angleterre exagéroit les torts du premier consul, que les armemens dont elle se plaignoit étoient loin de mettre sa marine en péril ; mais elle voyoit avec inquiétude et jalousie celle de la France se relever ; elle ne vouloit point de rivale, et l'occasion de porter un coup redoutable au commerce de France étoit trop belle pour la manquer.

Le message du roi étoit un acte d'accusation publique, et Buonaparte, quelque besoin qu'il eût de la paix pour mieux préparer la guerre, n'étoit pas homme à fléchir. S'il avoit des missionnaires en Angleterre, l'Angleterre en avoit en Allemagne, et ne négligeoit rien pour renouer des négociations avec les puissances du continent et s'assurer des alliés.

Dès le mois d'octobre 1802, elle avoit chargé M. Moore, précédemment secrétaire de la légation anglaise à Amiens, de se rendre secrètement en Allemagne, d'établir sa résidence, suivant les circonstances, en Suisse, ou sur les frontières de cette république, de prendre une connoissance exacte de la situation politique de ce pays, de sonder les dispositions de la nation, et d'offrir des secours en argent et en armes. On lui avoit donné un chiffre pour correspondre, en cas de besoin, avec l'ambassadeur anglais à Vienne et à Munich. M. Moore s'étoit d'abord établi à Constance; mais sa mission n'ayant pas eu le succès qu'il en attendoit, et ses liaisons l'ayant rendu suspect, il l'avoit abandonnée.

Lord Hawkesbury avoit donné de semblables instructions en Hollande à M. Liston; mais la république Batave étoit trop affaissée sous le joug français pour se prêter aux intentions du gouvernement anglais.

De leur côté, les agens des princes de la maison de Bourbon ne négligeoient rien pour former un parti en France et rappeler dans le cœur des Français l'amour de leurs anciens rois. Malheureusement, le temps et les agens étoient mal choisis. M. Dandré, qui, au 18 fructidor, avoit tout perdu par une exigence hors de saison, continuoit d'entretenir une correspondance inutile avec les royalistes de France.

Buonaparte connoissoit toutes ces menées. Il avoit fondé sa puissance sur les baïonnettes et les espions, et jusqu'alors il avoit été bien servi par les uns et les autres.

Dès qu'il apprit l'arrivée de M. Moore à Constance, il s'en plaignit publiquement; et par les détails qu'il donna à ce sujet, prouva qu'il étoit bien instruit.

Il fixa le jour où l'envoyé anglais étoit arrivé à Constance, et nomma celui qu'il avoit expédié à Londres avec sa correspondance. Il indiqua jusqu'au banquier chez lequel les agens des princes se réunissoient à Paris et qui leur fournissoit des fonds.

« M. Moore, disoit-il dans *le Moniteur*,
« est arrivé à Constance ; de là il a expédié à
« Londres le nommé *Rochat*. Il est curieux
« de faire connoître ce nommé *Rochat*: c'est
« un créole fils du marquis de ce nom, dé-
« signé dans la correspondance de Bareuth
« sous le nom de *Durocher*, l'un des princi-
« paux agens de Dutheil, auteur de la journée
« du 3 nivose (1). Il a été arrêté à Amsterdam
« pour cause de vol. Finguerlin est le ban-
« quier de Dandré, et c'est par son canal que
« Windham a payé tous ses forfaits. M. Moore
« n'est entouré et ne se sert que de gens souillés
« par des crimes. Il ne faut donc pas s'étonner
« qu'on ait arrêté en France ses espions pour
« les interroger sur le 3 nivose. »

---

(1) Buonaparte ne manquoit jamais d'accuser les royalistes attachés activement à la cause des princes d'avoir pris part à la journée du 3 nivose.

Ainsi, tout devenoit hostile entre les deux nations.

Un article inséré dans le *Correspondant de Hambourg*, sur le message du roi d'Angleterre, acheva d'aigrir les esprits. Le roi y étoit traité de la manière la plus insultante; le gouvernement anglais avoit la preuve que cet article avoit été inséré par ordre exprès du ministre de France, et que le Sénat s'étoit assemblé pour en délibérer. Il ordonna à lord Withworth d'en demander une satisfaction publique (1). D'un autre côté, la violence avec

---

(1) Le 28 mars, le Sénat de Hambourg s'étoit en effet assemblé pour délibérer sur la réquisition de M. Rheinhard, ministre plénipotentiaire de France, qui demandoit qu'on insérât dans le journal de cette ville un article contre le message du roi d'Angleterre. Le Sénat n'avoit point osé s'y opposer, et s'étoit contenté de solliciter quelques adoucissemens aux passages les plus injurieux pour l'Angleterre; mais le ministre de France déclara qu'il avoit des ordres pour exiger l'insertion de l'article sans aucun changement, et le Sénat consentit. Comme cet article a contribué beaucoup à la rupture de la paix, on sera sans doute bien aise de le connoître. En voici un extrait :

« Depuis quelques mois il s'est élevé entre la France et l'Angleterre une guerre de journaux et de pamphlets : ce sont les dernières étincelles d'un grand incendie, la dernière consolation d'un parti désespéré,

laquelle le premier consul avoit accueilli lord Withworth le jour de la réception, parut une

l'aliment de quelques basses passions et de quelques écrivains faméliques. Le gouvernement français est loin d'y attacher la moindre importance. Malgré quelques difficultés sur l'entier accomplissement du traité d'Amiens, il a toujours pensé qu'il pouvoit s'en reposer sur la bonne foi du gouvernement anglais, et s'est uniquement occupé du rétablissement de ses colonies. Plein de confiance dans la foi des traités, il n'a pas hésité à livrer à la mer et aux vents les restes de la marine française qui pouvoient devenir la proie des flottes anglaises. Au milieu de cette sécurité, il est tout à coup sorti du cabinet de Sa Majesté britannique un message solennel où l'on informe l'Europe entière que la France fait d'immenses préparatifs dans ses ports et ceux de la Hollande. Ce message a été suivi d'une adresse du Parlement au roi, dans laquelle on lui offre tous les moyens extraordinaires de défense et de sécurité que peut réclamer l'honneur de l'empire britannique et des trois couronnes.

« On ne sauroit dire si un pareil acte est l'ouvrage de la trahison, de la folie ou de la foiblesse. Qu'on jette les yeux sur les ports de France et de Hollande, on n'y verra que quelques préparatifs isolés pour les colonies, consistant en deux vaisseaux de ligne et quelques frégates. Qu'on reporte ses regards sur les ports d'Angleterre, on les trouvera occupés par les forces navales les plus formidables.

« Après cette revue, on sera tenté de se demander si le message du roi d'Angleterre n'est pas une plaisan-

offense au caractère d'ambassadeur. Le roi d'Angleterre enjoignit à son représentant de

terie, si une pareille farce est digne de la majesté d'un gouvernement. Si l'on considère l'influence des factions dans un pays aussi libre que la Grande-Bretagne, on sera disposé à croire que le roi d'Angleterre n'est coupable que d'une foiblesse, si toutefois la foiblesse est compatible avec la dignité d'une couronne. Enfin, on ne voit aucun motif raisonnable auquel on puisse rapporter un pareil acte, si ce n'est à la mauvaise foi, à une inimitié jurée envers la France, à la perfidie et au désir de violer ouvertement un traité solennel pour les avantages qu'on pourroit s'en promettre, et que l'honneur de la France, la foi des traités, ne permettent pas d'accorder.

« Quand on lit ce message, on se croit transporté dans le temps où les Vandales traitoient avec les Romains dégénérés, lorsque la force usurpoit la place du droit, et que, par un appel subit aux armes, on insultoit à ceux qu'on avoit envie d'attaquer. Dans l'état actuel de la civilisation, il est un respect que se doivent à eux-mêmes un grand monarque et un peuple policé, quand même ce respect n'aboutiroit qu'à chercher un motif plausible pour une guerre injuste; mais ici on ne voit que précipitation, qu'oubli de toute décence et de toute justice. Une guerre éternelle succédera à cette odieuse attaque, et plus le motif sera injuste, plus l'animosité sera irréconciliable.

« Les Français sont moins intimidés qu'irrités par les menaces de l'Angleterre. Les revers n'ont jamais abattu, la victoire jamais enflé leur courage. Ils ont vu

s'en plaindre, et de ne pas en souffrir de semblable.

toute l'Europe conjurée contre eux dans une guerre dont on ne voyoit pas le terme. Par leur constance, leur intrépidité et la promptitude des résolutions de leur gouvernement, ils l'ont terminée en peu de temps.

« La guerre qui va s'ouvrir aura un objet différent : les Français combattront pour la liberté de l'Europe et la foi des traités; et si le gouvernement anglais veut faire une guerre nationale, peut-être cette haute puissance navale dont on fait tant de bruit ne suffira-t-elle pas pour en déterminer l'issue et fixer la victoire.

« A la première nouvelle du message, tous les yeux se sont tournés sur le cabinet des Tuileries. On a recueilli avec empressement tout ce qui s'y est dit, tout ce qui s'y est fait. On a donné de l'importance aux moindres choses. On attendoit avec impatience le jour de la présentation des étrangers à Mme Buonaparte, ce qui a lieu tous les mois. On se préparoit à en tirer quelques conjectures. Le cercle a été aussi brillant que de coutume. En y entrant, le premier consul ayant aperçu l'ambassadeur anglais près de M. Marcow, lui dit : « Nous avons été en guerre douze ans, etc. »

(Ici l'on répète, mais avec des variantes, l'espèce d'algarade du premier consul à lord Withworth. Le texte que nous avons donné est le seul véritable.)

« On ajoute qu'après le cercle, le premier consul dit à l'ambassadeur anglais : « Mme la duchesse de Dorset
« a passé ici un bien mauvais temps. Je désire de tout
« mon cœur qu'elle y goûte les charmes de la belle
« saison; et s'il arrivoit que nous fussions de nouveau

Le général Andréossy communiqua, par représailles, une seconde note où, rappelant tout ce qu'il avoit dit, il se plaignit de la publication d'une *Histoire de l'expédition d'Égypte*, où l'armée française et son général étoient indignement outragés.

On proposa inutilement des conférences sur les points contestés; le premier consul répondit constamment qu'il ne transigeroit jamais sur l'occupation de Malte. Alors lord Hawkesbury fit passer un *ultimatum* dont

---

« en guerre, la responsabilité tombera exclusivement
« sur ceux qui méconnoissent les contrats. »

On faisoit remarquer combien ces mots étoient honorables pour le premier consul, et quelle garantie elles offroient de l'avenir; mais c'étoit dans le premier entretien que ces paroles avoient eu lieu. Buonaparte vouloit-il rassurer les Anglais pour les retenir en France? On est autorisé à le présumer, car nous verrons bientôt qu'il les fit arrêter tous.

Il désavoua l'article de Hambourg, quoiqu'il l'eût fait adresser à M. Rheinhard par M. de Talleyrand, avec recommandation expresse de le faire insérer dans *le Correspondant*.

Ces désaveux coûtoient peu au premier consul. Quand l'auteur de *l'Ambigu*, M. Peltier, eut été condamné, il fit dire dans les journaux de Paris qu'il n'avoit jamais sollicité cette condamnation, et qu'il n'avoit eu connoissance de ce procès que par les papiers publics.

le premier article portoit que Malte resteroit pour toujours à l'Angleterre, et que Sa Majesté britannique indemniseroit l'ordre de Saint-Jean de Jérusalem. Elle consentoit à ce prix à confirmer la possession de l'île d'Elbe, à reconnoître le roi d'Etrurie et les républiques italienne et ligurienne, pourvu néanmoins que Sa Majesté sarde reçût des indemnités qui satisfissent le gouvernement anglais.

Un acte de cette nature ne pouvoit manquer d'exalter au plus haut degré l'âme irritable de Buonaparte. On s'empressa de le modifier; on réduisit à dix ans la possession de Malte par les Anglais, et l'on prit l'engagement, après l'expiration de ce terme, de remettre l'île à ses habitans et de reconnoître leur indépendance. Bientôt on se relâcha encore, et l'on consentit à remettre l'administration de l'île aux chevaliers de Jérusalem, à condition que les forts seroient occupés par les troupes de Sa Majesté britannique. On demandoit aussi la cession de l'île de Lampedouze. Mais il déclara nettement qu'il falloit évacuer Malte, ou se préparer à la guerre. On ne fut donc point étonné d'apprendre que lord Withworth avoit demandé ses passeports et se disposoit à quitter la France. Il partit en effet le 13 mai, laissant M. Talbot, secrétaire d'ambassade, chargé d'une note dont il pouvoit encore espérer un heureux résultat si le premier consul eût été sincèrement disposé au maintien de la paix.

CHAPITRE IV.

Déclaration du roi d'Angleterre. Exposé des motifs qui l'ont déterminé à la guerre. Réponse du premier consul à ce manifeste. Sensation produite en France par le départ de l'ambassadeur. Inquiétudes des maisons de commerce.

L'AMBASSADEUR anglais, en remettant au ministre des relations extérieures le dernier *ultimatum*, n'avoit donné que trente-six heures pour y répondre. Dès que son départ fut connu, une anxiété générale succéda tout à coup à cet état de calme et de sécurité que les bienfaits de la paix avoient répandu dans toute la France. L'avenir se montra aux hommes éclairés sous les plus tristes couleurs. La consternation se répandit surtout dans les villes maritimes et commerçantes. Un an s'étoit à peine écoulé depuis la signature du traité d'Amiens, et déjà la guerre venoit rallumer toutes ses fureurs, fermer les mers, étouffer l'industrie, redemander des hommes et du sang, et peut-être frapper encore l'Europe toute entière de nouveaux désastres. Les plus riches négocians se représentoient leur fortune flottant sur les eaux et prête à devenir la proie d'un ennemi plus redoutable que les vents et les tempêtes. On se demandoit comment le premier consul avoit livré tant de trésors avec si peu de prévoyance, de sollicitude et d'intérêt.

Une lutte sanglante étoit engagée entre Saint-Domingue et la métropole; avec la paix on pouvoit conserver l'espoir de reconquérir cette riche colonie; avec la guerre, elle étoit perdue. Et qui pouvoit prévoir quel seroit le sort des autres possessions d'outre-mer? On mesuroit les avantages et les inconvéniens de cette guerre, et l'on ne voyoit pour la France que des pertes à faire. Iroit-elle avec ses flottes tenter de nouveau la conquête de Malte et de l'Egypte, afin de menacer la puissance anglaise jusque dans les Indes? La tête exaltée de Buonaparte pouvoit rêver ces chimériques expéditions, mais le plus simple raisonnement suffisoit pour les apprécier. Buonaparte lui-même se trouvoit surpris et déconcerté; et quoiqu'il assurât qu'il se glorifioit d'être pris au dépourvu, on n'en jugeoit pas moins sa position. On ne pouvoit guère douter que l'idée dominante qui l'occupoit ne fût la destruction de l'Angleterre, qu'il ne voulût l'entretenir dans une trompeuse sécurité, assoupir en quelque sorte sa prévoyance, et tomber sur elle à l'improviste, comme il avoit fait pour l'Egypte, comme il fit depuis pour l'Espagne et la Prusse; mais l'Angleterre avoit pénétré ses desseins, et l'accomplissement de ses projets demandoit du temps, et des combinaisons qu'il n'avoit encore pu amener à leur maturité. Il est constant qu'il se refusoit sincèrement à la guerre, et que si, après avoir exposé des idées saines et pacifiques dans son entretien avec lord Witworth, il prit ensuite le ton menaçant, s'il exigea impérieusement l'évacuation de Malte, ce ne fut que dans l'espoir d'intimider son ennemi, et par ce contraste de modération et de hauteur, d'arriver plus sûrement à son but. Mais l'Angleterre le devina, elle sentit qu'il s'agissoit pour elle de son existence toute entière. Aussi la déclaration de Sa Majesté britannique suivit-elle de près le rappel de son ambassadeur.

Le roi d'Angleterre exposoit aux Chambres du Parlement qu'après avoir procuré à ses sujets les bienfaits de la paix, il n'avoit négligé aucun sacrifice pour la conserver; que les tribunaux avoient été ouverts aux Français pour toutes leurs réclamations; que le sequestre sur leurs propriétés avoit été levé, les prohibitions et tous les empêchemens de commerce abolis, et les négocians français traités en tout point comme ceux des nations les plus amies de l'Angleterre.

Mais que les procédés du gouvernement français avoient offert un contraste frappant avec cette conduite loyale et généreuse; que les entraves apportées au commerce pendant la guerre avoient redoublé de rigueur depuis la paix; que des violences avoient été exercées sur les propriétés de plusieurs sujets de Sa Majesté britannique, et que les réclamations présentées au gouvernement français étoient restées ou sans réponse ou sans aucune satisfaction.

Sa Majesté ajoutoit que, non contente de molester ses sujets sur son propre territoire et celui des nations soumises à sa puissance, la France avoit envoyé en Angleterre des individus justement suspects, avec l'ordre secret de s'établir dans les ports les plus considérables comme agens du commerce, caractère qui ne pouvoit être légalement reconnu, puisqu'il n'existoit pas de traité de commerce entre les deux nations.

Sa Majesté avoit donc lieu de penser que leur envoi avoit tout autre but que les intérêts du commerce, et ce soupçon s'étoit confirmé par la découverte qu'on avoit faite que plusieurs de ces commissaires étoient des militaires, et qu'ils étoient chargés de sonder les ports et inspecter les places où ils devoient résider. Ces circonstances décéloient suffisamment les intentions du gouvernement français.

Sa Majesté s'étoit long-temps flattée qu'après les violentes tempêtes qui avoient agité la France pendant la révolution, le premier consul se plairoit dans les douceurs de la paix, et travailleroit à fermer les plaies douloureuses de son pays; mais elle a reconnu avec peine qu'il étoit décidé à suivre le même système de violence et d'agrandissement qui avoit caractérisé les gouvernemens précédens; qu'il avoit continué d'entretenir une armée en Hollande, malgré les réclamations des habitans et contre la lettre expresse des plus solennels traités; qu'il avoit, en pleine paix, envahi le territoire et violé l'indépendance de la Suisse, au mépris du traité de Lunéville.

Que les possessions de la France s'étoient agrandies du Piémont, de Parme, de Plaisance et de l'île d'Elbe, sans aucune compensation pour le roi de Sardaigne. Cependant, Sa Majesté britannique, pour céder aux instances réitérées de la nation suisse, avoit cru devoir intervenir auprès du gouvernement français, pour détourner les maux qui menaçoient ce peuple paisible; ses représentations étoient écrites dans les formes et le style le plus modérés; mais on n'y eut aucun égard, et l'on osa établir en principe que Sa Majesté ne pouvoit s'occuper que des objets contenus dans le traité d'Amiens, que tous les intérêts qui n'en faisoient pas partie lui étoient étrangers.

Le roi ajoutoit encore qu'il lui paroissoit incontestable que les changemens introduits dans l'état de la France depuis le traité d'Amiens en avoient sensiblement altéré les bases primitives et demandoient de nouvelles explications.

Que si, dans la situation où se trouvoit l'Europe, il n'avoit pas cru devoir recourir aux armes, la connoissance qu'il avoit du caractère et des dispositions du gouvernement français, lui avoit au moins imposé l'obligation de redoubler de vigilance pour la dignité de sa couronne et les intérêts de ses peuples; qu'alors le gouvernement de France avoit, par représailles, réclamé impérieusement l'évacuation de Malte.

« Depuis la conclusion du traité, disoit Sa Majesté, le gouvernement britannique a montré l'attention la plus scrupuleuse à en accomplir toutes les conditions. Dès qu'il a été instruit que les députations des divers prieurés s'étoient réunies à Saint-Pétersbourg, et qu'elles s'étoient engagées, sous les auspices de la Russie, à remettre au choix de la cour de Rome la nomination du grand-maître, Sa Majesté britannique a proposé à la France de tenir cette élection pour valide; et lorsqu'au mois d'août dernier, la France a désiré que les troupes napolitaines prissent possession de Malte, Sa Majesté n'y a mis aucun obstacle; mais elle a pensé, en même temps, que la nature des circonstances ne lui permettoit pas de retirer les forces qu'elle y entretenoit elle-même; car, d'une part, l'indépendance de l'île devoit être garantie par la France, la Russie, l'Autriche, l'Espagne, la Prusse et l'Angleterre. La Prusse s'y refusoit; l'Autriche ne l'accordoit qu'autant que toutes les autres puissances suivroient son exemple; la Russie demandoit l'abolition de la langue maltaise, créée nouvellement. D'une autre part, l'ordre n'étoit plus ce qu'il étoit à l'époque du traité d'Amiens. Les langues de Castille et d'Aragon avoient été supprimées par le roi d'Espagne, qui s'étoit saisi de leurs biens; la langue italienne se trouvoit abrogée de fait, par la réunion à la France du Piémont, de Parme et de Plaisance. La Bavière sembloit disposée à imiter l'exemple de l'Espagne. Les langues françaises n'existoient plus. Ainsi, l'ordre, mutilé et dépouillé de ses revenus, se trouvoit hors d'état de maintenir son indépendance, et cette condition fâcheuse étoit en grande partie l'ouvrage de la France.

« En consentant à reconnoître l'indépendance de Malte, Sa Majesté avoit fait à la paix de l'Europe un sacrifice considérable, mais elle ne l'avoit consenti que pour la sécurité du Levant. Les huitième et neuvième articles du traité stipuloient expressément l'intégrité de l'empire ottoman et l'indépendance des îles Ioniennes; cependant, au mépris de ces articles, le roi apprit bientôt que le gouvernement français méditoit le partage de l'empire turc et l'usurpation des îles Ioniennes. »

Ici le roi citoit les particularités de la mission du colonel Sébastiani; il voyoit dans ce voyage des projets évidemment hostiles, et dans le rapport du colonel des offenses manifestes envers l'Angleterre, ses armées et les officiers qui les commandent; et « ce rapport, disoit le roi, ne pouvoit être considéré comme un écrit privé, puisqu'il avoit été avoué, publié par le gouvernement français lui-même. »

Sa Majesté signaloit un autre affront à la puissance britannique dans l'exposé de la situation de la France, présenté au Corps législatif. « N'y avoit-on pas dit que l'Angleterre seule ne pouvoit lutter avec la France? Une pareille assertion, démentie par la dernière guerre, étoit un défi évident porté à la puissance anglaise.

« Et comment caractériser la conduite du premier consul envers l'ambassadeur de Sa Majesté britannique, sa violente interpellation en présence des ambassadeurs des puissances étrangères? que sera-ce encore si l'on y joint l'article injurieux publié à Hambourg sur la réquisition du ministre de France?

« A cette suite d'indignités, disoit Sa Majesté, on pourroit ajouter les réquisitions répétées du gouvernement français de changer la Constitution anglaise, en réprimant la liberté de la presse; et ces réquisitions étoient faites au moment même où, sans égard pour les droits de l'hospitalité, on portoit atteinte à la liberté des sujets de Sa Majesté, contre lesquels il n'existoit aucune charge raisonnable.

« Au milieu de ces provocations, Sa Majesté se glorifioit d'avoir conservé toute la dignité de sa couronne, de ne s'être distinguée que par la modération avec laquelle elle avoit réclamé la juste satisfaction qui lui étoit due, et provoqué les explications qui pouvoient assurer la tranquillité de l'Europe; mais ses efforts ayant été inutiles, Sa Majesté s'étoit vue dans la nécessité de rappeler son ambassadeur.

« Elle déclaroit néanmoins à l'Europe entière que, malgré les changemens survenus depuis le traité d'Amiens, malgré les accroissemens de la puissance française, animée du désir d'épargner à l'humanité les calamités de la guerre, elle ne réclamoit aucune indemnité pour elle-même, et qu'elle étoit encore disposée à tout arrangement dont l'objet seroit de lui donner une juste satisfaction des atteintes portées à la dignité de sa couronne et aux intérêts de ses peuples. »

Cette déclaration fut accueillie par les deux Chambres du Parlement avec un dévouement unanime, et produisit une si vive sensation en Europe, que Buonaparte s'empressa d'y répondre. Il la fit publier lui-même dans les papiers français, en y ajoutant des notes que sa main avoit tracées dans un premier mouvement de colère, mais où l'on étoit loin de retrouver le ton décent de l'entretien sage et modéré qu'il avoit eu avec lord Withworth dans le silence des passions et du cabinet.

Aux reproches que lui faisoit le roi d'Angleterre d'avoir opposé au commerce britannique les plus injustes prohibitions, il répondoit qu'elles n'étoient qu'une foible représaille de celles du gouvernement anglais; que l'Angleterre aimoit mieux *empoisonner ses sujets par des vins factices, et entretenir la grosse joie de ses crocheteurs par de la grosse bière, que de laisser pénétrer chez elle des vins de France.*

« Les agens de commerce envoyés dans les ports de la Grande-Bretagne n'avoient, suivant ses notes, d'autres instructions que les protocoles ordinaires usités depuis Colbert ; si quelqu'un leur avoit demandé les plans de quelques villes ou de quelques ports, cette demande n'avoit rien de plus étrange de la part d'un Français que celle d'un plan de Paris de la part d'un Anglais.

« Si la France avoit maintenu son armée en Hollande, c'étoit la conséquence naturelle de la conduite des Anglais, qui maintenoient leurs garnisons à Malte.

« Le gouvernement français n'étoit intervenu en Suisse que par intérêt pour elle, pour le repos de l'Europe, la préserver des poisons que versoient dans ce pays les agens de l'Angleterre, et sauver son indépendance.

L'Angleterre n'avoit aucun droit de se mêler des affaires intérieures de la Suisse, encore moins d'y mettre tout en feu par les plus infâmes émissaires, *d'en faire un poste de perturbateurs, de contrebandiers, d'assassins; en un mot, un autre Jersey, par où les marchandises anglaises et les poignards pussent pénétrer en France.*

« Le Piémont, disoit le premier consul, conquis par les armes françaises, étoit réuni de fait avant le traité d'Amiens. En le partageant en départemens, la France n'avoit fait que ce qu'elle avoit droit de faire. La prise de possession de ce pays n'étoit qu'une simple formalité.

« Le colonel Sébastiani n'avoit visité l'Orient que pour s'assurer de l'infidélité des Anglais dans l'exécution des traités, examiner s'il n'étoit pas nécessaire de donner à l'empire ottoman des secours contre la déloyauté anglaise, reconnaître les impressions et les souvenirs laissés par les Français dans un pays où ils avoient porté la douceur de leurs mœurs, l'éclat des arts et des lumières. Le colonel y avoit découvert avec plaisir que la mémoire des Français y étoit chérie, tandis que les Anglais étoient l'objet d'une aversion générale.

« Le premier consul ne démentoit pas la conversation qu'il avoit eue avec lord Withworth, et le désir qu'il avoit manifesté de voir une seconde fois l'Egypte sous ses lois; mais un projet d'invasion étoit loin de sa pensée; c'étoit de la sublime Porte elle-même qu'il vouloit la tenir; et s'il avoit parlé de la chute possible de cette puissance, c'est qu'il n'est pas d'empire éternel, que les Etats ont leur fin comme les hommes eux-mêmes, mais que la sublime Porte lui paroissoit moins près de sa chute que l'Angleterre elle-même, à en juger par cet esprit

. . . . De vertige et d'erreur,
De la chute des rois funeste avant-coureur.

« Le rapport du colonel Sébastiani pouvoit peut-être contenir des expressions désobligeantes pour le général Stuart; mais ni Sa Majesté britannique ni l'armée anglaise n'y sauroient trouver un seul mot qui les offensât. On assuroit d'ailleurs que le colonel Sébastiani étoit prêt à se rendre en Angleterre pour faire raison au général Stuart (1).

---

(1) On avoit fait d'abord dire dans les journaux français qu'un aventurier avoit pris le nom de *Sébastiani* pour courir le Levant et se donner comme agent

« Le premier consul avoit dit en effet que l'Angleterre seule ne pouvoit lutter contre la France ; c'étoit sa pensée ; il en étoit convaincu. « Au surplus, ajoutoit-il dans les notes, *la question s'éclaircira à Londres.* »

Napoléon déclaroit qu'il n'avoit aucune connoissance de l'article inséré dans les gazettes de Hambourg ; que s'il étoit vrai qu'il y eût été envoyé et admis par ordre du résident de France, il étoit impossible qu'il contînt quelque chose d'injurieux pour Sa Majesté britannique ; que cependant, si l'on y avoit dit que Sa Majesté avoit été induite à faire deux gros mensonges dans son premier message au Parlement, l'un en disant qu'*il se faisoit des armemens dans les ports de France*, l'autre qu'*il y avoit des négociations ouvertes entre les deux cabinets*, ce seroient de dures vérités sans doute, mais non pas des injures ; qu'il convenoit peu à Sa Majesté de se plaindre des journaux, quand elle-même donnoit à cette méprisable espèce de corsaires qu'on appelle des *gazetiers*, des lettres de marque *pour courre-sus* aux puissances avec lesquelles elle fait des traités de paix et d'amitié ; que c'étoit

---

du gouvernement français ; mais cette fable n'avoit pas réussi.

une des plus révoltantes indignités du cabinet britannique, d'avoir refusé d'abord l'éloignement des empoisonneurs et des assassins ligués contre le premier consul, et d'avoir offert ensuite leur déportation pour prix du consentement de la France à l'occupation prolongée de l'île de Malte.

Ce ton d'injure n'étoit guère propre à rapprocher les deux gouvernemens. M. Talbot, dans l'impuissance de rétablir la concorde entre les deux peuples, se retira quelques jours après.

CHAPITRE V.

Communication officielle au Sénat, au Corps législatif, au Tribunat. Adresses de félicitation, offrandes de vaisseaux par les départemens. Mouvemens militaires dans l'Europe. Ordre d'arrêter tous les Anglais en France, en Hollande, en Italie et dans tous les Etats soumis aux armes françaises. Situation de la Suisse depuis le traité de Lunéville; détails sur l'occupation de cette république par la France. Médiation du premier consul. République valaisanne.

Le premier consul assembla successivement le Sénat, le Corps législatif et le Tribunat, pour leur communiquer l'état de ses relations avec l'Angleterre. Ses ministres furent reçus au milieu des félicitations, des témoignages d'admiration, de reconnoissance et de dévouement. On plaignit l'aveuglement de l'Angleterre, qui couroit à sa perte. Le Corps législatif se signala surtout par le langage adulateur de son président et de ses orateurs.

« N'en doutons pas, dit le premier, si le signal de la guerre est une fois donné, la France se ralliera, par un mouvement unanime, autour du héros qu'elle admire. Tous les partis qu'il tient en silence autour de lui ne disputeront plus que de zèle et de courage ; tous sentent qu'ils ont besoin de son génie, et reconnoissent que seul il peut porter le poids de nos destinées. »

« L'Angleterre, dit l'orateur chargé de porter une adresse au premier consul, l'Angleterre, qui se croit si bien protégée par l'Océan, ne sait-elle pas que le monde voit quelquefois paroître des hommes rares dont le génie exécute ce qui avant eux paroissoit impossible? et si l'un de ces grands hommes avoit paru, devroit-elle le provoquer imprudemment, et le forcer d'obtenir de sa fortune tout ce qu'il a droit d'en attendre? En un mot, un grand peuple est capable de tout avec un grand homme dont il ne peut jamais séparer sa gloire, ses intérêts et son bonheur. »

Le Tribunat, épuré, ne montra pas moins de souplesse et d'empressement. Il voulut aller, en corps, déposer ses hommages aux pieds du premier consul.

Ces communications restèrent quelque

temps ignorées du public. Les journaux n'eurent la permission d'en parler que plus de quinze jours après le départ de M. Talbot, secrétaire de l'ambassade anglaise.

Mais à ce silence de quelque temps succéda tout à coup un mouvement extraordinaire dans toute la France. Les conseils de département se disputèrent l'honneur d'envoyer les premiers des adresses de félicitation au premier consul. La ville d'Orléans donna le signal des sacrifices que les provinces devoient bientôt s'imposer; elle vota une frégate fine voilière de trente pièces de canon, et sollicita la permission d'ouvrir un emprunt de 300,000 fr.

La ville de Paris offrit un vaisseau de cent vingt canons. La Préfecture de police, plus modeste, ouvrit des souscriptions pour des chaloupes canonnières et d'autres bâtimens destinés à *la descente en Angleterre*. Rouen construisit des bateaux plats. Le Sénat fit offrande d'un vaisseau de premier rang, dont les frais de construction devoient être pris sur sa dotation. On ne vit pas un seul département qui ne mît à honneur d'offrir quelques bâtimens, suivant l'étendue de ses moyens.

Bientôt tout s'émeut en Europe. On remarque de grands mouvemens dans les troupes prussiennes. L'Autriche ordonne que quarante mille hommes couvriront les frontières de l'Etat de Venise, de l'Istrie et de la Dalmatie. L'empereur de Russie et le roi de Prusse se disposent à une entrevue à Memel. Un corps de troupes françaises se rassemble, sous le commandement du général Mortier, dans la Gueldre et le Bas-Rhin. Le gouvernement hanovrien, effrayé, envoie des commissaires au roi de Prusse, pour lui faire part des dangers de sa position. M. Delaforest quitte Ratisbonne pour se rendre à Berlin comme ambassadeur.

L'amirauté anglaise expédie des lettres de marque pour courir sus aux bâtimens français et bataves. Deux vaisseaux français sont pris dans la baie d'Andierne; sept autres, chargés pour le compte du gouvernement, sont capturés sur les côtes de la Hogue.

Une ordonnance du roi d'Angleterre défend à tout navire anglais d'entrer dans les ports de France, de Hollande et de tous les Etats occupés par des armées françaises; elle prescrit en même temps un embargo général sur les bâtimens français et bataves actuellement dans les ports d'Angleterre, mais la même ordonnance enjoint de relâcher ceux qui ont été pris avant la déclaration de guerre.

A ces actes d'hostilité Buonaparte répond par des actes plus hostiles encore. Non content d'ordonner à sa marine de courir sus aux navires anglais, il oublie, dans la violence de ses passions, les lois les plus sacrées chez tous les peuples, il viole les droits les plus saints de l'hospitalité. Par un acte du gouvernement que ses deux collègues ont l'extrême foiblesse de souscrire, il ordonne que tous les Anglais qui font partie de la milice de leur pays, qui sont âgés de dix-huit ans et de moins de soixante, soient immédiatement constitués prisonniers de guerre, pour répondre, dit-il, des Français qui auroient été arrêtés ou faits prisonniers en Angleterre ou par des bâtimens anglais avant la déclaration de guerre. Ses conseillers d'Etat portent ce projet de loi au Corps législatif, et les serviles représentans de la nation répondent qu'*ils seront toujours empressés à seconder le premier consul dans toutes les mesures où il voudra bien les appeler à concourir.*

Cependant, quelques jours avant cet acte unique dans les annales des nations civilisées, des bâtimens parlementaires anglais avoient ramené de l'île de Jersey et de la Grande-Bretagne à Saint-Malo un grand nombre de Français.

Le prétexte que les Anglais actuellement en France faisoient partie de la milice de leur pays étoit vain, puisque tout citoyen anglais mâle majeur et non prolétaire fait nécessairement partie de la milice de son pays.

Mais bientôt l'oppression devint générale. Le premier consul oublia les promesses qu'il avoit faites à l'occasion de la duchesse de Dorset (1). Il déclara prisonniers de guerre, sans distinction d'âge, de sexe et d'état, tous les sujets de Sa Majesté britannique qui se trouvoient en France, en Hollande, en Italie, partout où dominoit le premier consul; les étrangers eux-mêmes qui, sur la foi du droit public, traversoient la France pour retourner dans leur pays, éprouvèrent les rigueurs de ce décret. Lord Clive, qui venoit d'Allemagne, fut arrêté à Strasbourg.

Au mois d'août précédent, on comptoit seize mille Anglais à Paris. On signifia à ceux qui n'étoient pas partis de se présenter, dans

---

(1) Quelques jours auparavant, on avoit essayé de rassurer les Anglais en leur faisant annoncer dans les papiers publics qu'ils avoient tort de se retirer, qu'ils ne seroient pas moins protégés en France pendant la guerre que durant la paix, que c'étoit par de pareils procédés que le gouvernement français se montroit supérieur à des ressentimens indignes de lui.

les vingt-quatre heures, à l'état-major, pour y donner leur nom, recevoir un bulletin, et se rendre le lendemain chez le général Junot, commandant de la place, chargé de leur indiquer le lieu où ils devoient résider comme prisonniers. Les Anglais de Paris et de Versailles furent confinés à Fontainebleau.

Ces violences annonçoient une guerre cruelle, sanglante et désespérée.

Buonaparte se flattoit que l'Angleterre, malgré tous ses efforts, ne trouveroit aucun allié sur le continent; il savoit cependant qu'elle avoit offert son alliance à l'Autriche et à la Russie, que celle-ci avoit refusé, que l'Autriche ne s'étoit point décidée. Il avoit agi envers cette dernière puissance avec tant de hauteur, il lui avoit fait sentir si cruellement les douleurs de la défaite, qu'il n'étoit pas étonnant qu'elle fût disposée à saisir, quand il en seroit temps, l'occasion de se venger. Il venoit tout récemment d'exiger d'elle qu'elle acceptât le *conclusum* de la diète de Ratisbonne, sans observation et sans réserve. Il ne pouvoit ignorer que lord Elgin avoit été chargé d'essayer une nouvelle ligue entre la Porte, la Russie et la Grande-Bretagne. Mais il comptoit fortement sur l'empereur Alexandre, et la mission du colonel Sébastiani le rassuroit sur la Turquie. Il ne songea donc plus qu'à pousser la guerre avec toute l'ardeur dont il étoit capable.

Mais avant de nous engager dans le récit des combats, il faut faire quelques pas rétrogrades, et jeter un coup-d'œil sur la Suisse, le Valais, le Piémont et les autres accroissemens de la puissance française.

Le traité de Lunéville prononçoit, comme on l'a vu, l'affranchissement de la Suisse, et lui assuroit le droit de se régir à son gré. Si au désir de dominer, le premier consul eût préféré l'honneur plus grand de respecter la foi des sermens, il se seroit empressé d'en retirer ses armées; mais la Suisse étoit trop voisine de la France, et son indépendance d'un trop haut intérêt pour qu'il consentît à la laisser l'arbitre de son sort. Cependant il affecta d'abord une grande modération, et parut décidé à ne point intervenir dans son gouvernement intérieur. Nous l'avons vu (1) accueillir d'abord avec une froideur étudiée les députés de cette république, leur recommander l'union, et confier à leur sagesse le soin de se donner une Constitution. Nous avons vu la diète dominée par le parti révolutionnaire, dissoute ensuite par un coup d'Etat, à la tête

---

(1) Tome IV, page 233.

duquel s'étoient mis deux membres du conseil exécutif, Dolder et Savary (1). Malgré l'espèce de désintéressement dont s'étoit paré le premier consul, il n'avoit point oublié ses intérêts, et ce malheureux pays, déjà ruiné par tant de désastres, s'étoit vu encore condamné à payer, comme tribut de reconnoissance, une somme de 800,000 francs pour l'entretien des troupes qui séjournoient sur son territoire. Il étoit facile de comprendre que le coup d'Etat exécuté par Dolder et Savary étoit l'ouvrage secret du gouvernement fran-

---

(1) Dolder étoit, avant la révolution de son pays, cultivateur et fabricant; mais il ne manquoit pas de connoissances en finances, et alors il n'étoit personne qui ne crût qu'il en avoit aussi en politique. Son esprit entreprenant le fit bientôt figurer dans les troubles de son pays, où il parvint aux premières places; mais il parut plus occupé de lui-même que de la république, et se montra toujours prêt à servir le parti qui triomphoit. En 1801, le Sénat ayant voulu lui conférer une espèce de dictature, de jeunes patriciens insurgés se transportèrent chez lui, lui firent signer sa démission et le forcèrent de partir pour Jagistorff; mais il trouva bientôt le moyen de sortir de son exil, et de reprendre ses fonctions sous la protection des Français. Savary, porté comme Dolder par la révolution, avoit été comme lui membre du Directoire helvétique. Ils étoient l'un et l'autre dévoués à la France.

çais. Quand Buonaparte avoit fait tant d'efforts pour étouffer en France les idées républicaines et la révolution, auroit-il souffert qu'on les vît renaître dans un pays si voisin de lui ? La conduite de l'ambassadeur Verninac et du général Montchoisy dévoiloient assez sa pensée.

Les chefs du nouveau gouvernement s'attendoient à trouver dans le premier consul un appui assuré ; ils s'empressèrent de députer auprès de lui le premier landamman Aloïs Reding : c'étoit un homme d'un mérite éminent, ennemi déclaré des principes révolutionnaires, animé du zèle le plus pur pour les libertés et les anciennes Constitutions de son pays. Buonaparte, fidèle à sa première dissimulation, le reçut avec une indifférence affectée, plaignit le sort de la Suisse, qui se déchiroit de ses propres mains, ou se laissoit déchirer successivement par toutes les factions ; il renouvela ses conseils sur la nécessité de la concorde, et témoigna le désir de voir entrer dans le gouvernement quelques membres du parti vaincu : c'étoit, selon lui, se montrer supérieur aux foiblesses humaines, c'étoit enchaîner les cœurs par la générosité, et disposer tous les partis à se réunir dans un intérêt commun.

On avoit si souvent et si prodigieusement exalté le génie transcendant de Buonaparte, que toute parole qui sortoit de sa bouche étoit recueillie comme un oracle; la terreur de ses armes avoit d'ailleurs laissé de si profondes impressions, que nul pouvoir sur le continent n'osoit lui résister. Six des chefs du parti révolutionnaire entrèrent donc dans le conseil exécutif, et fiers de leur triomphe, ne tardèrent pas à s'en rendre maîtres. Leur influence passa du gouvernement dans les provinces. L'Argovie refusa le paiement des dîmes, la Kinth se constitua en insurrection, et l'on vit bientôt repousser les cent têtes de l'hydre de la discorde qui avoit si long-temps désolé l'Helvétie. Buonaparte entretenoit en secret ces désordres, et travailloit à les accroître; il ne tarda pas à être satisfait. Le Sénat, qui s'occupoit ingénument de la Constitution, la publia au mois de février 1802; mais elle étoit formée d'élémens si contraires, qu'elle ne satisfit aucun parti : les aristocrates la trouvèrent trop démocratique, et les démocrates trop aristocratique ; plusieurs cantons la rejetèrent avec mépris. L'ambassadeur français refusa d'exprimer son opinion, et le parti jacobin, qu'il encourageoit sans se montrer, disposa tout pour une nouvelle révolution. Elle eut lieu le 17 avril, en l'absence du premier landamman et de plusieurs membres du Sénat qui étoient allé célébrer les fêtes de Pâques. Le petit conseil abolit la Constitution, et convoqua à Berne une assemblée des notables, dont il dressa la liste lui-même. Ces procédés avoient trop d'analogie avec ceux du premier consul pour n'y pas reconnoître sa main. Le Sénat protesta, l'ambassadeur français approuva, et les vainqueurs se préparèrent à leur tour à donner un nouveau plan de Constitution. En rappelant ces faits, on croit écrire l'histoire d'un peuple atteint de vertige.

Cependant de fâcheux présages se manifestoient sur plusieurs points de la république. La plupart des paysans, ruinés par la guerre intérieure et extérieure, n'entendirent pas sans indignation publier des actes du gouvernement qui exigeoient le paiement de toutes les contributions arriérées : ceux du Léman coururent aux armes, et signalèrent leur marche par l'incendie des archives et de tous les titres des redevances féodales; chaque jour leur nombre grossissoit, et bientôt, pour arrêter ce débordement, il fallut recourir à la force armée; le sang coula de nouveau sous les baïonnettes françaises. Les communes qui avoient pris part à l'insurrection furent frappées de contributions militaires. Deux chefs contumaces furent condamnés à mort; le reste de la multitude se dispersa.

Dans l'Appenzel, les troubles ne furent pas moins sérieux : des malheureux, égarés par l'excès de la misère et de fausses idées de religion, se donnèrent un Messie, et parcoururent les campagnes en réclamant, au nom de l'Evangile, l'égalité absolue et le partage des biens; mais les milices parvinrent à les dissiper. Le Messie fut mis en prison, ses plus fervens disciples enfermés dans un hôpital, le reste livré aux médecins et aux curés. Buonaparte contemploit les progrès de ces désordres, s'en applaudissoit, et sentoit son heure approcher.

Cependant, au milieu de ces troubles, le nouveau gouvernement n'avoit point oublié sa Constitution; les notables y travailloient avec ardeur. Dès qu'elle fut achevée, on la proclama avec emphase, on la proposa à la Suisse comme le talisman le plus propre à mettre un terme à ses maux, à commencer l'ère tant désirée de la paix et du bonheur. Mais l'éloquence de l'assemblée trouva peu de cœurs disposés à la persuasion. Plusieurs cantons n'hésitèrent pas à rejeter ce chef-d'œuvre constitutionnel; d'autres se contentèrent de n'y prendre aucune part; mais on supposa en Suisse comme en France que ceux qui ne disoient rien consentoient, et la Constitution fut publiée sur tous les points de la Suisse comme le vœu unanime de la nation. Dolder fut revêtu de la dignité de *landamman;* et Buonaparte, feignant de croire que la révolution étoit finie, donna l'ordre à ses troupes d'évacuer le territoire helvétique.

C'étoit livrer sciemment la Suisse à tous les déchiremens des partis. D'abord elle ne pensa qu'à manifester sa joie par des fêtes publiques; bientôt une horrible discorde succéda à ces témoignages prématurés d'allégresse et de reconnoissance.

L'insurrection partit des petits cantons: c'étoit là que la liberté avoit conservé ses derniers autels, et Buonaparte leur avoit solennellement promis de respecter leurs anciennes lois. Une confraternité formée sous les auspices du courageux Aloïs Reding et du baron d'Erlach, manifesta ouvertement son opposition au gouvernement, et se montra disposée à la soutenir par les armes; elle adressa au ministre de la république française une protestation qui devint le signal de l'insurrection:

« Depuis quatre ans, disoit-elle, nous

avons fait de vains efforts pour nous affranchir d'une Constitution qui, par la tache de son origine et la violence avec laquelle elle nous a été imposée, ne pouvoit manquer de nous être odieuse et insupportable. Nous espérions que le gouvernement helvétique, instruit par quatre années de malheurs, sentiroit enfin que le parti le plus sage et le plus conforme aux intérêts de tous, étoit de nous séparer de la république. Ce vœu, nous l'avons si souvent et si fortement exprimé, nous avons si énergiquement manifesté notre invincible attachement pour nos anciennes institutions, que le gouvernement devoit renoncer à tout espoir de voir jamais les trois cantons accepter une autre Constitution que celle qui a fait la gloire de nos pères, que nous n'avons cessé de chérir et de regarder comme la seule capable d'assurer notre bonheur. Notre réunion à l'Helvétie, payée de tant de sang innocent, est peut-être le plus cruel exemple de tyrannie dont l'histoire ait conservé le souvenir.

« Dans les mariages malheureux, le divorce est le seul remède efficace. Convaincus que ni la Suisse ni nos malheureuses contrées ne peuvent espérer de repos qu'en brisant le lien fatal qui nous unit, nous avons résolu de travailler à notre séparation avec toute l'ardeur dont nous sommes capables. Faites donc cesser cette union funeste, vous ministre d'une puissance qui, depuis quatre ans, nous a forcés, en dépit de nous-mêmes, de nous allier à la république helvétique. A ce prix, nous conserverons toutes nos anciennes relations de commerce avec la brave nation suisse. En accédant à nos vœux, elle s'assurera des frères généreux et de fidèles voisins. »

Les trois cantons adressèrent en même temps une lettre au premier consul, pour lui exprimer leur reconnoissance de ce qu'il avoit retiré ses troupes du territoire suisse, et lui exposer les motifs qui les déterminoient à rétablir les anciennes formes de gouvernement dont il avoit lui-même fait l'éloge, et sans lesquelles il leur étoit impossible de vivre. Buonaparte ne répondit à ces démarches que par le silence, et le nouveau gouvernement, irrité, publia dans une proclamation qu'il étoit décidé à soumettre la Suisse toute entière à la Constitution qu'il venoit de lui donner; et pour éviter de nouvelles coalitions, il déclara illégales toutes les assemblées populaires.

Cet acte d'une autorité haïe n'eut d'autre résultat que de hâter l'insurrection. Deux jours après, une assemblée populaire s'ouvrit à

Schwitz; on y rétablit les anciens conseils, et le peuple, ravi d'exercer des droits si anciens et si chers, revêtit Aloïs Reding de la dignité de landamman. Cet exemple fut suivi dans plusieurs cantons. Des commissaires parcoururent les communes pour les engager à ressaisir ensemble les anciennes libertés helvétiques. Bientôt on leva des troupes, on forma des magasins; et dans un manifeste adressé à la nation suisse, on revendiqua le droit des cantons insurgés de se régir par leurs propres lois. L'esprit de résistance fit de si rapides progrès, que le gouvernement crut devoir lui opposer la force des armes; mais ses troupes furent deux fois battues dans l'Argovie, à Baden et sur les frontières de l'Underwalden. Zurich refusa de leur ouvrir ses portes, et souffrit un bombardement de deux jours. Une suspension d'armes arrêta pour quelque temps les calamités de la guerre. Le gouvernement, effrayé, s'étoit adressé à Buonaparte; il réclamoit le secours des deux demi-brigades suisses au service de France. Buonaparte répondit qu'on examineroit. L'esprit d'insurrection pénétroit partout. Vingt mille paysans de l'Argovie, de Soleure, de l'Oberland et d'autres districts, s'étoient réunis en armes sous les généraux d'Erlach et de Watteville;

ils marchèrent sur Berne, dans le dessein de l'enlever par surprise ; et n'ayant pas réussi, ils sommèrent le gouvernement d'ouvrir les portes, ne lui donnant qu'une demi-heure pour se décider. Le landámman Dolder étoit en fuite ; ses collègues ayant refusé de se soumettre, l'attaque commença, et dura peu. Les assiégés proposèrent une capitulation, qui fut acceptée. Elle portoit que, pour éviter une plus grande effusion de sang, la ville seroit remise aux assiégeans dans les vingt-quatre heures ; que les membres du gouvernement auroient toute facilité pour se retirer avec leur famille, leurs effets, vingt pièces de canon et des munitions ; que le passage leur seroit ouvert jusqu'aux frontières des cantons de Vaud et de Fribourg ; que le général Andermats, qui commandoit les forces du gouvernement, auroit la liberté de les rejoindre avec armes et bagages ; et que, durant sa marche, le vainqueur s'abstiendroit de toute entreprise sur Fribourg et le canton de Vaud. Le général Watteville, en accordant une capitulation si favorable, savoit que l'armée du général Andermats marchoit sur son arrière-garde ; il se flattoit, en rejetant au loin le gouvernement, d'affranchir la Suisse toute entière ; il ne se trompa point.

Lorsque le général Andermats apprit les évènemens de Berne, il se hâta de lever le siége de Zurich; et laissant son artillerie derrière lui, il gagna précipitamment le pays de Vaud, où le gouvernement se proposoit de s'arrêter en attendant les secours de la France. Ainsi, dans l'espace de quelques jours, la Suisse toute entière, à l'exception du canton de Fribourg, se trouva libre du joug d'une autorité qu'elle détestoit et que la force seule lui avoit imposée. Le gouvernement vaincu avoit fui jusqu'à Lausanne; et tel étoit son effroi, qu'il se disposoit à chercher un asile à Genève ou en Savoie. Il se composoit d'une vingtaine de sénateurs, de quelques membres du conseil exécutif, et de quatre ou cinq juges, tous frappés de terreur.

Le vainqueur se hâta de profiter de ses avantages; il déclara les vaincus ennemis de l'Etat, se constitua à Berne sous les anciennes formes constitutionnelles, et fit un appel à toutes les forces de l'Helvétie. Bientôt on marcha sur Fribourg. La ville, courageusement attaquée et courageusement défendue, céda à la mauvaise fortune. Morat se rendit au général Watteville. La désertion se mit dans l'armée du général Andermats; sa ligne de défense fut forcée, et son armée en désordre ne s'arrêta que sous les murs de Lausanne.

Des deux parts on avoit député auprès de Buonaparte; les uns pour demander du secours, les autres pour réclamer sa neutralité. Napoléon ne s'étoit point expliqué, et la Suisse se croyoit libre, lorsqu'elle vit paroître le général Rapp avec une proclamation du premier consul :

« Habitans de l'Helvétie,

« Depuis deux ans vous avez offert à l'Europe un affligeant spectacle; des factions opposées se sont successivement emparées de l'autorité souveraine; elles ont signalé leur règne d'un moment par des actes qui décèlent leur incapacité et leur foiblesse. Dans le cours de l'an x, vous avez désiré que la France retirât le petit nombre de troupes qu'elle entretenoit dans votre pays. Le gouvernement, par égard pour votre indépendance, vous a accordé cette demande; mais les partis se sont combattus aussitôt avec une nouvelle fureur, le sang des Suisses a coulé sous le fer des Suisses. Vous vous êtes disputés pendant trois ans sans pouvoir vous entendre. Si l'on vous abandonnoit à vous-mêmes, vous vous égorgeriez encore pendant trois ans sans vous entendre davantage. Votre histoire prouve d'ailleurs que vos guerres intestines ne sauroient cesser que par l'intervention de la France. J'avois, à la vérité, décidé de ne point me mêler de vos affaires. J'ai vu tous vos gouvernemens me demander des conseils, n'en suivre aucun, et abuser de mon nom suivant leurs passions et leurs intérêts. Je ne puis ni ne dois rester plus long-temps insensible aux maux dont vous êtes victimes. Je révoque ma résolution. Je veux être le médiateur de vos différends; mais ma médiation sera efficace, et telle qu'on doit l'attendre de la puissante nation au nom de laquelle je parle.

« Cinq jours après la notification de la présente proclamation, le Sénat se rendra à Berne. Toute magistrature établie dans cette ville depuis sa capitulation est dissoute. Les préfets reprendront leurs fonctions; toute autre autorité cessera son exercice. Tout corps armé se séparera. La première et la seconde demi-brigades helvétiques formeront la garnison de Berne. Les seules troupes levées antérieurement aux six derniers mois feront le service militaire; les autres déposeront leurs armes à la municipalité de leurs communes respectives. Le Sénat enverra trois députés à Paris; les cantons en enverront également.

Tout citoyen de la république helvétique qui, depuis trois ans, a rempli les fonctions de landamman, de sénateur, ou occupé des places dans le gouvernement central, se rendra à Paris pour y indiquer les moyens de rétablir l'union et la tranquillité et de concilier les partis. J'ai droit d'attendre qu'aucune ville, aucune commune, aucun corps ne mettront d'obstacle aux résolutions que je viens de vous faire connoître.

« Habitans de l'Helvétie, ouvrez vos cœurs à l'espérance! Votre pays est sur le bord du précipice; je l'en retirerai si les gens de bien me secondent. Mais si, ce que je ne puis penser, il se trouve parmi vous assez d'hommes dénués de vertu pour ne pas sacrifier leurs préjugés et leurs passions à l'amour de leur pays, peuple d'Helvétie, il sera prouvé que vous avez dégénéré de vos ancêtres. Il n'est pas un homme de sens qui ne voie que la médiation dont je me charge est pour l'Helvétie un bienfait de cette Providence, qui, au milieu de tant de chocs, n'a cessé de veiller sur la conservation et l'indépendance de votre nation.

« Il est temps pour vous de comprendre que si le patriotisme et l'union de vos ancêtres ont fondé votre république, l'esprit de faction, s'il continue, la détruira infailliblement. Il seroit pénible de penser que l'époque où plusieurs républiques se sont heureusement élevées dût être marquée par la destruction et la chute d'une des plus anciennes de l'Europe.

« BUONAPARTE. »

Le général Rapp se rendit au Sénat avec l'ambassadeur français, y présenta cette proclamation, en lui annonçant qu'elle seroit appuyée par une armée de quarante mille hommes. Le Sénat répondit qu'il recevoit avec la plus vive reconnoissance ce nouveau témoignage de la bonté du premier consul pour la nation helvétique, et qu'il s'empresseroit de s'y conformer. Le général partit aussitôt pour se rendre à Berne. Il seroit difficile de peindre l'impression que fit sa présence dans cette ville ; la consternation fut générale. Oseroit-on résister à Buonaparte? supporteroit-on lâchement l'insulte qu'il faisoit à la nation suisse? Dans cet extrême embarras, le gouvernement de Berne répondit qu'il en référeroit à la diète de Schwitz, comme à la suprême autorité législative du peuple helvétique.

La diète ne fit pas attendre sa réponse long-temps ; elle étoit animée des sentimens les plus nobles, et présidée par des hommes d'un courage au-dessus des évènemens.

« Citoyen premier consul, dit-elle à Napoléon, nous avons reçu le 30 septembre la proclamation que vous nous avez fait remettre par le citoyen Rapp, votre aide-de-camp. Nous regrettons que la lettre que nous avons eu l'honneur de vous adresser à la même date ne vous soit pas parvenue plus tôt. Nous prenons la liberté d'en joindre ici une copie, et nous espérons que vous l'accueillerez favorablement; elle vous prouvera que les derniers mouvemens qui ont eu lieu en Suisse ne sont point l'ouvrage d'une faction, et que la nation suisse n'a d'autre dessein que d'user du droit qu'elle a de se donner une Constitution fondée sur sa position et ses besoins, droit précieux et sacré que vous avez daigné nous assurer vous-même par le traité de Lunéville. La Suisse seroit tranquille depuis long-temps, si les membres des derniers gouvernemens, ces obscurs métaphysiciens, eussent consulté le véritable état des choses, au lieu de s'attacher obstinément à de vaines et chimériques théories. Les violences dont ils ont usé pour imposer leurs systèmes aux cantons démocratiques, la guerre civile qu'ils ont organisée d'abord parmi nous, ensuite dans toute la Suisse, pour arriver à leur but, ont provoqué un mécontentement universel, et nous ont inspiré la résolution de briser ce joug intolérable. Non, général consul, ce n'est point une affaire de parti, c'est la cause sacrée de l'humanité, c'est le vœu général de la nation toute entière, de qui nous tenons nos pouvoirs et nos instructions, d'une nation dont vous avez stipulé la liberté, et qu'on a opprimée, qu'on a irritée, contre votre intention. Cette nation n'abusera jamais de la liberté; elle ne cherche que le repos, elle ne demande, nous en sommes les garans, que de voir chaque habitant jouir, sous l'égide d'un gouvernement sage et doux, de son existence et de sa propriété. Nous avons la conviction d'arriver à ce but si l'on cesse d'enchaîner nos volontés.

« Général premier consul, toute l'Europe admire en vous le chef d'un empire et d'un pouvoir immense; elle se persuade que votre unique dessein est de le faire servir au bonheur de l'humanité. Vous êtes trop grand, trop magnanime pour vouloir en faire usage contre un peuple qui ne veut que ce que vous lui avez permis d'espérer, qui ne désire que ce que vous avez voulu qu'il obtînt. Pénétrée d'une éternelle reconnoissance, la nation suisse mettra tous ses soins à conserver la bienveillance du gouvernement français, à remplir les devoirs que lui impose la résolution de conserver les liens de la bonne amitié entre deux nations voisines. »

Cette réponse étoit l'expression des sentimens d'un peuple franc et loyal, qui comptoit sur la foi du premier consul, parce que le premier consul auroit pu compter sur la sienne. Dans la situation où elle se trouvoit, la diète adressa à la nation toute entière une proclamation où respiroient à la fois le courage et la modération :

« Compatriotes, amis, lorsque vous avez quitté généreusement vos femmes, vos enfans, vos familles pour acquérir à vos enfans la liberté, l'indépendance, le bonheur; lorsque vous avez abandonné avec empressement et courage vos cabanes et vos troupeaux, cette idée, *le Dieu de nos pères est avec nous et nous protége*, vous donnoit la force de braver tous les dangers, de supporter toutes les fatigues de la guerre. Vous avez délaissé, en chantant, vos montagnes et vos vallées pour entrer dans le champ d'honneur et défendre la liberté de votre pays. Le Tout-Puissant a béni vos efforts; il a entendu les prières d'un peuple connu par la droiture de son cœur, et qui n'étoit armé que pour la liberté et l'indépendance. Nos ennemis, nos oppresseurs, le soi-disant gouvernement helvétique, avec son foible parti, ont été rejetés jusqu'aux frontières de la confédération. Mais nous venons, compatriotes, amis, de recevoir du premier consul de la puissante nation française, une proclamation qui nous annonce que son intention est de se porter médiateur dans la guerre où nous nous sommes engagés contre un odieux gouvernement. La confiance que nous avons dans la loyauté du premier consul nous fait un devoir de nous conformer à ses désirs. Si nous refusions de le faire, il nous y forceroit par ses armes victorieuses. Compatriotes, amis, braves confédérés, quelqu'un de vous auroit-il la pensée de braver les menaces des nombreuses et invincibles armées françaises? Non, chers amis, non; nous voulons remplir paisiblement les intentions du premier consul. Vous recevrez, nous en avons la ferme confiance, les ordres de vos supérieurs et de votre général avec l'ordre, la modération et la discipline qui ont jusqu'à présent marqué vos pas, et, s'il est nécessaire, vous rentrerez dans vos foyers pour éviter qu'une armée étrangère ne vienne ravager votre patrie, pour jouir des richesses de vos heureuses moissons, pour les partager avec vos enfans, pour sauver vos familles de l'indigence et de la misère. Il ne convenoit qu'au gouvernement helvétique, animé par ses passions, dirigé par ses intérêts personnels, d'appeler à son aide des troupes étrangères. Pour nous, qui n'avons pris les armes que pour donner la paix à notre pays, nous n'avons pas besoin de troupes pour atteindre ce but. Pleins de confiance dans nos sentimens et notre conduite, nous osons espérer que, mieux informé de notre véritable situation, le premier consul, qui lui-même a garanti notre indépendance et que l'on a trompé par de faux rapports, s'empressera de mettre en sûreté l'honneur, la prospérité et la liberté de la Suisse. Daigne le Tout-Puissant, qui a béni nos armes et guidé nos premiers pas dans les routes du bonheur, nous accorder cet insigne bienfait! »

Après cette déclaration solennelle, les membres de la diète continuèrent provisoirement leurs fonctions, attendant avec une vive anxiété les résolutions du gouvernement français. Ils se flattoient que Buonaparte, désarmé par ces respectueuses réclamations, ne persisteroit pas dans ses desseins, ou que les puissances étrangères, étonnées de cette violation manifeste des traités, interviendroient en leur faveur. Dans tous les cas, ils étoient résolus de protester solennellement contre la violence, d'en appeler à l'Europe, et de déclarer au monde entier qu'ils ne cédoient qu'à la force et à l'impuissance de résister au pouvoir qui les accabloit.

Napoléon abrégea promptement toutes les incertitudes. Le général Ney, nommé plénipotentiaire auprès de la république helvétique, à la place du paisible Verninac, se présenta à la tête d'une armée de vingt mille hommes, et réinstalla à Berne le gouvernement proscrit par les cantons; ses troupes entrèrent dans le cœur de la Suisse, et l'armée confédérée se hâta d'abandonner les postes qu'elle occupoit. La révolution fut prompte et entière. Ney ayant sommé la diète de déclarer si elle étoit disposée ou non à obéir, elle répondit qu'elle n'avoit jamais eu l'intention d'opposer la force à la force; qu'obligée de céder à la nécessité, elle étoit prête à se dissoudre, mais sans trahir les intérêts de ses commettans; qu'elle ne regarderoit jamais comme légitime le gouvernement qui lui étoit imposé, et que les membres qui la composoient, toujours fidèles à leur patrie, ne renonceroient jamais au droit sacré de se donner eux-mêmes des lois, droit qu'ils tenoient de leurs ancêtres, et solennellement reconnu dans le traité de Lunéville.

Bientôt la nouvelle révolution enfanta de nouvelles proscriptions. Le génie de Buonaparte se montra en Suisse tel qu'il s'étoit montré en Italie, en Egypte. Les cantons confédérés furent traités en pays conquis. Cette république, à laquelle le médiateur venoit apporter tous les bienfaits de la paix, fut frappée d'une contribution de 625,000 francs. Les hommes courageux qui, dans les derniers évènemens, avoient montré le plus de fidélité à leur patrie, devinrent l'objet d'une lâche et odieuse persécution. Un respectable gentilhomme, du nom d'*Hirtzel*, ayant été arrêté, Aloïs Reding prévit facilement le sort qui l'attendoit; en vain ses amis le pressèrent-ils de se mettre en sûreté, il attendit héroïquement la proscription; et lorsque les gendarmes se présentèrent : *J'ai*, leur dit-il, *obéi à la voix de ma conscience et à celle de mon pays. Remplissez les ordres de votre maître.* Il fut conduit prisonnier au fort d'Aarbourg avec plusieurs de ses collègues qui voulurent partager son sort.

Il ne restoit plus que le choix des députés qui devoient se rendre à Paris. La Suisse vaincue y procéda sous l'influence du gouvernement de Berne et la crainte de l'armée française. Ils arrivèrent en France sur la fin du mois de novembre, et les conférences commencèrent peu de jours après. Buonaparte avoit nommé, pour y assister et conduire les négociations, quatre de ses sénateurs, Barthélemy, Desmeuniers, Rœderer et Fouché. La discussion s'ouvrit le 10 décembre. Le parti qui avoit triompé à Berne ne doutoit pas d'un nouveau triomphe à Paris. Quel fut son étonnement, lorsque le président de la commission fit lecture d'une lettre du premier consul où il manifestoit ses intentions : « La « nature, disoit-il aux délégués de la Suisse, « a fait votre Etat fédératif; vouloir le vaincre « ne peut être d'un homme sage. Le fédéra- « lisme affoiblit les grands Etats, et fortifie « les petits. »

Ces premières lignes frappèrent comme d'un coup de foudre le parti des unitaires; mais l'ancienne aristocratie ne fut pas moins confondue lorsqu'elle entendit cet autre arrêt : « La renonciation à tous les priviléges est « votre premier besoin et votre premier droit. »

La lettre du premier consul se terminoit par une déclaration expresse que ni la France ni l'Italie ne permettroient jamais que la Suisse se donnât une Constitution qui pût favoriser les intérêts de leurs ennemis.

Malgré cette expression positive des volontés de Napoléon, les conférences se prolongèrent avec beaucoup de vivacité et d'opposition de la part des unitaires et des fédéralistes. Le 24 janvier, Buonaparte y mit un terme en requérant la consulte de nommer une commission pour recevoir de sa propre main l'acte de médiation qui devoit terminer tous leurs différends. Il permit néanmoins de lui présenter des observations, et ne se refusa pas à quelques modifications. Enfin, le 19 février, après une séance de huit heures, l'acte de médiation fut accepté tel que Napoléon le désiroit. M. d'Affry fut nommé landamman. Les députés reçurent des présens du premier consul avec une lettre de félicitation sur leur bonne conduite, et retournèrent dans leur patrie plus humiliés que reconnoissans des marques d'honneur qu'ils venoient de recevoir.

Ainsi se termina cette dernière révolution, sans qu'aucune puissance osât intervenir en faveur des Suisses. L'Angleterre seule en manifesta son étonnement dans une note remise à M. Otto; on a vu qu'elle avoit chargé M. Moore de se rendre en Suisse, et d'offrir aux confédérés l'appui de Sa Majesté britannique; mais tout étoit fini lorsqu'il arriva à

Constance, et la Suisse se trouva, sans retour, courbée sous le joug de Buonaparte.

C'étoit la troisième conquête qu'il faisoit sur ce malheureux pays. Déjà, par la force et l'intrigue, il avoit soumis le pays de Vaud et le Valais : ce dernier canton ne pouvoit le tenter par ses richesses; les habitans étoient pauvres, et vivoient presque tous du travail de leurs mains; mais ils étoient voisins du Simplon, et Buonaparte les trouvoit assez riches pour lui ouvrir, la pioche à la main, une route large et facile à travers les rochers des Alpes. Il avoit aplani toutes les difficultés, en y envoyant le général Turreau, célèbre par les horribles massacres qu'on l'accusoit d'avoir commis dans la Vendée. En un jour, les caisses, les archives, tout ce qui constituoit le gouvernement étoit tombé en son pouvoir. Long-temps les malheureux habitans de ce pays se refusèrent à l'honneur de devenir une république indépendante. Deux fois ils s'adressèrent au Sénat de Berne et à l'ambassadeur français, pour leur témoigner la douleur de se séparer de leurs vieux compatriotes les Suisses. Leurs larmes coulèrent inutilement, et le Valais fut érigé, malgré lui et malgré les représentations du gouvernement helvétique, en république valaisanne, en attendant qu'il devînt un département de la France, sous le nom de *Simplon*. Cependant, bientôt après, une assemblée composée d'hommes dévoués vota des actions de grâces à l'immortel Buonaparte, *restaurateur des libertés publiques*, et décréta que, chaque année, on célébreroit une fête *in œternam tanti beneficii memoriam*.

Le pays de Vaud, en devenant aussi une province française, avoit recueilli le prix de sa fausse politique et des discordes civiles qui l'avoient déchiré. Buonaparte pouvoit donc maintenant se regarder comme le maître de la Suisse toute entière, de même qu'il pouvoit regarder l'Italie comme une dépendance de ses vastes Etats. L'île d'Elbe, qu'il avoit acquise, n'étoit point une conquête médiocre. Avant qu'elle devînt la propriété d'un grand Etat, on attachoit peu d'importance aux avantages de sa situation et de son port; cependant les Anglais avoient envoyé des troupes à Porto-Ferraio pour renforcer la garnison italienne, et l'officier qui la commandoit avoit défendu la place avec beaucoup de courage. Mais le traité d'Amiens ayant stipulé que l'île seroit remise au roi d'Etrurie, il fut obligé de l'évacuer. Les Anglais ne se doutoient pas que cette position importante dût passer entre les mains des Français. Le port en est magnifique et peut recevoir des flottes considérables. Il a sur celui de Malte un grand avantage. Les bâtimens peuvent toujours en sortir, tandis qu'il est impossible de sortir de Malte quand le vent nord-est souffle avec quelque force; sa position est centrale; il commande parfaitement les côtes d'Italie, et se trouve si près de la terre ferme, que, malgré le plus sévère blocus, la garnison peut toujours en être renforcée et approvisionnée. Porto-Ferraio étoit réputé imprenable; Buonaparte y fit faire des ouvrages qui le rendirent encore plus fort. Le nombre des habitans est trop peu considérable pour qu'ils puissent jamais inspirer la crainte d'une insurrection en temps de guerre. L'île d'Elbe pouvoit devenir le rendez-vous de toutes les forces navales de l'Adriatique, de l'Archipel et de la mer Noire, et menacer également la marine marchande et les flottes ennemies.

Buonaparte en avoit donné le commandement au général Rusca, officier sarde, qui, forcé de quitter sa patrie pour ses opinions révolutionnaires, s'étoit attaché au service de France, et s'y étoit distingué par de l'habileté et des actions éclatantes. A peine la guerre entre l'Angleterre et la France fut-elle allumée de nouveau, que le premier consul expédia au général une frégate et plusieurs bâtimens, avec ordre exprès d'enlever des otages dans les familles les plus distinguées de l'île, et d'y faire une presse de matelots.

Le roi d'Etrurie lui donnoit peu d'inquiétudes; c'étoit de lui que ce prince tenoit sa couronne; il étoit d'ailleurs d'une foiblesse de corps et d'une timidité d'esprit qui le portoient naturellement à la soumission. Le premier usage qu'il avoit fait de son autorité avoit été de reconnoître le pape comme vicaire de Dieu et souverain arbitre des consciences, de déclarer tous les biens de l'Eglise inaliénables, et de soumettre à la censure des évêques toutes les productions de l'esprit, de quelque nature qu'elles fussent. Atteint d'une maladie grave peu de temps après son élévation au trône, il avoit fait découvrir l'image miraculeuse de la Sainte-Vierge de la Visitation, et s'étoit recommandé aux prières du clergé. Ces marques d'une dévotion superstitieuse et pusillanime déplaisoient à Buonaparte; il vouloit des hommes élevés au-dessus des préjugés, et prompts à le servir sans aucune autre considération. Il fit des reproches au jeune prince; et dans l'intention de le ramener à des idées plus fortes, il lui envoya le concordat; mais rien ne sauroit réparer les torts d'une première éducation. Le pieux monarque le fit remettre au premier consul avec beaucoup de notes, et lui témoigna le désir qu'il les prît en considération. Buonaparte, après les avoir lues, se contenta de les renvoyer aux archives des affaires étrangères, avec cette note écrite de sa main : *Pour être conservé comme un monument de l'aveuglement des rois lorsqu'ils se laissent gouverner par les prêtres.*

Non content de cette leçon, il fit insérer dans son journal officiel, comme extraite d'un papier étranger, une note insultante ainsi conçue :

« La civilisation est perdue pour plusieurs siècles en Toscane. Le roi d'Etrurie s'est livré entièrement aux prêtres; l'Etat entier est sous le joug de l'Eglise; le pape peut maintenant, comme ses prédécesseurs, déposer le roi d'Etrurie, s'il ose faire usage des concessions qui lui ont été faites. La Toscane, autrefois le séjour des arts, en sera bientôt le tombeau, si Buonaparte, le fondateur du royaume, ne s'y oppose pas. »

Cette dernière phrase indiquoit assez les desseins du premier consul.

Louis Ier, roi d'Etrurie, mourut le 27 mai 1803; son fils, encore enfant, lui succéda sous le nom de *Louis II*. Mais le nouvel empire de Porsenna ne fut pas de longue durée, et se fondit bientôt dans les vastes domaines de la France.

Le Piémont, qui venoit de les accroître, avoit été traité moins défavorablement que le Valais et l'île d'Elbe. En le réunissant, Buonaparte avoit prononcé une amnistie générale pour tous les délits politiques, et déclaré qu'il n'y avoit plus de listes d'émigrés. Il distingua ce nouvel Etat en lui donnant un administrateur-général, et parut plutôt vouloir gagner les esprits par un régime doux et bienfaisant que de profiter de sa conquête pour l'asservir.

Parme eut aussi un administrateur-général. Le premier consul revêtit de cet honneur M. Moreau de Saint-Méry, homme d'un esprit simple et trop modéré pour pouvoir conserver long-temps la faveur de son maître.

Ainsi, des côtes de la mer d'Allemagne jusqu'à la Méditerranée, et des rives du Rhin à l'Océan, le continent ne connoissoit d'autres lois que celles de la France. Les puissances d'Allemagne étoient enchaînées elles-mêmes sous la politique du premier consul. La Prusse et la Bavière étoient dans ses intérêts, et l'Autriche avoit tant souffert dans la dernière guerre, qu'elle étoit réduite à souffrir encore tout ce que la France lui imposoit dans la grande affaire des indemnités. La Russie, d'accord avec Napoléon, avoit tout réglé à Ratisbonne. Les puissances inférieures obéissoient sans opposition, trop heureuses quand, à prix d'argent, elles pouvoient obtenir à Paris une meilleure composition. L'or pleuvoit dans les mains de tout homme qui avoit de l'influence soit auprès du premier consul, soit auprès du ministre des relations extérieures. La corruption étoit portée jusqu'au scandale, et le ministre lui-même fut loin, dans cette affaire, d'être à l'abri du soupçon. Les puissances dépossédées se dédommagèrent aux dépens des évêques et des monastères; les religieux étoient expulsés de leurs couvens avec une modique pension; et telle étoit alors la terreur qu'inspiroit la puissance dominante, que l'électeur de Trèves porta l'abnégation de ses propres intérêts jusqu'à ordonner des prières pour l'électeur de Bavière, qui héritoit de ses dépouilles. Le ministre de Bohême osa seul montrer quelque résistance, et, dans une note remise à la diète, déclara qu'il ne regardoit les propositions de la France et de la Russie que comme de simples projets qui ne pouvoient engager nullement les plénipotentiaires. Son exemple ranima le courage de la diète; et dans une note présentée le 26 septembre 1802, le baron de Hugel, ministre impérial, refusa formellement d'accéder au *conclusum* portant adoption des plans proposés par la France et la Russie. Les ambassadeurs de Vienne à Saint-Pétersbourg et à Paris furent sur le point de demander leurs passeports. Mais ces efforts de la liberté furent bientôt étouffés par Buonaparte; et dès que sa voix menaçante retentit dans la diète par l'organe de son plénipotentiaire, tout rentra dans la soumission. L'Autriche ayant témoigné encore quelqu'hésitation, le premier consul mit fin à toutes les incertitudes, en faisant signifier au cabinet autrichien, par son ambassadeur M. de Champagny, de ratifier le *conclusum* de la diète en son entier, sans réserve et sans délai; on obéit.

Cette haute négociation lui acquit un nouvel allié, qui, sans importance sous le rapport du territoire et des forces militaires, jouissoit d'une grande autorité sous celui du caractère et de l'influence qu'il s'étoit acquise par la supériorité de son esprit : c'étoit le baron de Dalberg, coadjuteur de Mayence. Ce prélat, déjà disposé par ses opinions à favoriser les idées nouvelles, entra pleinement dans ses vues et ses intérêts, et par l'ascendant qu'il exerça sur les membres de la diète, le servit utilement. Il obtint pour récompense le titre d'*électeur-archi-chancelier de l'empire,* avec les principautés d'Aschaffenbourg, Ratisbonne et Vetzlar.

Ainsi, sur quelque point du continent que Buonaparte jetât les yeux, il ne voyoit que des alliés, des vassaux ou des ennemis trop abaissés par la crainte pour rien entreprendre contre lui. Cependant, on remarquoit déjà quelque refroidissement entre l'empereur de Russie et lui.

Telle étoit la situation politique de la France à l'époque du renouvellement de la guerre avec l'Angleterre. Jetons maintenant un coup-d'œil sur son intérieur.

CHAPITRE VI.

Démarches de Buonaparte auprès de Louis XVIII, pour engager ce prince à renoncer à ses droits. Réponse du roi. Nombreuses améliorations dans l'intérieur de la France.

Après avoir pacifié l'Europe, établi sa puissance au dehors comme dans l'intérieur, Buonaparte ne dissimuloit plus guère le dessein de fonder une quatrième dynastie. Lucien le pressoit depuis long-temps ou de rendre la liberté à la France, ou de se déterminer à la lui ravir toute entière en montant sur le trône. Déjà on avoit agité dans un conseil secret la dissolution du mariage de Joséphine, pour mettre le premier consul à portée de contracter une grande alliance. Il sentoit lui-même les avantages immenses d'une pareille détermination; mais sincèrement attaché à une femme douce et pleine d'affection pour lui, il ne voulut point alors prendre ce parti; peut-être la superstition entroit-elle aussi pour quelque chose dans ses résolutions. Une femme qui se mêloit de divination avoit prédit à Joséphine, lorsqu'elle n'étoit encore que M`<sup>lle</sup>` Tascher, qu'elle porteroit un jour la couronne, et Buonaparte pouvoit entrevoir dans son mariage avec elle une tendance à l'accomplissement de cette prophétie. Mais pour arriver à ce terme de ses désirs, les routes étoient encore loin d'être aplanies. Le nom de la maison de Bourbon n'étoit point oublié; elle conservoit dans l'intérieur de la France un parti considérable : ceux qui le suivoient n'étoient plus, à la vérité, à cette époque de la vie où la jeunesse donne des forces et inspire de l'audace, mais leur sagesse auroit pu suppléer à l'activité, si le choix des agens eût été fait avec plus d'habileté. L'héritier légitime du trône de Louis XVI, prince éclairé, mais plus propre aux combinaisons délicates de l'esprit qu'aux grandes conceptions de la politique, avoit vu avec quelque plaisir l'autorité, auparavant diffuse dans les chefs de la république, passer entre les mains d'un seul homme; il entrevoyoit dans cette forme de gouvernement les premiers pas vers la monarchie, et se flattoit d'amener le premier consul à cueillir la palme d'une nouvelle gloire, en rétablissant le trône à l'ombre duquel il avoit été lui-même élevé; déjà il avoit développé ses vues dans les correspondances secrètes qu'il entretenoit avec ses amis; il écrivoit le 28 mars 1801, au marquis de Clermont-Gallerande :

« J'ai reçu votre lettre, mon cher marquis,
« et j'ai bien reconnu votre zèle dans la promp-
« titude avec laquelle vous avez saisi un moyen
« qui, employé avec la prudence que vous
« possédez, peut devenir extrêmement salu-
« taire. Il s'agit de démontrer une grande vé-
« rité au général Buonaparte; c'est que son
« propre intérêt exige qu'il s'unisse à moi
« pour sauver la France; que ses triomphes,
« sa valeur, ses talens ne la sauveront pas, s'il
« ne s'établit un ordre de choses fixe, et que
« cette fixité ne peut se trouver que dans le
« retour de la monarchie et du monarque lé-
« gitime. J'ai dit que c'étoit aussi le véritable
« intérêt du général Buonaparte, et je le ré-
« pète. Assis sur un volcan, il sera tôt ou
« tard renversé, s'il ne se hâte d'en fermer le
« cratère; chaque éruption manquée lui vau-
« dra sans doute des hommages, mais à la
« dernière ils s'adresseront à ceux dont il sera
« devenu la victime; et en attendant cette
« fatale époque, l'idée qu'elle doit infaillible-
« ment arriver ne lui permettra jamais de re-

« pos. Assis au contraire sur les premières
« marches du trône qu'il auroit relevé, objet
« de la reconnoissance du monarque, il rece-
« vroit de toute la France des vœux d'autant
« plus purs qu'ils seroient le fruit de l'admi-
« ration et de l'estime.

« Personne ne peut mieux l'en convaincre
« que celle dont le sort est lié avec le sien,
« qui ne peut être heureuse que de son bon-
« heur, honorée que de sa gloire. Je regarde
« comme un très-grand bien que vous ayiez
« pu vous mettre en communication avec
« elle; ce n'est pas d'aujourd'hui que je con-
« nois sa façon de penser; le comte de Vio-
« mesnil, dont assurément les sentimens ne
« sont pas équivoques, m'a dit plus d'une fois
« qu'à la Martinique il lui avoit souvent re-
« présenté que son royalisme alloit jusqu'à
« l'imprudence; et l'appui qu'elle donne au-
« jourd'hui à ceux de mes fidèles sujets qui
« ont recours à elle lui mérite bien le surnom
« d'*ange de bonté* que vous lui donnez. Faites
« donc connoître mes sentimens à Mme Buo-
« naparte; ils ne doivent pas la surprendre;
« mais ou je me flatte, ou son âme en jouira.

« En même temps, mon cher marquis,
« dites bien à Mme de Champcenets combien
« je suis sensible au dévouement, au zèle

« qu'elle m'a témoigné dans cette importante
« occasion; je savois que personne mieux
« qu'elle ne justifioit l'adage *le visage est le*
« *miroir de l'âme,* mais j'en reçois en ce mo-
« ment une preuve bien touchante.

« Adieu, mon cher marquis; comptez sur
« mon amitié comme je compte sur votre cou-
« rageux attachement.

« *Signé* Louis. »

Cette lettre n'étoit pas la seule que le prince eût écrite en France. Il avoit essayé aussi de réveiller dans le cœur du troisième consul les sentimens monarchiques qu'il avoit déployés dans la célèbre querelle des Parlemens avec le chancelier de Maupeou; mais le troisième consul se trouvoit trop haut pour vouloir descendre, et connoissoit trop bien les sentimens de Buonaparte pour se charger auprès de lui d'une mission aussi périlleuse qu'inutile; sa réponse au roi donne une juste idée de sa situation :

« Monsieur,

« Vous rendez justice à mes sentimens et à
« mes principes. Servir ma patrie fut toujours
« le plus cher de mes vœux comme le pre-
« mier de mes devoirs : c'est pour aider à la

« sauver que j'ai accepté la place que j'occupe.
« Mais il faut vous le dire, et je vous crois le
« courage de l'entendre, ce n'est pas en lui
« rendant un roi qu'on peut la sauver aujour-
« d'hui. Si j'eusse pensé autrement, vous se-
« riez sur le trône, ou je serois dans la retraite.
« Les circonstances vous condamnent à la vie
« privée; mais soyez bien sûr que le premier
« consul a la vertu aussi bien que le courage
« d'un héros, et que sa jouissance la plus
« douce sera de donner des consolations à vos
« malheurs. Pour moi, monsieur, je conser-
« verai toujours pour votre personne les sen-
« timens que me permet l'intérêt de la patrie.
« LE BRUN (1).
« Paris, le 20 fructidor. »

Trois obstacles presque insurmontables s'op-
posoient au rétablissement du trône légitime.

---

(1) La lettre du roi avoit été remise au consul Le
Brun par l'abbé de Montesquiou, l'un des plus dévoués, mais non des plus habiles agens de Louis XVIII.

MONSIEUR, comte d'Artois, avoit, de son côté, envoyé à Paris une dame d'un esprit égal à ses grâces,
pour essayer une négociation du même genre auprès
de Joséphine. Mais cet *ange tutélaire des royalistes*
recevoit de Fouché 1000 francs par jour, et lui révéloit
tout. Pourquoi ne promit-on pas 2000 francs ?

Le premier consul étoit d'un cœur trop ambitieux et trop haut pour se contenter d'un rang inférieur, quand il occupoit le premier; le trône même de France étoit déjà devenu trop étroit pour ses pensées; c'étoit dans le rêve de la monarchie universelle qu'il aimoit à se bercer; c'étoit le trône de Charlemagne et non celui des Bourbons qu'il aspiroit à relever; il croyoit tout possible à l'homme qui ne doutoit de rien, et son œil ardent ne lui montroit aucune limite qu'il ne pût atteindre. Il auroit fallu retremper son âme et lui donner une nouvelle nature, pour l'engager à traiter avec la maison de Bourbon. Mais en supposant qu'on eût pu faire ce miracle, la prévoyance et la réflexion auroient suffi pour l'en détourner. Il étoit trop éclairé pour ne pas savoir qu'un homme qui a pu donner un trône ne cesse jamais d'être suspect, et devient l'objet d'une surveillance toujours inquiète; que la politique prescrit non de l'élever, mais de l'abattre; un roi ne veut point de rival. Il n'ignoroit pas de quelle manière les sujets fidèles de Charles II avoient été traités, de quelle ingratitude ce prince, et surtout son frère Jacques II, avoient payé leurs plus loyaux serviteurs, dans quel abandon étoient tombés tout récemment les loyalistes de l'Amérique anglaise; il savoit que, dans toutes les grandes révolutions qui relèvent le pouvoir après l'avoir abaissé, l'intérêt du prince ne lui persuade que trop de négliger ceux qui se sont dévoués à sa cause, pour faire des conquêtes dans le parti opposé, et y chercher des créatures, politique périlleuse et sans honneur à la vérité, mais commune à toutes les restaurations. Ainsi, ses lumières seules l'auroient éclairé sur ses propres intérêts. On ne livre point d'ailleurs au hasard ce que l'on possède en toute sûreté. Mais quand même le premier consul eût prêté l'oreille aux propositions de la maison détrônée, il est douteux qu'il eût pu réussir à la relever. L'armée n'étoit pas assez préparée pour un pareil changement; ses chefs ne s'y seroient pas soumis; l'effroi se seroit répandu parmi ceux qui avoient trempé leurs mains dans le sang innocent de la victime royale. Louis XVIII les avoit excepté formellement de l'amnistie dans le manifeste qu'il avoit répandu après la fin déplorable du jeune roi Louis XVII. Tous les complices de la révolution se seroient armés pour défendre ce qu'ils avoient acquis. Quelle garantie eût offert Buonaparte, abandonné de tous? L'heure n'étoit donc pas arrivée où la maison de Bourbon pouvoit espérer de ressaisir la couronne ; les esprits étoient encore tout fumans des chaleurs révolutionnaires ; Napoléon sentoit trop bien les avantages de sa position, et veilloit trop soigneusement à n'en rien perdre. Le roi ne connoissoit donc pas assez la situation de la France lorsqu'il se décida à écrire plusieurs lettres au premier consul. Il lui disoit, après un court préambule :

« Quelle que soit leur conduite apparente,
« des hommes tels que vous, monsieur, n'ins-
« pirent jamais d'inquiétude. Vous avez ac-
« cepté une place éminente, et je vous en
« sais gré. Mieux que personne vous avez ce
« qu'il faut de force et de puissance pour faire
« le bonheur d'une grande nation. Sauvez la
« France de ses propres fureurs, et vous au-
« rez rempli le vœu de mon cœur. Rendez-lui
« son roi, et les générations futures béniront
« votre mémoire. Vous serez trop nécessaire
« à l'Etat pour que je songe à acquitter par
« des places importantes la dette de mon agent
« et la mienne.

« Louis. »

« Depuis long-temps, général, vous devez
« savoir que mon estime vous est acquise. Si
« vous doutiez que je fusse susceptible de re-

« connoissance, marquez votre place, fixez le
« sort de vos amis. Quant à mes principes,
« je suis Français; clément par caractère, je
« le serois encore par raison.

« Non, le vainqueur de Lodi, de Casti-
« glione et d'Arcole, le conquérant de l'Italie
« ne peut pas préférer à la gloire une vaine
« célébrité. Cependant, vous perdez un temps
« précieux; nous pouvons assurer la gloire de
« la France : je dis *nous,* parce que j'aurai be-
« soin de Buonaparte pour cela, et qu'il ne le
« pourroit pas sans moi.

« Général, l'Europe vous observe, la gloire
« attend, et je suis impatient de rendre la paix
« à mon pays.

« Louis. »

Buonaparte fit à cette dernière lettre la seule réponse que lui permissent son caractère et sa position.

« Paris, 20 fructidor an VIII (5 septembre 1801).

« J'ai reçu, monsieur, votre lettre : je vous
« remercie des choses honnêtes que vous m'y
« dites. Vous ne devez plus souhaiter votre
« retour en France; il vous faudroit marcher
« sur cent mille cadavres....... Sacrifiez votre
« intérêt au repos et au bonheur de la France;

« l'histoire vous en tiendra compte. Je ne suis
« pas insensible aux malheurs de votre fa-
« mille; je contribuerai avec plaisir à la dou-
« ceur et à la tranquillité de votre retraite.

« BONAPARTE (1). »

Bientôt il conçut de plus hautes pensées, convaincu qu'après cette explication les Bourbons, qui connoissoient la fermeté de ses résolutions, et que l'univers entier avoit abandonnés, se regarderoient comme éternellement exclus de l'héritage de leurs ancêtres; il essaya de sonder leurs propres dispositions,

---

(1) On a publié en 1821 un Recueil de pièces authentiques et de Mémoires écrits ou dictés par Napoléon. On prendra une idée juste de l'authenticité de ces pièces, en comparant la lettre du roi citée dans ces Mémoires (tome 2, page 431), avec les deux lettres que nous venons de donner. On y fait dire au roi :

« Vous tardez bien à me rendre mon trône; vous
« perdez une occasion que vous ne retrouverez jamais.
« Sans moi, vous ne pourrez jamais rendre la France
« heureuse, et sans vous je ne puis la maintenir dans
« l'état de gloire où elle se trouve. Choisissez le rang
« qui vous convient; comptez sur tout ce que vous
« pouvez désirer en faveur de vos amis; je ratifierai
« toutes vos promesses. »

Assurément, ce style grossier et ces phrases brusques n'ont pu sortir de la plume élégante et délicate de Louis XVIII.

de leur ouvrir de nouvelles espérances, de les flatter de l'aspect d'un sort plus heureux, et de s'applanir à lui-même la route au trône, en obtenant d'eux une renonciation formelle à tous leurs droits : c'étoit s'égarer à son tour dans de fausses conjectures. La cause de la maison de Bourbon n'étoit point entièrement perdue. Si la fortune avoit jusqu'à ce jour veillé sur les destinées de Buonaparte, un de ses caprices pouvoit le renverser tout à coup; des hommes plus modérés et moins ambitieux pouvoient lui succéder, et disposer, avec le temps, ce peuple si changeant dans ses affections à revoir avec plaisir entre les mains de leurs anciens rois ce sceptre qu'ils avoient si souvent porté avec honneur et gloire, toujours avec bonté. Mais Napoléon poursuivoit ses résolutions avec trop d'ardeur et mettoit trop de confiance dans la fidélité de son étoile et ses propres lumières, pour s'arrêter à de pareilles considérations.

Cependant il n'osa se montrer directement, et se servit, dans cette importante et secrète négociation, du cabinet prussien. M. de Haugwits, qu'il mit dans sa confidence, employa M. de Meyer, président de la régence de Varsovie, et le chargea d'offrir à Louis XVIII des indemnités en Italie, avec une grande et royale existence. On connoît la belle réponse du roi de France :

« Je ne confonds pas M. Buonaparte avec
« ceux qui l'ont précédé. J'estime sa valeur,
« ses talens militaires; je lui sais gré de quel-
« ques actes d'administration, car le bien
« qu'on fera à mon peuple me sera toujours
« cher. Mais il se trompe s'il croit m'engager
« à renoncer à mes droits. Loin de là, il les
« établiroit lui-même, s'ils pouvoient être liti-
« gieux, par les démarches qu'il fait en ce mo-
« ment. J'ignore quels sont les desseins de Dieu
« sur ma race; mais je connois les obligations
« qu'il m'a imposées par le rang où il lui a
« plu de me faire naître. Chrétien, je rem-
« plirai ces obligations jusqu'au dernier sou-
« pir; fils de saint Louis, je saurai, à son
« exemple, me respecter jusque dans les fers;
« successeur de François Ier, je veux du moins
« pouvoir dire comme lui : *Nous avons tout*
« *perdu, hors l'honneur.* »

Tous les princes français adhérèrent à cette noble déclaration (1). Buonaparte, sentant qu'il

---

(1) Peu de temps auparavant, Louis XVIII se trouvant avec peu de ressources pécuniaires, écrivoit au ministre d'une puissance étrangère :

« J'ai une ressource sur laquelle je puis compter;

s'étoit engagé dans une fausse démarche, redoubla de zèle pour conquérir la confiance et l'admiration des Français ; toutes les parties de l'administration reçurent de nouvelles améliorations.

Pour réparer autant qu'il étoit en lui les outrages faits au pape Pie VI, il demanda à son successeur le cœur de cet infortuné pontife ; qu'il fit transporter à Valence avec une pompe extraordinaire. Plusieurs prélats et l'archevêque de Lyon, oncle du premier consul, se rendirent dans cette ville pour les recevoir. Un concours de peuple immense accourut de toutes les parties méridionales de la France, et cet hommage au malheur et à la vertu fut consacré par un monument.

Pour honorer l'Eglise de France, le premier consul sollicita auprès de la cour de Rome et obtint le chapeau de cardinal pour l'archevêque de Rouen Cambacérès, l'archevêque de Lyon Fesch, l'archevêque de Tours de Boisgelin, l'archevêque de Paris Dubelloy. L'évêque d'Orléans Bernier ne put l'obtenir.

« je ne crois pas devoir y recourir tant qu'il me res-
« tera des amis puissans : cette ressource est de faire
« connoître ma situation en France, et comptez que
« je serois plus riche que je ne le suis à cette heure. »

Il nomma un ministre des cultes chargé surtout d'examiner, avant leur publication, tous les rescrits, bulles et brefs de Rome, et conféra cette dignité au conseiller d'Etat Portalis.

Pour honorer la carrière militaire, il décerna une statue colossale à Desaix, sur la place des Victoires, et fit exposer au Muséum le tableau de sa mort peint par un habile artiste. Il avoit ordonné l'érection d'une colonne départementale sur la place Louis XV, afin de faire disparoître la hideuse statue de la Liberté, aux pieds de laquelle on avoit immolé tant d'honorables victimes. Lorsqu'il vit l'esprit public suffisamment amélioré, il ordonna la suppression de cette colonne.

Un commissaire du gouvernement nommé *Mathieu* ayant laissé languir un prisonnier sept mois dans les prisons de Strasbourg sans instruire son procès, il le destitua, et fit annoncer dans les papiers publics cet acte de justice. On avoit logé dans les bâtimens du séminaire de Saint-Sulpice les parens des défenseurs de la patrie, il les leur fit évacuer pour les rendre à leur première destination. Genève accorda provisoirement un de ses temples aux catholiques, et leur concéda un terrain pour y bâtir une église. En supprimant les maisons religieuses dans les départemens réunis, il adoucit cette mesure de rigueur, et permit aux religieux de soixante - dix ans et aux religieuses de tout âge de se réunir dans des maisons communes, où ils seroient libres de pratiquer les règles de leur institution. Dans le même temps, une ordonnance ecclésiastique, approuvée par le gouvernement, défendit d'admettre des protestans pour présenter sur les fonds de baptême des enfans catholiques.

Les maisons de jeu s'étoient multipliées sans mesure ; il en supprima trente en un seul jour. La police fit saisir trois mille volumes d'ouvrages obcènes répandus dans divers magasins. Un fonctionnaire public s'étant permis de violer le secret des lettres, le ministre des finances en manifesta publiquement son indignation, et dans une circulaire à tous les directeurs de la poste, signifia qu'il feroit poursuivre suivant toute la rigueur des lois ceux qui se rendroient coupables de ce délit. Quelques royalistes imprudens s'étant permis, dans le département de Maine-et-Loire, des menaces contre les acquéreurs des domaines nationaux, il les fit traduire devant un tribunal spécial, qui les condamna à plusieurs années de prison. On avoit enlevé à la ville de

Bruxelles, pendant la révolution, des tableaux précieux; il les lui fit restituer, et rétablit dans leur maison les sœurs de la charité. Une foule de femmes malheureuses, de filles sans asile manquoient souvent de toute ressource à l'époque de leurs couches; il fonda pour elles la *Société maternelle*, et la mit sous la protection de Mme Buonaparte, sa mère. Une dame de Pithiviers ayant déployé un zèle et une charité sans bornes dans une épidémie qui avoit affligé cette petite ville, Buonaparte chargea son ministre de l'intérieur de l'en remercier, et de mettre à sa disposition une somme de 20,000 francs.

Un faux système d'égalité, reste chimérique des idées républicaines, confondoit, dans les réunions publiques, les fonctionnaires avec la foule des citoyens; il leur assigna des places distinguées dans les solennités civiles et religieuses.

On craignoit le voisinage de l'Opéra pour la magnifique bibliothèque rassemblée par nos rois; un arrêté des consuls en ordonna la translation dant les vastes galeries du Louvre (1). Il agrandit la place du Carrousel, res-

---

(1) Ce projet n'a jamais été exécuté. Il est vrai que, depuis la restauration, les travaux du Louvre ont été

serrée par une foule de maisons d'une construction pauvre et indigne du bel emplacement qu'elles occupoient. Il fit abattre les échoppes qui entouroient le Louvre, et en déshonoroient la belle architecture.

Les lois révolutionnaires avoient porté le désordre dans toutes les professions, anéanti ou dégradé les plus belles institutions; il réorganisa les écoles de médecine et de chirurgie, les associa aux mêmes titres, aux mêmes honneurs, aux mêmes prérogatives, et remplit les chaires d'hommes justement célèbres dans l'une et l'autre science. La pharmacie eut aussi ses distinctions et ses professeurs. Il encouragea l'inoculation de la vaccine, et la fit répandre dans toutes les provinces. Il proposa un prix de 60,000 fr. pour une découverte importante dans le galvanisme. Le sénateur Laville-Leroux ayant été frappé d'apoplexie en sortant de ses appartemens, il le fit soumettre, sous ses propres yeux, à l'action galvanique, dans l'espoir de lui rendre la vie (1).

---

interrompus, et que les étages supérieurs de la cour ne sont pas même vitrés.

(1) On crut alors qu'on opéreroit des miracles par le galvanisme. On l'essaya sur des aveugles et des sourds; mais un jeune médecin ayant fait perdre tota-

L'ordre judiciaire, abaissé dans nos jours de désastres, se releva sous ses mains réparatrices. Les tribunaux avoient perdu cette pompe extérieure qui ajoute une force morale aux oracles de la justice; il restitua au barreau son ancien appareil, rendit aux juges la simare et la toge, et fixa les costumes divers de tous les membres du palais. Il établit auprès de chaque ministère des auditeurs avec un traitement de 2000 francs.

Le Muséum d'histoire naturelle s'enrichit chaque jour de plantes, d'oiseaux, de quadrupèdes nouveaux. Le général Leclerc y avoit envoyé de Saint-Domingue le tigre d'Amérique, le commissaire Roume des serpens à sonnettes. On y vit paroître le kangurou, espèce de mouton singulière et jusqu'alors inconnue. Par les soins du premier consul, les troupeaux de mérinos se multiplièrent dans toutes les parties de la France, les manufactures s'animèrent d'une nouvelle activité.

On commença à faire usage des eaux clarifiées. On essaya les illuminations par le gaz hydrogène (1).

---

lement l'ouïe à un homme qui n'étoit sourd que d'une oreille, on s'arrêta.

(1) Lebon fit devant un grand nombre de specta-

Le fameux diamant connu sous le nom du *régent,* mis en gage par le Directoire, rentra au garde-meuble. Le magnifique trésor de l'église de Liége, transporté et caché à Hambourg, revint à son premier dépôt. La Légion-d'Honneur fut répartie en seize cohortes, avec un revenu de près de 6 millions, et seize chefs-lieux, parmi lesquels on remarquoit Fontainebleau, Chambord, l'abbaye de Saint-Waast et celle de la Réole. Il rétablit l'étiquette du costume, et ne permit l'entrée de ses appartemens qu'en habit français, avec l'épée. Précédemment, les journaux avoient remarqué comme une nouveauté que M. de Champagny, ambassadeur à Vienne, s'étoit présenté à la cour les cheveux poudrés et frisés, en habit chargé de broderies. Les ambassadeurs républicains avoient jusqu'alors affecté la plus grande simplicité, et quelquefois la plus grande négligence dans leur costume (1).

---

teurs sa belle expérience du thermolampe, au moyen de laquelle il vouloit éclairer et échauffer le même local. On négligea cette découverte; les Anglais s'en emparèrent.

(1) On se rappelle que M. Ginguené, ambassadeur à la cour de Sardaigne, voulut y présenter sa femme en corset et en jupon blanc, et que la cour ayant fait

Les deuils de cour reparurent à l'occasion de la mort du général Leclerc; les ambassadeurs français, les fonctionnaires publics le prirent pour honorer le beau-frère du premier consul. Quelques préfets, par un excès de flatterie, invitèrent leurs administrés à le prendre aussi pour huit jours; d'autres essayèrent de se signaler par des éloges emphatiques du héros que la France venoit de perdre. Les cathédrales célébrèrent pour lui un service solennel. Les ministres protestans, récemment installés dans leurs temples, imitèrent cet exemple (1). Les actes d'adulation et de soumission se multiplioient à mesure que l'autorité de Buonaparte s'accroissoit et devenoit plus redoutable.

Les souverains eux-mêmes recherchoient sa faveur par des marques d'attention ou des présens. Le pape lui envoya une magnifique pendule, une cheminée de cabinet et un grand nombre d'objets d'arts d'un grand prix.

---

difficulté de recevoir cette dame en déshabillé, le Directoire en délibéra gravement, et finit cependant par décider qu'il envoyoit des ambassadeurs, mais point d'ambassadrices.

(1) On leur avoit accordé, pour la célébration du culte, les églises de Saint-Louis du Louvre, de Panthemont, de Sainte-Marie, faubourg Saint-Antoine.

L'empereur d'Allemagne lui adressa des félicitations sur son élévation au consulat à vie, avant même que les suffrages publics fussent recueillis. Ce prince ayant écrit à tous les souverains des lettres latines pour leur annoncer la naissance de l'archiduc François-Charles-Joseph, on remarqua la suscription de celle qui étoit destinée à Buonaparte : *Prœclarissimo ac strenuissimo viro Napoleoni Buonaparte, supremo reipublicæ gallorum consuli, amico nostro honoratissimo.*

L'empereur de Russie adressa à M. de Talleyrand, ministre des relations extérieures, une collection de médailles d'or représentant la suite des czars. Il fit présent au général Clarke d'un sabre enrichi de diamans, évalué 50,000 francs, en reconnoissance des soins qu'il avoit donnés aux prisonniers russes.

Le grand-seigneur fit frapper à Constantinople cinquante médailles d'or, sur lesquelles étoient réunis le croissant et l'étoile.

Le Muséum des statues s'enrichit de la Vénus de Médicis, de la Pallas de Velletri et de beaucoup d'autres antiquités, magnifiques dépouilles de la Villa Albani et du palais du prince Braschi.

L'école française de Rome fut reconstituée sur un meilleur plan, et placée dans un vaste et riche local. En France, la capitale vit avec orgueil les chefs-d'œuvre de David, Gros, Girodet, Guérin. La *Phèdre* de ce dernier fixa les regards de toute l'Europe, et valut une pension à son auteur. Une émulation extraordinaire animoit toutes les branches de l'industrie. Les manufactures se multiplioient sous l'influence du savant chimiste Chaptal, qui venoit de succéder, dans le ministère de l'intérieur, à Lucien Buonaparte, accusé publiquement de trafiquer avec les Anglais de nos matières premières, d'abuser des licences pour l'exportation des grains, et d'avoir fait monter exorbitamment le prix du papier (1).

Le célèbre M. Delambre faisoit construire pour la Suède un instrument de mathématiques destiné à continuer dans la Laponie suédoise la mesure du degré du méridien.

L'Italie venoit d'avoir un Institut, et le premier consul l'avoit composé des hommes les plus célèbres par leur savoir. Joseph Buonaparte sollicita l'honneur d'entrer dans la troisième classe de l'Institut, et l'obtint. C'étoit

---

(1) Lucien étoit habituellement peu d'accord avec son frère ; il lui avoit un jour jeté sur son bureau son portefeuille de ministre, et Napoléon, furieux, avoit été sur le point de le faire arrêter.

un savant qui ne savoit pas même l'orthographe.

De nouvelles routes s'ouvroient, les anciennes se réparoient, des canaux se creusoient pour établir de nouvelles communications; la Vendée voyoit une partie de ses plaies se refermer, et participoit surtout à cette activité réparatrice; trois nouveaux ponts jetés en même temps à Paris sur le bassin de la Seine, révéloient les projets d'agrandissement du premier consul; trois cents ouvriers étoient journellement occupés au pont du Jardin-des-Plantes; tout renaissoit au souffle de son génie créateur.

Tant de services (car pourquoi les dissimuler?) portoient la gloire de son nom jusqu'aux extrémités du monde civilisé; les étrangers accouroient en France pour le voir. Rassurés par ses décrets protecteurs, d'illustres exilés venoient revoir le sol heureux de la patrie. On comptoit parmi eux les Malouet, les Lally-Tolendal, les Calonne, les Cazalès. On vit à Marseille débarquer avec une joie extrême, les agens diplomatiques de France retenus prisonniers à Constantinople, suivis d'une foule de Français ravis de se retrouver dans les bras de leurs compatriotes. Les orateurs, les poëtes épuisoient toutes les formules de la louange pour célébrer tant de merveilles : Delille seul résistoit.

Il s'étoit établi depuis quelque temps un commerce de lettres entre le premier consul et quelques écrivains qu'il admettoit à sa cour, et qui lui proposoient leurs vues sur le gouvernement et leurs observations sur l'esprit public. Les chefs de cette correspondance, qui le poussoient vers la monarchie, étoient MM. de Fontanes, de M....., de B...... et Mme de Genlis, pour laquelle tous les gouvernemens étoient bons, pourvu qu'elle pût y intriguer. Ils étoient secondés par les conseillers d'Etat Rœderer, Portalis, Duchâtel, Cretet, Clarke et plusieurs autres. M. Fiévée, homme d'un esprit délié, mais trop satisfait de lui-même, cherchoit à s'y adjoindre. Pour se donner quelque renom, il publia ses *Lettres sur l'Angleterre* : c'étoit un tissu d'observations souvent frivoles, souvent insultantes pour le peuple anglais. Pour amuser les oisifs de la capitale, on les fit attaquer dans le *Journal de Paris* sous le nom de Mlle *Suzette*, par allusion à son joli roman de *la Dot de Suzette*. La plupart de ces écrivains avoient, à la vérité, la réputation d'être royalistes et dévoués à l'ancienne dynastie; mais ils se défendoient de ce dernier reproche en protestant que c'étoit à la monarchie et non au monarque qu'ils étoient attachés.

Au milieu de ces mouvemens publics, le premier consul, fidèle à son ambition, poussoit son char de triomphe vers le trône, caressant pour ses amis, sévère et souvent cruel pour ses ennemis. Les rigueurs des Cours spéciales ne se démentoient point; les citadelles se remplissoient de prisonniers d'Etat. Le comte de Bourmont, Suzannet, d'Andigné, Ingant de Saint-Maur étoient détenus au fort de Joux. Suzannet et d'Andigné trouvèrent moyen de s'évader. Huit Vendéens saisis en Normandie furent condamnés à la peine capitale par le tribunal d'Evreux, et périrent en criant *vive le roi!* Quatre polices (1) suffisoient à peine pour rassurer le chef de l'Etat. Le caractère de plusieurs généraux qui plioient difficilement sous le joug, lui donnoit aussi de sérieuses inquiétudes; mais les ambassades étoient pour lui d'une ressource infinie. Le général Lannes partit pour le Portugal, Brune pour Constantinople; et M. Otto n'ayant point accepté l'ambassade des Etats-Unis, il la donna à Bernadotte; les autres fu-

---

(1) La police générale, celle du préfet; la police militaire et celle du château.

rent gagnés par les honneurs et la fortune. Le général Jourdan, rappelé du Piémont, eut en toute propriété une des plus belles terres de ce duché. Le général Moreau, et quelques autres officiers qui avoient servi sous ses ordres, restoient seuls insensibles aux séductions du premier consul; mais la modération de leur caractère le laissoit sans inquiétudes.

Il crut donc le moment arrivé de tout préparer pour ceindre le diadême. Les monnoies furent frappées à son effigie; il doubla le nombre des préfets de son palais : les deux premiers étoient MM. de Luçay et Didelot, les deux seconds furent MM. de Remusat et de Cramayel. Il donna à Mme Buonaparte des dames d'honneur, et éleva à cette distinction Mmes Remusat, de Luçay, de Talhouet, de Lauriston, en attendant des noms plus illustres. Il fit donner une garde d'honneur à Mme Leclerc, sa sœur, lorsqu'elle revint de Saint-Domingue.

L'ancienne étiquette reparut avec toutes ses formalités, et le nom de *citoyen* commença à retourner aux temps révolutionnaires qui l'avoient vu naître. L'autorité du premier consul se fortifioit de tous ces moyens, que leur apparente frivolité sauvoit de l'attention des républicains. Déjà l'autorité des administrations étoit affranchie de l'influence des tribunaux. Un arrêté des consuls interdit à tout citoyen de poursuivre les communes pour leurs dettes, sans l'autorisation du conseil de préfecture. C'est la première origine de l'institution du conflit, si contraire à la justice et aux libertés publiques. Mais les libertés publiques périssoient de jour en jour, et leur ruine trouvoit des protecteurs dans les nouveaux corps constitués; tout acte arbitraire, toute violation des lois étoit approuvée, applaudie au premier froncement de sourcils de Buonaparte. On l'avoit vu précédemment casser, de sa propre autorité, un jugement du tribunal civil de Toulon, qui déboutoit les administrateurs du domaine d'une demande formée par eux contre un négociant de Bordeaux. Mais l'acte de despotisme le plus violent étoit celui qu'il se permit envers la Cour martiale de Brest. Il avoit renvoyé devant elle M. de Rivoire, officier de marine, accusé d'avoir formé le projet de livrer le port et la ville de Brest à la maison de Bourbon. La Cour l'ayant acquitté, Buonaparte fit arrêter les juges qui la composoient, les fit conduire à Paris, cassa leur jugement et les retint plusieurs mois en prison. Une seconde Cour n'ayant condamné l'accusé qu'à un simple bannissement, il ne put contenir sa colère, fit jeter le malheureux officier dans un cachot, à Lourde, petite ville des Hautes-Pyrénées, d'où il parvint à s'échapper, grâces au courage de sa femme. Jamais ni sénateur, ni tribun, ni législateur, ni aucun de ces hommes qui avoient autrefois célébré avec tant de zèle la chute de la Bastille, n'osa demander la liste des personnes détenues dans les nouvelles Bastilles, sous le nom de *prisons d'État*. Le vainqueur de la Bastille (1) lui-même baissoit le front devant le vainqueur de la république, trop heureux de commander sous ses ordres la place de Paris et les grenadiers de la garde consulaire. Le marbre et la toile continuoient de s'animer pour reproduire les traits du héros. Canova vint d'Italie. Son portrait à cheval, peint par David, fut placé aux Invalides. Une souscription ayant été ouverte chez le notaire Guénoux, pour l'érection d'un monument de reconnoissance envers lui, les artistes disputèrent entre eux sur le plan et les costumes qui prêteroient le plus au ciseau du statuaire. M. Denon opinoit pour la nudité,

---

(1) La municipalité de Paris décerna ce nom au patriote Hullin, qui le premier étoit entré dans cette forteresse, dont toutes les portes étoient ouvertes.

ce qui donna lieu à une épigramme qui courut alors dans les salons :

> Si Denon, malgré la décence,
> Veut sculpter Bonaparte nu,
> C'est qu'il le veut montrer en France
> Tout comme en France il est venu.

Un autre artiste ayant comparé Buonaparte à Charlemagne, M. de T..., son ministre, s'éleva vivement contre l'inconvenance de la comparaison, Charlemagne n'étant, suivant lui, en comparaison de Buonaparte, qu'un barbare à peine dégrossi. Les peintres, les statuaires rivalisoient de zèle pour reproduire ses traits, ses victoires ou les belles actions qu'on lui attribuoit ; sa famille même participoit à cette adulation générale. Un peintre ayant imaginé de représenter l'Amour dans une rose, le célèbre dessinateur Isabey fit l'application de cette heureuse idée aux enfans de Murat. La foule vint s'extasier au Muséum devant un tableau d'une belle et riche composition, où Buonaparte étoit représenté touchant les bubons des pestiférés de Jaffa, pour rassurer son armée. Le mérite de cette courageuse action appartenoit au célèbre médecin Desgenettes ; mais la flatterie en faisoit honneur à Buonaparte, et le préjugé s'établit si bien, que M. Lacretelle consigna ce fait dans son *Histoire du Directoire de la république.*

Tout contribuoit donc à représenter Buonaparte comme un de ces hommes extraordinaires que la nature n'enfante qu'à de grandes distances, et qu'elle semble destiner à subjuguer le monde par des prodiges. Cependant, les foiblesses de l'humanité trahissoient quelquefois le héros, et sa tendresse pour Joséphine ne l'empêchoit pas de porter ses offrandes à d'autres autels. Un procès qui depuis a fait beaucoup de bruit, apprit au public qu'il n'avoit pas été insensible aux charmes d'une jeune élève de Mme Campan, et qu'il étoit né de cette union clandestine un petit héros que M. R.... voulut bien adopter en épousant la mère. Ses liaisons avec la célèbre cantatrice Grassini, qu'il avoit fait venir d'Italie, et le riche traitement qu'elle en recevoit, étoient connus de tout Paris. Ses amours descendoient jusqu'aux princesses de théâtre, et ce ne fut pas toujours sans quelque scandale (1). On imputoit aussi les froideurs de

---

(1) Mlle B....., entretenue par le ministre Ch..., étoit regardée comme une fort jolie personne. Napoléon voulant s'en assurer, la fit venir; mais après un

Louis Buonaparte pour l'aimable Hortense, son épouse, aux ardeurs de son illustre frère pour cette douce beauté. Mais ces détails domestiques n'étoient guère connus que de la capitale; les provinces et l'étranger n'étoient frappés que de sa gloire. Les esprits crédules lui supposoient la science infuse et un génie universel. Il discutoit en effet dans son conseil, et souvent avec beaucoup de justesse, toutes les matières qu'on y traitoit. Le secret consistoit à se faire remettre sur chaque sujet des rapports particuliers qu'il étudioit le matin, et dont il se paroit le soir. On lui attribuoit aussi plus de connoissances en mathématiques et plus de goût en littérature qu'il n'en avoit réellement. Mais il se plaisoit, à la vérité, dans la lecture d'Ossian; il se plaisoit aussi dans la lecture de nos bons écrivains, préféroit notre théâtre à tout autre, caressoit de sa faveur les poëtes qui s'y distinguoient, et l'étendoit jusqu'aux acteurs. Il

---

examen de ses charmes, ne les trouvant pas sans reproche, il la congédia assez brusquement en lui faisant donner 500 francs. Quelque temps après, Mlle G....., du Théâtre-Français, remplit le palais d'effroi au milieu de la nuit, en tirant toutes les sonnettes du lit et de la chambre de son auguste amant, qui s'étoit trouvé mal dans ses bras.

recevoit souvent Talma dans l'intimité de la société, et beaucoup de personnes étoient persuadées que les leçons de ce grand acteur ne lui étoient pas inutiles dans les circonstances où il falloit représenter.

La scène française, autrefois si brillante, étoit encore digne de ses regards, quoique les pertes qu'elle éprouvât alors attestassent son ancienne supériorité. L'année 1803 fut marquée par la mort du célèbre acteur Molé et de deux actrices non moins célèbres, Mlle Clairon et sa rivale Mlle Dumesnil. Les lettres eurent aussi à regretter l'auteur du poëme *des Saisons*, Saint-Lambert, le Quintilien français M. de La Harpe, et le poëte Casti.

La même année fut signalée aussi par un de ces procès extraordinaires qui n'apparoissent que rarement pour l'honneur de l'humanité. Un épicier nommé *Trumeau* fut condamné à mort comme coupable d'empoisonnement envers sa propre fille. Ce malheureux, qui avoit toujours vécu en homme de bien, marcha au supplice en protestant de son innocence jusqu'au dernier moment. Ce procès, qui a laissé beaucoup de doutes dans les esprits, occupa long-temps la France entière; mais de plus graves intérêts effacèrent bientôt les impressions qu'il avoit faites.

CHAPITRE VII.

Situation politique de l'Europe. Préparatifs de guerre sur tous les points de l'Angleterre, de la France, de la Hollande, de l'Espagne et de l'Italie. Commencement des hostilités, invasion de l'électorat d'Hanovre.

Si, du sein de son conseil, lorsque Napoléon annonça le renouvellement de la guerre avec la Grande-Bretagne, il se fût élevé quelque voix puissante qui, perçant dans l'avenir, lui eût découvert les évènemens que devoit produire cette funeste résolution; si, lui montrant au milieu des mers le rocher de Sainte-Hélène, et prenant l'accent prophétique, elle lui eût dit :

« Vous entreprenez une guerre qui bouleversera les deux Mondes; des victoires éclatantes signaleront d'abord la gloire de vos armes, les plus puissans empires s'abaisseront de nouveau devant l'ascendant de votre génie et de votre fortune; votre main triomphante distribuera des couronnes; vous élèverez et vous abaisserez les trônes à votre gré, suivant que les souverains se déclareront vos amis ou vos ennemis; mais vous n'atteindrez point cette Angleterre contre laquelle vous aurez vainement essayé de soulever le continent; elle bravera vos efforts et votre courroux; que dis-je? elle parviendra à détacher de vous cette ligue européenne que vous aurez formée pour l'abattre; de tous ces rois que vous aurez élevés sur le trône, un seul vous restera fidèle; les autres tourneront contre vous le sceptre qu'ils tenoient de vos mains; un général français rival de votre gloire, que vous devez exiler bientôt dans les contrées lointaines de l'Amérique, repassera les mers, tracera les plans d'une guerre qui doit vous perdre, se montrera à la tête des immenses armées que votre âme superbe aura détachées de votre cause; il périra, à la vérité, mais il ne périra qu'après avoir enseigné à l'Europe conjurée contre vous les moyens de triompher de vos invincibles guerriers, et de marcher sur les ruines de votre empire; des flots de sang couleront; vos frontières seront envahies, vos provinces ravagées par l'étranger; votre capitale tombera entre ses mains, et vous-même, devenu son prisonnier, vous irez sur ce rocher lointain terminer sans pompe, sans titres, sans épitaphe et sans pitié, une vie illustrée d'abord par tous les genres de triomphes, et frappée ensuite de tous les revers de la fortune; vous verrez, avant de mourir, tomber de leurs trônes tous ces rois de votre sang que vous aviez élevés avec tant d'efforts; une pierre couvrira votre tombeau sans le montrer; et Moreau et Pichegru, ces deux généraux immolés à votre ambition, obtiendront des monumens. »

Quelle indignation n'eût pas excité un pareil langage dans l'âme orgueilleuse de Buonaparte! à quelle péril ne se fût pas exposé le prophète de malheur qui eût osé lui faire de semblables prédictions! Tel devoit être cependant le résultat de la guerre dans laquelle il alloit se précipiter avec une aveugle présomption.

Si le premier consul se glorifioit d'être pris au dépourvu, il n'en étoit pas de même de l'Angleterre; les chefs du ministère écrivoient peu et agissoient beaucoup. Dès le 25 octobre 1802, ils avoient expédié des ordres dans tous les ports de la Grande-Bretagne. La frégate *l'Aventurière* étoit partie pour Plimouth avec des instructions cachetées qui ne devoient être ouvertes qu'à vingt lieues à l'ouest de la Sicile. Un autre bâtiment étoit sorti peu de temps après du même port, avec des instructions semblables. Une escadre approvisionnée pour six mois avoit appareillé à Gibraltar. Des ordres avoient été expédiés en Egypte, pour que la garnison d'Alexandrie se tînt prête à passer à Malte quand il en seroit temps. Immédiatement après le message du roi, au 10 mars, la presse s'étoit faite à Londres avec une telle sévérité, qu'on avoit enlevé jusqu'aux bateliers de la Tamise; le 14, on comptoit déjà quatre mille matelots. Tous les capitaines de vaisseaux avoient été rappelés à leur poste, et des ordres donnés pour porter l'armée au complet. On observa que le maire de Londres, qui avoit invité le général Andréossy à un grand dîner et l'avoit reçu avec empressement, venoit, avant de se mettre à table, de signer l'ordre de la presse. Le cap de Bonne-Espérance étoit sur le point d'être évacué et remis aux troupes bataves. La défense de restituer cette importante position arriva au moment même où la garnison anglaise commençoit à évacuer les forts. Au milieu de ces mouvemens militaires, les ministres n'oublioient pas le continent; ils avoient fait auprès du cabinet de Vienne des démarches pour savoir quelle conduite il tiendroit dans le cas d'une rupture avec la France; ils avoient aussi sondé les dispositions de la Russie et du grand-seigneur, pour renouer une ligue entre ces Etats et la Grande-Bretagne ; lord Elgin avoit été chargé de cette négociation. Jusqu'alors ses efforts avoient été sans succès ; mais le cabinet étoit loin de renoncer à tout espoir ; il étoit fier d'ailleurs de sa puissance maritime ; ses forces s'élevoient à cent quatre-vingt quinze vaisseaux de ligne, deux cent dix-sept frégates, deux cent dix-huit bâtimens de diverses grandeurs : celles de terre ne répondoient point à une si haute puissance ; mais dans les grands dangers tout citoyen de la Grande-Bretagne devenoit soldat ; et tel étoit l'esprit national, l'état florissant du fisc et les moyens de défendre la côte, que tout projet d'invasion paroissoit impraticable. Buonaparte ne l'ignoroit pas ; mais il ne savoit point reculer devant les difficultés. Quoique, par bravade, il affectât d'être pris au dépourvu, sa prévoyance ne s'étoit cependant pas endormie. Depuis plusieurs mois il avoit donné les ordres les plus précis pour comprendre dans une amnistie générale tous les officiers de marine, timoniers, matelots et novices qui pouvoient avoir déserté. Le général Lacombe Saint-Michel avoit été chargé de se rendre à Gênes avec des officiers de génie et un corps d'artillerie, pour mettre la rivière du Ponent en état de défense. Les troupes françaises en Suisse étoient passées en Italie, et avoient été remplacées par d'autres, dont le commandement avoit été donné au général Lecourbe.

L'armée en Hollande, qui, dans l'origine, étoit de dix-huit bataillons d'infanterie, six escadrons de cavalerie et de plusieurs compagnies de canonniers, se renforçoit tous les jours, et l'on fit débarquer et revenir à terre les troupes qui avoient été mises à bord pour l'expédition prétendue de la Louisiane. Les forteresses de Nimègue et de Grave étoient occupées par des Français. Dès les premiers présages de la guerre, on s'étoit hâté de fortifier l'île de Walchéren ; on avoit établi une artillerie formidable pour la défense de Flessingues. La Zélande et la petite île de Gorée étoient couvertes de troupes françaises. Le général Belliard eut ordre d'inspecter les côtes de Flandre, depuis Ostende jusqu'à Anvers ; il établit des postes militaires sur plusieurs points de la côte ; on mit en sûreté le fort de Bellille, les îles Marcow, l'île Dieu. Rien enfin ne fut négligé pour protéger les points importans ou vulnérables, et les défendre des insultes d'un ennemi fier et entreprenant.

Ces soins militaires ne détournoient pas le premier consul du soin non moins important d'assurer ses alliances. La Prusse, rivale de l'Autriche, étoit dans ses intérêts; l'ambassadeur de France Duroc y avoit été reçu avec une distinction extraordinaire; le roi lui avoit fait plusieurs fois l'honneur de l'admettre à sa table. L'armée prussienne avoit été augmentée de quinze mille hommes. La Russie, avec laquelle le premier consul avoit réglé les affaires de l'Allemagne, continuoit, malgré quelque refroidissement, de lui être attachée. La Bavière avoit été traitée si favorablement dans l'importante affaire des indemnités, qu'elle ne pouvoit manquer de lui rester fidèle. Le général Brune n'avoit rien négligé à Constantinople pour gagner la faveur et la confiance du grand-seigneur : avant lui, M. Ruffin avoit eu soin de prévenir la Sublime-Porte du voyage que le colonel Sébastiani devoit faire dans les Echelles du Levant. Seul, de tous les ambassadeurs européens, il avoit assisté à la fête du Bairam.

L'Espagne et le Portugal étoient tombés dans une sorte de haut vasselage. Tel étoit l'état d'abaissement de cette dernière puissance, que l'intendant des douanes à Lisbonne fut destitué pour avoir déplu au général Lannes, et défendu les intérêts de son pays. Mais quelques hommes d'un esprit plus ardent que réfléchi méditoient dès lors le projet d'affranchissement. On découvrit une masse considérable de faux billets de la banque de Lisbonne, fabriqués à Londres, et le dessein de révolutionner le Brésil. L'auteur de ce complot étoit un Brésilien nommé *Barros,* homme d'un esprit très-élevé et très-entreprenant; il avoit engagé dans ses intérêts deux Anglais.

L'Autriche se voyoit avec anxiété isolée au milieu du continent; la Constitution de l'empire germanique, altérée dans ses bases, ne lui offroit plus d'appui; il falloit, pour se soutenir, ou se condamner à une aveugle soumission aux volontés du premier consul de France, ou s'exposer de nouveau au sort des combats. Elle avoit inutilement cherché l'alliance de la Russie. Le comte de Cobentzel et le comte de Rasumousky, après de nombreuses conférences, n'avoient pu s'accorder. Si l'Angleterre pouvoit lui donner des subsides, elle étoit hors d'état de l'appuyer par une diversion armée. Cependant, au milieu de ces embarras, sa prudence ordinaire ne l'avoit point abandonnée; elle avoit obtenu 2 millions de florins de ses fidèles Hongrois, et l'autorisation de porter tous les régimens au complet; elle avoit sans bruit augmenté ses forces militaires, et pouvoit déjà, si les fonds ne lui manquoient pas, mettre en campagne trois cent mille hommes.

Malte attendoit l'issue du grand combat qui alloit s'engager pour savoir à qui elle appartiendroit. En vertu d'un accord entre les grandes puissances intéressées à l'ordre des chevaliers, et consenti par le cabinet britannique, le pape devoit nommer le grand-maître; le prince Ruspoli, sur lequel son choix étoit d'abord tombé, n'avoit point accepté. Une seconde élection avoit déféré cet honneur au bailli Thomasi. On pouvoit facilement penser que ce choix n'avoit pas été fait sans l'intervention de Buonaparte; l'Angleterre s'en plaignit, mais le nouveau grand-maître n'en commença pas moins à agir en souverain; il envoya de Messine à Malte le commandeur de Busi requérir l'évacuation de l'île et sa remise au grand-maître. Le gouverneur anglais répondit qu'il n'avoit point reçu d'ordres de sa cour, et que les puissances invitées à garantir l'indépendance de Malte n'avoient point encore fait connoître leurs intentions. La Prusse, en effet, se récusoit encore; mais cet obstacle fut bientôt levé par le premier consul, et l'Angleterre trouva d'autres prétextes pour garder le dépôt qui lui étoit confié.

Les troupes napolitaines logeoient dans des casernes hors de la ville, et les chevaliers français avoient reçu du gouvernement britannique l'injonction de déposer les marques de l'ordre, sous peine de confiscation de leurs biens, leur langue étant abolie en France.

Telles étoient les circonstances où deux nations qui, quelques mois auparavant, avoient célébré la paix avec tant d'enthousiasme (1), alloient de nouveau se précipiter dans toutes les fureurs de la guerre. Ce ne devoit pas être sans

---

(1) On écrivoit alors dans les journaux de Londres : « Si la paix n'étoit pas nécessaire pour faire de Buona-« parte le premier homme du monde, elle l'étoit pour « le rendre aussi grand qu'il peut être. Les nations « étonnées admiroient le premier guerrier de l'Eu-« rope, les nations reconnoissantes proclament et bé-« nissent le pacificateur du globe. »

Lord Camelsford ayant refusé d'illuminer à l'occasion de la paix, le peuple démolit sa maison.

On avoit exposé au Muséum européen de Saint-James, du consentement des ministres, le portrait d'une des sœurs de Buonaparte, peint par David.

Le jour des illuminations, on avoit pris pour transparent le portrait de Buonaparte, et pour inscription, *le sauveur du monde.*

de grandes pertes pour la marine et le commerce de France (1). Il étoit entré à Cancale, depuis le 22 septembre 1801 jusqu'au 20 mai 1803, cent quatre-vingt-huit bâtimens anglais qui avoient exporté 119,473,000 huîtres; le produit de cette exportation s'étoit élevé à 179,209 francs, et le montant des douanes étoit de 93,353 francs. On peut juger, par le bénéfice d'un objet de si peu d'importance, ce que devoit être le produit des vins, des soies, des huiles, etc., sortis de nos ports. En Hollande, les expéditions maritimes pour le Groënland, pour la Chine s'arrêtèrent tout à coup. On expédia des avisos aux colonies des deux Indes pour les avertir de prendre des précautions. Vingt-cinq navires étoient attendus de Batavia à Amsterdam, d'autres devoient arriver des Indes occidentales. Déjà l'on prévoyoit la rareté des denrées coloniales. Dès les premiers jours d'avril, plusieurs maisons de Marseille avoient fait des achats considérables de sucre, de cacao, de café. Les mêmes craintes avoient produit les mêmes effets dans d'autres villes; les fonds publics avoient baissé considérablement en Hollande,

---

(1) La guerre de 1803 enrichit la marine anglaise de mille sept cent quatre-vingt-sept bâtimens ennemis, et en enleva onze cent soixante-deux à la France.

et les assurances s'étoient accrues subitement de 3 et demi pour 100. Bordeaux avoit expédié, depuis le 8 octobre 1802 jusqu'au 13 mai 1803, deux cent quatre-vingt-dix bâtimens. Un embargo général avoit retenu à Dunkerque tous les navires destinés à la pêche de la morue. L'Espagne alloit partager la disgrâce du commerce de France; elle avoit reçu, dans l'espace de treize mois, de ses colonies, 48,988,622 piastres; ces ressources immenses ne devoient plus désormais entrer dans ses ports. Mais ces considérations ne pouvoient retenir le premier consul, qui regardoit les puissances du Midi comme les satellites de son grand astre. M. Talbot, secrétaire de l'ambassade anglaise, avoit à peine quitté Paris, que le général Mortier marchoit sur le Hanovre. Il y entra le 3 juin, signa une capitulation à Shülingen, fit l'armée prisonnière de guerre, et occupa la capitale le 5 du même mois. Hanovre faisoit partie de l'empire germanique, dont l'intégrité avoit été garantie par la Russie, l'Autriche, la Prusse et la France elle-même. L'occupation de cette province pouvoit être regardée comme une violation des traités : les trois puissances demandèrent des explications; et Buonaparte ayant répondu qu'il ne saisissoit l'électorat que comme possession anglaise, que tous les droits de l'empire seroient respectés, elles parurent satisfaites, la Russie par bienveillance, la Prusse par intérêt, l'Autriche par nécessité, et peut-être aussi parce qu'elle se ressouvenoit qu'à l'époque où elle étoit dans la plus grande détresse, le Hanovre avoit gardé une froide et cruelle neutralité. Bientôt les villes impériales furent menacées; les troupes françaises entrèrent à Cuxhaven. Hambourg, requise de fournir des subsides, invoqua le secours des grandes puissances, mais rien ne put les tirer de leur inaction. Le Danemarck seul osa montrer quelque énergie. Le prince régent rassembla trente mille hommes pour défendre le Holstein : mais que pouvoit-il seul? Buonaparte parla, exigea le licenciement de cette armée, et l'on obéit. Ainsi toute puissance sur terre s'abaissoit devant lui : la mer deviendroit-elle aussi docile ? Le premier consul s'en flattoit, et dans cette espérance tournoit toutes ses vues vers une invasion en Angleterre. Partout on construisoit des bâtimens, les ingénieurs s'épuisoient en combinaisons, les charlatans en projets; l'un proposoit une armée en ballons, l'autre vouloit la faire débarquer en scaphandres ou en bateaux sous-marins. Buonaparte avoit un plan plus sérieux. Une armée étoit à Brest, une autre à Bayonne, un camp immense se rassembloit à Boulogne. On avoit observé que les chaloupes canonnières et tous les bâtimens inférieurs pouvoient, de tous les points de la côte, se rendre dans ce port en serrant le rivage et se tenant sous la protection des batteries de terre; il fut choisi pour le rendez-vous général des forces maritimes. Cette expédition demandoit des fonds immenses : l'Espagne et le Portugal étoient destinés à les fournir, et l'armée de Bayonne à les effrayer. La Russie offrit alors sa médiation aux deux puissances belligérantes; mais l'Angleterre ayant exigé l'évacuation du Hanovre, et le premier consul l'ayant refusée, on ne songea plus qu'à la guerre. La France renouveloit alors les efforts qu'elle avoit faits sous le Directoire, et présentoit le même spectacle. Les Parisiens étoient charmés d'aller contempler sur l'esplanade des Invalides, transformée en chantier, les corvettes et les péniches que l'étoile de Buonaparte devoit diriger sur les flots, et qui devoient porter incessamment les conquérans de la Grande-Bretagne.

Buonaparte parcouroit en ce moment toutes les côtes de l'Ouest et les places fortes du Nord. Le 29 juin il étoit à Boulogne, le 1ᵉʳ juillet à Calais, le 6 à Lille, le 9 à Ostende, le 11 à Bruges, le 14 à Gand, le 18 à Anvers. Le 11 août, il étoit de retour à Paris, après avoir visité Bruxelles, Maëstricht, Liége, Namur, Givet. Les villes se ruinoient en arcs de triomphe, en fêtes, en illuminations; les femmes en frais de toilette; les poëtes, les préfets, les maires, les magistrats s'épuisoient en métaphores et en hyperboles. Jamais, depuis Domitien, aucune puissance n'avoit été entourée de plus d'hommages, de flatterie, de témoignages d'admiration, d'enthousiasme et de servilité. L'amiral Truguet commandoit à Brest, l'amiral Bruix à Boulogne.

De leur côté, les Anglais ne négligeoient rien pour se mettre en sûreté. Trois cent mille hommes de milices nationales devoient veiller à la défense du pays; les points accessibles à l'ennemi étoient couverts de batteries. Une agitation générale régnoit dans toute l'étendue des trois royaumes. Le peuple anglais ne cachoit plus ses inquiétudes; tout le monde couroit aux armes; M. Pitt lui-même étoit en uniforme; et malgré les difficultés presque insurmontables d'une descente, quelquefois on se représentoit avec terreur ces phalanges françaises débarquant au milieu du feu, des boulets et de la mitraille, et marchant sur la capitale; on répétoit le mot d'un homme célèbre, que *Buonaparte aimoit à jouer avec la foudre et les tempêtes*. Cependant peu à peu les esprits se rassurèrent; le temps qu'exigeoient les préparatifs d'une expédition si considérable y ramena le calme, et l'on finit par se familiariser avec les idées qui d'abord avoient porté le plus de trouble dans les imaginations. Bientôt nos côtes furent insultées; deux bombardes anglaises et quelques autres bâtimens tirèrent inutilement sur Dieppe et sur Granville; la marine française les força de prendre le large. Quelques corsaires sortis de nos ports ramenèrent en triomphe des prises de peu de valeur.

Le premier consul, après quelque séjour à Paris, reprit ses courses maritimes, visitant tous les points importans, interrogeant, étudiant les meilleures cartes d'Irlande, d'Angleterre et d'Ecosse, pour y reconnoître les points vulnérables.

Le général Berthier, ministre de la guerre et adjudant-général de l'armée d'Angleterre, partit de son côté pour faire l'inspection des camps. Le ministre de la marine Decrès remit son portefeuille à M. de Fleurieu, pour aller visiter les ports.

Toutes les pensées du premier consul paroissoient absorbées dans une seule; cependant

il ne perd de vue ni l'élévation de sa famille
ni l'accroissement de son autorité en France.
Il marie sa sœur, veuve du général Leclerc,
au prince Borghèse : c'est le premier pas de sa
famille vers les grandeurs. Il fait rendre un
sénatus-consulte qui l'élève lui même sur une
sorte de trône lorsqu'il lui plaira de faire l'ouverture
du Corps législatif. Il s'attribue le
choix du président, des vice-présidens, et
institue des questeurs. Il affecte de donner
des noms romains à ces institutions nouvelles,
afin de paroître encore attaché aux
formes républicaines. Sous prétexte d'organiser
les lois relatives à la presse, il décrète
qu'aucun libraire ne pourra vendre un ouvrage,
sans l'avoir préalablement présenté à
une commission de révision qui lira cet ouvrage
et le rendra si elle juge qu'il puisse être
publié sans inconvénient. Le Sénat, qui compte
dans son sein une commission de la liberté de
la presse, se tait ; le Corps législatif et les autres
autorités reçoivent le décret avec la même
soumission. Ainsi le despotisme fait chaque
jour de nouvelles conquêtes ; et les fonctionnaires
publics, que les lois ont rétablis pour la
conservation des libertés publiques, sacrifiant
leurs devoirs à la crainte ou à l'intérêt,
les livrent sans défense et sans pudeur, et pré-

parent eux-mêmes cette excessive tyrannie contre laquelle ils déclameront un jour, et dont ils se feront un prétexte pour refuser dorénavant l'obéissance à celui dont ils ont contribué à corrompre le cœur par l'excès de leurs adulations.

On essaie d'intéresser au culte qu'on lui rend jusqu'aux superstitions populaires ; on annonce qu'en creusant le camp de Boulogne on a découvert une hache-d'armes qui paroît être celle d'un soldat romain lorsque César envahit l'Angleterre. On ajoute que, dans le terrain même destiné à la tente du premier consul, on a trouvé des médailles de Guillaume-le-Conquérant, présage frappant des victoires qui nous attendent ; et pour ajouter au merveilleux, on rappelle qu'en Egypte Buonaparte visitant les ruines de Péluse, y découvrit un camée représentant Jules César (1). Les hommes éclairés savent apprécier ces jongleries ; mais la multitude y voit quelque chose d'extraordinaire, et c'est de la multitude qu'on tire des soldats et des tributs.

Nous avons vu le général Duroc arriver à Berlin et recevoir du roi les plus hautes marques de distinction ; ce fût tout ce qu'il ob-

---

(1) *Moniteur* du 12 novembre 1803.

tint. Le but de sa mission étoit de décider le roi de Prusse à prendre les armes en faveur de la France; mais il persista dans son système d'observation : c'étoit une résolution prise à Mémel, où il avoit eu une conférence avec l'empereur de Russie. Là il avoit été résolu de garder une exacte neutralité, et de laisser la France se débattre contre l'Angleterre. Les deux cabinets comprenoient déjà que leur intervention n'auroit d'autre résultat que de servir à étendre de nouveau la puissance de Buonaparte. On présenta dans les papiers publics cette conférence comme une simple visite entre deux princes voisins jaloux de se donner dans des fêtes brillantes de nouveaux gages de leur amitié. La reine de Prusse étoit un modèle accompli de jeunesse, de beauté, de grâce et d'esprit; tout parut, dans cette entrevue, se rapporter uniquement à elle

Le colonel Colbert, envoyé à Saint-Pétersbourg avec une mission semblable à celle du général Duroc, ne fut pas plus heureux; la cour le combla de soins et d'attentions, le cabinet resta muet à ses propositions. Bientôt même il n'eut plus à Paris qu'un simple chargé d'affaires. Fatigué des brusqueries du premier consul, M. de Markow avoit demandé son rappel. On rapportoit à ce sujet que, dans une conférence avec Buonaparte, M. de Markow, chargé de faire quelques représentations, ayant répété plusieurs fois : *l'empereur mon maître,* Buonaparte, impatienté, lui dit brutalement : *L'empereur ton maître et toi, allez vous........* On ne sauroit répéter le mot dont il se servit.

Ainsi, l'Europe entière alloit rester témoin de la grande lutte entre les deux puissances les plus redoutables de l'Occident. Mais avant qu'elles en vinssent aux mains, la scène devoit être occupée par un autre genre de spectacle.

CHAPITRE VIII.

Projet formé en Angleterre contre le gouvernement et la personne du premier consul. Débarquement secret de Georges Cadoudal, du général Pichegru et de plusieurs royalistes engagés dans la conspiration. Mission du colonel Savary sur les côtes de l'Ouest. Arrestation de plusieurs Vendéens soupçonnés de complicité avec Georges. Arrestation du général Moreau, de Pichegru, de Cadoudal et de plusieurs personnes. Message du premier consul. Sénatus-consultes.

Les évènemens qui remplissent le cours de l'année 1804 forment une des époques les plus mémorables, mais les moins glorieuses de la vie de Buonaparte; on l'y verra se livrer sans retenue aux passions les plus violentes, fouler aux pieds les lois les plus sacrées de la justice et de l'humanité, tremper ses mains dans le sang le plus pur, et s'élevant sur des victimes, donner à son trône des échafauds pour marche-pied. Etoit-il donc dans la destinée de tous les pouvoirs illégitimes de naître, de vivre ou de mourir dans le sang? L'Assemblée constituante, formée au milieu des incendies des châteaux et des meurtres populaires, donne naissance à l'Assemblée législative, qui expire dans les massacres du Champ-de-Mars, des Tuileries et des prisons; la Convention, couverte du sang de son roi, portée sur des monceaux de ruines, de cendres et de cadavres, finit sa carrière dans le sang des Parisiens, et proclame le Directoire au bruit de la mitraille; enfin, le trône de Napoléon s'élève sur les tombeaux du duc d'Enghien, du général Pichegru et des courageux royalistes dévoués à la maison de Bourbon.

Sans doute, ceux qui conspirèrent la perte de Napoléon ne furent point sans reproche. L'attentat du 3 nivose souillera éternellement le nom des fanatiques qui crurent servir la plus honorable des causes par le plus exécrable des forfaits; ce n'étoit pas par une route couverte de victimes que les fils de saint Louis devoient arriver au trône de leurs illustres aïeux; ceux qui s'attachèrent à leur cause les servirent mal quand, pour les servir, ils eurent recours à des moyens réprouvés par la morale de tous les peuples.

Après la pacification de la Vendée, Georges

Cadoudal, insensible aux promesses et aux séductions du premier consul, avoit quitté la France pour se rendre en Angleterre, où les princes l'avoient accueilli avec empressement et l'avoient décoré du grade de général. Son âme ardente ne pouvoit se reposer long-temps. On croit qu'il médita alors l'horrible attentat de la machine infernale; mais cette idée, véritablement fille de l'enfer, avoit été conçue avant lui à Paris par les plus audacieux jacobins; elle avoit été essayée derrière l'hôpital de la Salpêtrière, et saisie dans la rue des Blancs-Manteaux. Il est constant que le dessein de s'en servir fut renouvelé à Londres, et que tous les auteurs de cet horrible complot n'ont point été saisis par la justice. Mais Georges Cadoudal a constamment nié, dans le cours de son procès et jusqu'à la mort, qu'il y eût pris aucune part. Il vouloit sans doute la perte de Buonaparte, mais il la vouloit par des moyens moins criminels et moins odieux. S'il se rendit alors dans la Vendée, c'est qu'il avoit l'espoir de relever le parti du roi; déçu dans son attente, il repassa en Angleterre pour s'y occuper de nouveaux projets.

Ce fut chez Mme de P., et dans le conseil d'un personnage du plus haut rang, que fut conçu le nouveau plan de restauration de la maison de Bourbon. Il fut convenu que Georges se rendroit en France comme chef de l'entreprise, que plusieurs émigrés se joindroient à lui, que l'on sonderoit les dispositions des royalistes les plus décidés et les plus braves de l'intérieur, qu'on ne négligeroit rien pour s'y former un parti, et lorsque toutes choses seroient prêtes, que l'on tendroit une embuscade à Buonaparte, que son escorte seroit dissipée par la force, et que le premier consul seroit enlevé vif ou mort. Mais pour réussir dans un dessein si hasardeux, il falloit des hommes qui, par la hauteur des emplois qu'ils auroient remplis, l'ascendant que leur auroient acquis leur caractère, leurs opinions, fussent capables de rallier une partie de l'armée et ceux des semi-républicains qui haïssoient Buonaparte, mais ne vouloient point faire le sacrifice des avantages qu'ils tenoient de la révolution.

Nul homme ne parut plus propre à rendre cet éminent service que le général Pichegru. Cet illustre vainqueur de la Hollande, payé de ses glorieux services par la plus noire ingratitude, nourrissoit une haine profonde pour ses proscripteurs; il haïssoit surtout Buonaparte, qu'il regardoit comme l'auteur principal de ses maux, et paroissoit disposé à tenter tous les moyens de recouvrer dans sa patrie l'éclat dont il s'étoit précédemment environné, et de renverser un édifice qu'il regardoit plutôt comme l'ouvrage d'un audacieux aventurier que d'un homme d'un génie supérieur. Il conservoit en France des amis puissans; il connoissoit les mécontentemens du général Moreau, qui se glorifioit d'avoir été son élève; et quoiqu'il eût de vifs motifs de se plaindre de lui, il étoit disposé à faire le sacrifice de ses ressentimens pour la noble cause qu'il avoit déjà servie. Pichegru s'étoit montré courageux dans le malheur comme à la tête des armées. Arrêté à Paris au 18 fructidor, transporté à Rochefort dans une cage de fer, embarqué de là pour Cayenne, et jeté bientôt dans les déserts sauvages de Sinamari, il avoit conçu et exécuté le hardi projet de quitter ces champs de désolation, et s'étoit abandonné aux vents sur une frêle pirogue, avec le général Willot, le directeur Barthélemy, Ramel et quelques autres de ses infortunés compagnons. Il parvint, au travers de mille périls, à gagner la colonie hollandaise de Surinam; de là il se rendit en Angleterre, où il fut accueilli avec une distinction digne de sa haute réputation; sa présence au spectacle avoit excité le plus vif enthousiasme. Les émigrés français se souvenoient qu'il les avoit sauvés autant de fois qu'il l'avoit pu, et les Anglais n'avoient pas oublié qu'il avoit refusé d'exécuter les décrets de la Convention qui défendoient de faire des prisonniers de leur nation.

D'Angleterre il s'étoit rendu en Allemagne et en Suisse; à l'époque de 1799, il avoit, dit-on, donné de sages mais inutiles avis au général russe Korsakow, la veille de sa défaite, et s'étoit retiré à Bareuth après la retraite des Russes. Mais la haine et les espions de Buonaparte le suivoient sur le continent. Le roi de Prusse avoit eu la foiblesse d'ordonner son arrestation dans cette ville, et peu s'en fallut qu'il ne tombât entre les mains de son ennemi mortel avec le comte de Précy, et l'ancien maire de Lyon Imbert de Colomès, auxquels Buonaparte avoit, comme à lui, fermé les portes de leur patrie. Réfugié en Angleterre, il y vécut au milieu des Français proscrits comme lui, et ne fut que trop disposé à prêter l'oreille aux propositions qu'on lui fit de rentrer en France pour y travailler à la chute de Buonaparte et au rétablissement du trône légitime.

Georges fut choisi pour préparer les voies; il connoissoit les côtes de Bretagne et de Normandie, avoit de nombreuses intelligences dans les provinces de l'Ouest, et par son expérience et son audace, étoit plus propre qu'un autre à tenter un coup hardi et à le faire réussir. Il partit vers la fin du mois d'août 1803, débarqua en Normandie avec huit de ses compagnons, sous la falaise de Béville, entre Dieppe et le Tréport. Ce lieu, qui n'étoit aperçu d'aucun poste, étoit habilement choisi, et tellement escarpé, qu'il paroissoit inabordable; un bateau pouvoit y rester à couvert, mais il falloit escalader le rivage un à un, à l'aide d'une corde tendue du haut de la falaise. Tout avoit été prévu; des hommes affidés parurent au premier signal. Une ferme voisine servit de premier asile. Des stations sûres avoient été disposées sur des chemins détournés, jusqu'à Paris; la première au village de Guillemecourt, la seconde à la ferme de la Poterie; elles étoient au nombre de quinze, distribuées d'abord sur une seule ligne, et ensuite sur deux. Elles avoient été établies par deux hommes de résolution; l'un avoit débarqué à Boulogne par le paquebot, l'autre étoit entré en France par Hambourg : ils étoient ensuite rentrés en Angleterre. Georges et ses compagnons suivirent la ligne gauche. Deux des conjurés de l'intérieur, Charles d'Hosier et Dessole, vinrent au-devant de lui jusqu'à la neuvième station. Il monta dans une voiture que d'Hosier conduisit en cocher jusqu'à Paris, et logea les premiers jours chez un marchand de vin de la rue du Bac, au coin de la rue de Varennes : c'étoit là qu'une partie des conjurés se réunissoit. Ce lieu étoit trop suspect pour y rester long-temps. M. Bouvet de Lozier pourvut au logement de Georges ; il descendit au quai de Chaillot, n° 6.

Pour éviter les regards de la police, il avoit été convenu que les débarquemens ne se feroient que par petits pelotons et par intervalle ; le capitaine anglais Wright s'étoit chargé de les conduire à leur destination. Le second débarquement eut lieu du 10 au 20 décembre ; il portoit Coster Saint-Victor, fortement compromis dans la conspiration de la machine infernale.

Le troisième s'opéra le 16 janvier, et mit à terre le général Pichegru, son ancien aide-de-camp Lajollais, et un nommé *Russillion*. Georges et deux de ses compagnons allèrent au-devant d'eux.

Un quatrième débarquement, le plus important de tous, devoit porter le frère du monarque légitime, ou son fils le duc de Berri : des vents contraires et bien inspirés sauvèrent ces princes.

Cadoudal et ses premiers compagnons se conduisirent avec tant d'adresse et de discrétion, qu'ils échappèrent pendant plusieurs mois à la surveillance des argus de la police; ils changeoient souvent de logement. Georges habita successivement la rue Carême-Prenant, dans une maison où l'un de ses affidés lui avoit construit de ses propres mains une cachette difficile à découvrir, puis la rue du Puits-de-l'Hermite, près du jardin du Roi; enfin, celle de la montagne Sainte-Geneviève.

Mais quelques précautions qu'ils prissent, il étoit impossible qu'ils séjournassent long-temps à Paris sans y être découverts. Les coups de main ont besoin d'être frappés rapidement. Au mois d'octobre, deux de ses complices, Picot et le Bourgeois, qui étoient descendus à Pont-Audemer, furent arrêtés, et traduits devant une commission militaire; ils soutinrent intrépidement leur rôle, se renfermèrent dans une dénégation absolue, et subirent courageusement la mort plutôt que de trahir leurs camarades. Il n'en fut pas de même d'un autre conjuré nommé *Querelle*, avec lequel Georges avoit débarqué. Cet homme étoit de Vannes; il avoit servi parmi les chouans, sous le commandement de Georges; et quoiqu'amnistié en 1800, il étoit resté fidèle à son parti et à son général; il fut arrêté au mois de janvier, sous un soupçon léger. Dès que Buonaparte en fut instruit, il ne douta pas qu'il n'eût des renseignemens précieux à donner sur son chef. Il ordonna de l'effrayer, de lui montrer d'une part la mort, de l'autre sa grâce, s'il vouloit faire des révélations. Querelle, près de marcher au supplice, auquel une commission militaire venoit de le condamner, oublia l'exemple de ses deux compagnons d'infortune, et révéla tout ce qu'il savoit au conseiller d'Etat Réal; car Fouché n'étant plus ministre de la police, et le grand-juge s'étant montré trop inhabile, Buonaparte avoit confié à Réal le soin de tout ce qui regardoit les complots contre sa personne et contre l'Etat.

Ce ne fut que le 30 janvier que les journaux mirent le public dans la confidence de ses découvertes. Voici de quelle manière le journal officiel en rendit compte :

« Les nommés Picot et le Bourgeois, après
« avoir exercé le métier de brigands dans la
« chouannerie, passèrent à Londres et y fu-
« rent accueillis comme Georges, Debar,
« Hyde, Limoëlan et autres brigands que l'An-
« gleterre entretenoit, contre l'esprit et la foi
« du traité d'Amiens, pour s'en servir dans
« son intérêt. Lorsque les oligarques du cabi-

« net de Londres virent que la paix du conti-
« nent étoit assurée, ils songèrent aux avan-
« tages qu'ils retireroient s'ils pouvoient se
« défaire du premier consul. Dans ce dessein,
« ils chargèrent Picot et le Bourgeois de fa-
« briquer une nouvelle machine infernale.
« Ces deux hommes partirent de Londres avec
« des poignards et des armes qu'on leur re-
« mit; mais la police, instruite de leur débar-
« quement, les fit arrêter à Pont-Audemer, où
« ils étoient descendus sous les noms sup-
« posés de *Dupuis* et de *Vallée*. On trouva
« sur eux les papiers et les armes qu'ils avoient
« apportés de Londres, ainsi que le plan d'une
« petite machine infernale. Picot et le Bour-
« geois, traduits devant une commission mi-
« litaire, ont été condamnés à mort et fu-
« sillés. Le nommé *Querelle*, autre brigand
« parti de Londres en fructidor (20 août
« 1803), et arrêté à Paris en vendémiaire (oc-
« tobre 1803), a été également condamné à
« mort; mais sur le point de subir sa sen-
« tence, il a fait des révélations. Si elles sont
« aussi importantes qu'on le dit, elles vau-
« dront à ce misérable sa grâce ou une com-
« mutation de peine. »

Les évènemens vont maintenant se presser.
Buonaparte sait que Georges est à Paris; il ne

peut douter qu'il n'y soit pour tenter un coup de main contre lui; tous les agens de la police sont en mouvement. Le 11 février, Mme Lajollais est arrêtée à Strasbourg; et pour ajouter l'insulte à la dureté, on écrit dans *le Moniteur* qu'elle s'apprêtoit à aller rejoindre à Paris le général Pichegru, son amant. Son mari ne tarde pas à tomber entre les mains de la police; sa présence à Paris n'indiquoit que trop celle de Pichegru. Ce général avoit un frère, ancien prieur de dominicains, résidant au faubourg Saint-Jacques; il est arrêté aussi, et interrogé. Comme il n'étoit nullement dans le secret, ses réponses furent insignifiantes; mais elles indiquoient suffisamment que le général étoit à Paris. Où étoit-il? où étoit Georges? On n'avoit pu tirer à cet égard aucun renseignement du bon dominicain. Il fallut donc redoubler de diligence. Dans les révélations obtenues jusqu'à ce jour, le nom du général Moreau avoit été prononcé. Buonaparte brûloit du désir de s'en défaire. Depuis long-temps, toutes ses démarches étoient vivement surveillées. Réal, qui faisoit tous les soirs un rapport au premier consul, le pressoit d'en finir, et de s'assurer de la personne de son rival; il citoit dans l'histoire des exemples propres à déterminer son maître. Ce parti étoit périlleux. Le général

Moreau jouissoit d'une si haute réputation, il avoit dans l'armée un parti si formidable, son nom seul jetoit un si grand éclat, que son arrestation pouvoit avoir les suites les plus fâcheuses; c'étoit jouer, d'un seul coup, la plus haute fortune. N'accuseroit-on pas le premier consul de vouloir perdre un rival dont la gloire et le crédit l'importunoient ? Moreau ne se seroit-il pas regardé comme une illustre victime immolée à une basse jalousie ? Les généraux qui lui étoient attachés verroient-ils sans indignation un homme, l'honneur de l'armée, chargé de fers et sous le poids d'une indigne accusation ? On comptoit parmi ceux qui se faisoient gloire d'être ses compagnons d'armes, des guerriers d'un nom célèbre : Masséna, Lecourbe, Magdonald. Ces réflexions se présentoient naturellement à Napoléon, et l'intimidoient. Il tint un conseil; il y appela des hommes dont l'esprit et la sagesse lui inspiroient la plus haute confiance ; Fouché, auquel il regrettoit d'avoir retiré le porte-feuille de la police, MM. de C......, C........, R....., C...., membres de son conseil d'Etat, et délibéra long-temps. Les avis furent partagés; mais la passion du premier consul subjugua l'assemblée. Il fut décidé qu'à tout évènement on se saisiroit de la personne du général Moreau. Il étoit possesseur de la belle terre de Gros-Bois, que le directeur Barras avoit rendue célèbre par son faste et la vie voluptueuse qu'il y menoit. Des gendarmes l'arrêtèrent sur la route de cette terre à Paris. Il soutint cet affront avec la dignité d'un homme irréprochable, et se laissa conduire au Temple sans résister et se plaindre. Il falloit se hâter de prévenir l'opinion publique. Dès le même jour, Buonaparte fit publier dans le journal officiel une note où l'on accusoit le général Moreau de s'être associé à une vaste conspiration contre la république et la personne du premier consul; d'avoir exigé, pour préliminaire de sa complicité, l'assassinat de Napoléon, et pour lui même la dictature, qu'il garderoit jusqu'à l'arrivée d'un Bourbon.

La nouvelle de l'arrestation de Moreau et l'indignité de cette note excitèrent à Paris une rumeur générale, qui retentit bientôt dans les départemens. Personne ne put croire qu'un homme d'un caractère aussi noble, d'une âme aussi élevée, couvert de tant de lauriers, eût voulu les souiller par un lâche assassinat. Depuis l'arrestation de Querelle, on s'entretenoit partout de la conjuration; et l'on savoit que la sûreté du général Moreau étoit menacée. S'il eût voulu perdre Napoléon, il n'avoit besoin de s'associer à personne; il suffisoit qu'il se montrât. Ceux qui haïssoient le plus le premier consul lui reprochoient sa foiblesse. Pourquoi, disoient-ils, n'a-t-il pas prévenu son ennemi? pourquoi n'a-t-il pas abattu à ses pieds ce farouche et trop heureux aventurier, capable de tous les crimes pour satisfaire son ambition?

La rumeur n'étoit pas moins grande dans une partie de l'armée; et telle fut la chaleur des esprits, que le général Moncey, qui commandoit en chef toute la gendarmerie, témoigna à Napoléon qu'il n'en pouvoit pas répondre.

Si Moreau eût eu au dehors des amis entreprenans, il pouvoit sortir du Temple en triomphe, et échanger sa prison pour le palais des Tuileries. Mais son épouse éplorée courut se jeter aux pieds du tigre; et comme il n'arrive que trop dans ces sortes d'occasions, on préféra le parti de la modération à tout autre, et l'on se persuada que cette indigne persécution retomberoit sur son propre auteur, et ne serviroit qu'à faire briller davantage la gloire de celui qui en étoit l'objet.

Le lendemain, on vit paroître sur tous les murs un ordre du jour de Murat, nommé depuis quelque temps gouverneur de Paris:

« Soldats, disoit le beau-frère du premier
« consul, cinquante brigands, reste impur de
« la guerre civile, que le gouvernement an-
« glais tenoit en réserve pendant la paix,
« parce qu'il méditoit de nouveau le crime qui
« avoit échoué le 3 nivose, ont débarqué par
« petits pelotons, et de nuit, sur la falaise de
« Béville ; ils ont pénétré jusque dans la ca-
« pitale. Georges et le général Pichegru étoient
« à leur tête. Leur arrivée avoit été provoquée
« par un homme qui compte encore dans nos
« rangs, par le général Moreau, qui fut remis
« hier aux mains de la justice nationale.

« Leur projet, après avoir assassiné le pre-
« mier consul, étoit de livrer la France aux
« horreurs de la guerre civile, aux terribles
« convulsions de la contre-révolution ; mais
« tous ces complots ont échoué. Dix de ces
« brigands sont arrêtés. L'ex-général Lajol-
« lais, l'entremetteur de cette infernale trame,
« est aux fers. La police est sur les traces de
« Georges et de Pichegru.

« Un nouveau débarquement de vingt de ces
« brigands doit avoir lieu. Des embuscades sont
« dressées ; ils seront arrêtés. Dans cette cir-
« constance si affligeante pour le premier con-
« sul, nous, soldats de la patrie, nous serons
« les premiers à lui faire un bouclier de nos

« corps, et nous vaincrons autour de lui les
« ennemis de la France et les siens. »

L'impression que produisit dans la capitale cet ordre du jour, ajouta à l'horreur qu'avoit inspirée la nouvelle de l'arrestation du général Moreau. On étoit loin d'estimer Murat; on se rappeloit le temps où il s'étoit présenté à la barre de la Convention pour demander à changer son nom en celui de *Marat*, et le nom de *brigand* paroissoit bien mieux lui convenir qu'à deux généraux illustrés par leurs exploits.

On ne pouvoit, dans une semblable occurrence, se dispenser de convoquer le Sénat et les deux Chambres, qui constituoient le pouvoir législatif. Le Sénat fut assemblé le lendemain. Le grand-juge lui donna communication d'un rapport qu'il annonçoit avoir fait la veille au premier consul, comme s'il n'eût pas été connu de toute la France que ces sortes d'actes s'élaboroient dans le cabinet de Buonaparte.

Après une de ces déclamations obligées contre l'Angleterre, après une de ces accusations générales où on lui imputoit toutes les conspirations formées contre le premier consul, après un exorde où il rappeloit les efforts que Pichegru avoit faits précédemment pour replacer les fils de saint Louis sur le trône de leurs aïeux, il disoit :

« La perfidie britannique associe Georges à Pichegru ; une réconciliation criminelle rapproche Pichegru du général Moreau. La police saisit à Calais un de leurs agens (1), au moment où il retournoit pour la seconde fois en Angleterre. Cet homme est sous sa main, avec toutes les pièces qui constatent la réalité, d'un raccommodement inexplicable alors, si les nœuds n'en avoient pas été formés par le crime.

« A la nouvelle de cette découverte, le général Moreau paroît un moment agité. Il fait des démarches obscures pour s'assurer si le gouvernement est instruit; mais tout se tait, et lui-même, rendu à sa tranquillité, il tait au gouvernement un évènement qui a droit d'alarmer sa surveillance, il le tait lors même que Pichegru est appelé publiquement aux conseils du ministère britannique, lorsqu'il s'unit avec éclat aux ennemis de la France (2).

---

(1) Cet agent (l'abbé David) avoit été arrêté quinze mois auparavant, et gardé jusqu'alors au Temple sans jugement, car telle étoit la jurisprudence de ce temps.

(2) Le général Moreau ne fit et n'avoit à faire aucune démarche ; car il ne s'agissoit alors que d'un projet

Le gouvernement ne voulut voir dans son silence que la crainte d'un aveu qui l'auroit humilié, comme il n'avoit vu dans son éloignement de la chose publique, dans ses liaisons équivoques, dans ses discours plus qu'indiscrets que de l'humeur et un vain mécontentement. Le général Moreau, qui devoit être suspect, puisqu'il traitoit secrètement avec l'ennemi de sa patrie, qui, sur ce soupçon plus que légitime, eût été arrêté à toute autre époque, jouissoit tranquillement de tous ses honneurs, d'une fortune immense, et des bienfaits de la république.

« Cependant, les évènemens se pressent. Lajollais, l'ami, le confident de Pichegru, va furtivement de Paris à Londres, revient de Londres à Paris, porte à Pichegru les pensées du général Moreau, rapporte au général Moreau les pensées et les desseins de Pichegru et de ses associés. Les brigands de Georges préparent dans Paris même tout ce qui est nécessaire à l'exécution des projets communs. Un lieu est assigné entre Dieppe et le Tréport, loin de toute inquiétude et de toute sur-

---

fort innocent conçu par quelques personnes pour rapprocher Pichegru et lui, et, par son intervention, obtenir le retour de Pichegru.

veillance, où les brigands de l'Angleterre, conduits par des vaisseaux anglais, débarquent sans être aperçus, où ils trouvent des hommes corrompus pour les recevoir, des hommes payés pour les guider, pendant la nuit, de stations en stations convenues, et les amener jusqu'à Paris.

« Un premier débarquement s'étoit opéré : c'étoit Georges avec huit de ses brigands. Un troisième débarquement dépose sur le rivage Pichegru et Lajollais. Georges et Pichegru, arrivés à Paris, voient le général Moreau. On connoît le lieu, le jour, l'heure où la première conférence s'est tenue. Un second rendez-vous étoit convenu, et ne s'est pas réalisé. Un troisième, un quatrième ont eu lieu dans la maison du général Moreau. Cette présence de Georges et de Pichegru à Paris, ces conférences avec le général Moreau sont constatées par des preuves incontestables et multipliées. Les traces de Georges et de Pichegru sont suivies de maison en maison. Ceux qui ont aidé à leur débarquement, ceux qui, dans l'ombre de la nuit, les ont conduits de poste en poste, ceux qui leur ont donné asile à Paris, leurs confidens, leurs complices, Lajollais, leur principal intermédiaire, le général Moreau, sont arrêtés. Les effets et les papiers de Pichegru sont saisis, et la police suit ses traces avec une grande activité.

« L'Angleterre vouloit renverser le gouvernement, et croyoit ne pouvoir y parvenir que par l'assassinat du premier consul, en couvrant ce forfait de l'ombre d'un homme que défendoit encore le souvenir de ses services.

« Je ne donnerai point de plus grands développemens à ce rapport. J'ai déposé toutes les pièces ; vous ordonnerez que toutes soient mises sous les regards de la justice. Je dois ajouter que les citoyens ne doivent concevoir aucune inquiétude. »

La lecture de ce rapport, chef-d'œuvre d'iniquité, produisit au Sénat, déjà préparé à l'entendre, l'effet qu'on pouvoit s'en promettre. On s'épuisa en témoignages d'intérêt pour le premier consul, et d'horreur pour les brigands. On étoit loin alors d'imaginer que plusieurs de ces *brigands* siégeroient un jour à la Chambre des pairs avec ceux qui les flétrissoient de ce nom, que le grand-juge lui-même seroit fier de s'y asseoir à côté d'eux.

Le Corps législatif n'affecta pas moins de surprise, de douleur et d'indignation que le Sénat. M. de Fontanes, élevé depuis peu à la dignité de président, avec un traitement de 100,000 francs, un nombreux domestique et le palais d'un Bourbon pour demeure, déploya dans cette circonstance toutes les ressources de cette éloquence humble, flexible, caressante, qui lui assuroit la faveur du premier consul.

« Au premier bruit de la conjuration qui a
« menacé des jours si utiles et si chers à la
« patrie, tous les membres du Corps législatif
« ont été saisis de douleur et d'indignation.
« Celui qui étoit l'objet de tant d'inquiétudes,
« de vœux et d'amour, n'a point ignoré nos
« sentimens. Il a su que nos cœurs se contrai-
« gnoient avec peine, et n'attendoient qu'un
« signal pour les manifester. »

« Que de tristes pensées fait naître l'étrange
« assemblage de ces personnages si divers ac-
« cusés du même crime ! Comment un nom
« célèbre se trouve-t-il associé au nom de quel-
« ques vils assassins ! Un guerrier qu'on estima
« long-temps a-t-il pu manquer de respect à sa
« propre gloire ? Si la patrie s'afflige en voyant
« passer dans les rangs de ses ennemis un de
« ses plus grands défenseurs, qu'elle se con-
« sole et s'applaudisse en voyant celui dont
« elle reçoit sa vraie gloire, sa sûreté et son
« bonheur, échapper au plus horrible des
« complots.

« Le danger qu'a couru le chef du gouver-

« nement n'aura fait qu'augmenter sa force,
« en avertissant tous les intérêts de se réunir
« plus fortement autour de lui. Le projet d'un
« grand crime ne tournera qu'à la confusion
« de l'Angleterre, qui l'a conçu, et fera mieux
« sentir le besoin d'appuyer de plus en plus
« les destinées de ce vaste empire sur la co-
« lonne qui le porte tout entier. »

Ce discours avoit été convenu la veille avec Buonaparte, et cette dernière phrase étoit jetée adroitement pour disposer la nation à voir son premier consul s'asseoir sur le trône des Bourbons.

Treilhard, ancien membre de l'Assemblée constituante, ancien membre de la Convention, où il avoit voté la mort du roi, ancien membre du Directoire, et maintenant servile conseiller du premier consul, se rendit au Tribunat pour y faire la même communication qu'au Sénat et au Corps législatif. Le frère du général Moreau étoit membre de cette chambre; il ne put entendre le rapport et l'expression des sentimens qui en furent la suite, sans une vive émotion.

« Je ne saurois voir, s'écria-t-il, sans la plus
« profonde douleur, l'opiniâtre et noire mé-
« chanceté avec laquelle on s'attache depuis
« si long-temps à calomnier un homme qui a

« rendu tant de services à la république, et
« qui n'a pas même en ce moment la liberté
« de se défendre. Mais je le déclare au Tri-
« bunat, qui m'entend, à la nation toute en-
« tière, à l'Europe, témoin des triomphes de
« mon frère, il est innocent des crimes atroces
« qu'on ose lui imputer. Qu'on lui donne les
« moyens de se justifier, et il se justifiera. Je
« demande en son nom, au mien, au nom de
« toute sa famille éplorée, au nom de son
« pays, qu'il a servi avec tant de gloire, qu'on
« donne à son jugement toute la solennité
« qu'exige une si grande accusation.

« Je demande surtout qu'il soit jugé par
« ses juges naturels, et j'affirme que tout ce
« qu'on a dit ici n'est qu'un tissu d'infâmes ca-
« lomnies. »

Il étoit évident, en effet, que le rapport du grand-juge étoit chargé de grossiers mensonges. Les débats ne tardèrent pas à démentir ce qu'on y disoit des conférences du général Moreau avec Georges ; et quoiqu'on affirmât que la police avoit suivi de maison en maison les traces du général vendéen et de Pichegru, il devint constant qu'elle ne les auroit point atteints s'ils n'avoient été indignement trahis, le premier par un de ses compagnons d'armes, le second par un misérable qui l'avoit fait sortir de son asile pour l'attirer chez lui et le livrer à la police.

Le discours qu'on vient de rapporter commençoit à faire une vive impression sur le Tribunat, lorsque Treilhard reprit la parole, se plaignit que l'orateur eût manqué de respect aux conseils du premier consul et à ses envoyés; et pour détruire l'effet de son discours et calmer les esprits, promit que le général Moreau, ses parens, ses amis, auroient toute latitude pour faire valoir ses moyens de défense.

Quelques heures après, le courageux tribun et le secrétaire du général étoient en prison, et le lendemain le Sénat, prostituant tout ce que les lois, le devoir et l'honneur ont de plus sacré, rendit un décret qui supprimoit le jury, et livroit les accusés à un tribunal spécial.

Ici va commencer une série d'actes de lâcheté, d'adulation et de servitude qu'on ne sauroit comparer qu'à ces temps d'opprobre où le plus vil des sénats félicitoit Néron sur le meurtre de sa mère, où le lâche et cruel Domitien le mandoit dans son palais pour délibérer sur la sauce à laquelle il convenoit d'accommoder un surmulet.

Buonaparte répondit à la députation du Sénat : « Depuis le jour où je suis arrivé à la su-

« prême magistrature, un grand nombre de
« complots ont été formés contre ma vie. Nourri
« dans les camps, le danger ne m'inspire au-
« cune crainte; mais je ne saurois me défendre
« d'un sentiment pénible, en pensant à la si-
« tuation où se trouveroit ce grand peuple, si
« le dernier attentat avoit pu réussir. J'ai de-
« puis long-temps renoncé aux douceurs de
« la condition privée. Le Ciel veillera sur la
« France. Ce que je veux que le peuple fran-
« çais sache bien, c'est que l'existence sans sa
« confiance et son amour seroit pour moi sans
« consolation, et n'auroit plus aucun but. »

Le président du Corps législatif se surpassa encore dans le discours qu'il adressa au premier consul, à la tête de sa compagnie :

« Quel Français, quel homme sage veut re-
« tourner en arrière ? Oui, j'en atteste la
« France toute entière, elle ne voit son salut
« que dans vous; elle ne veut reprendre dans
« l'ordre des choses passées que ce qui sera
« jugé par vous-même utile et nécessaire à
« l'ordre présent. Un grand exemple doit être
« donné. Une poignée de brigands va rendre
« compte de tous les maux qu'elle préparoit
« en voulant nous enlever l'auteur de toutes
« nos prospérités. On est frappé de terreur en
« songeant qu'un poignard dans la main d'un

« scélérat obscur, pouvoit abattre un grand
« homme, et mettre en deuil tout l'empire, dont
« il est l'appui.

« Les mers les plus infidèles ont respecté
« votre retour. Des mains exécrables prépa-
« rent contre vous des machines qui lancent
« la destruction et la mort, et les flammes du
« volcan allumé pour vous perdre expirent à
« vos pieds. Enfin, l'œil de ce même génie
« qui veille sans cesse autour de vous dé-
« couvre dans les conseils de Londres une
« conspiration nouvelle, et les auteurs, à
« peine descendus en France, sont saisis et
« enchaînés.

« Tous les crimes seront inutiles contre une
« vie si miraculeusement protégée. Rien, ci-
« toyen premier consul, n'interrompra vos
« desseins; vous suivrez tranquillement le
« cours de vos destinées, qui semblent en-
« traîner celles de l'univers. La nouvelle épo-
« que du monde que vous devez fixer, aura le
« temps de recevoir de vous son éclat, son in-
« fluence et sa grandeur. »

A peine l'ordre du jour du général Murat
étoit-il affiché, que les adresses de félicitation
arrivèrent de toutes parts; ce fut un évêque
qui donna le premier signal : « Je ne puis,
écrivit-il à Murat, retenir plus long-temps

l'expression des sentimens de douleur et d'indignation que m'a fait éprouver le tableau énergique que vous avez tracé des dangers qu'a courus le héros que le Ciel a donné à la France et à l'Eglise pour leur bonheur et leur gloire. Continuez, illustre général, de veiller sur des destinées aussi précieuses. » Le prélat qui s'exprimoit ainsi étoit l'évêque de Coutance.

Les généraux ne pouvoient rester au-dessous de ces témoignages empressés de dévouement. On leur avoit à l'avance envoyé des adresses toutes rédigées, et l'on avoit mis dans cet envoi une si grande précipitation, que le jour même où le grand-juge faisoit son rapport au premier consul, avant qu'il pût être connu de personne, on avoit déjà une lettre du général Baraguey-d'Hilliers, où il se félicitoit, avec son armée, que le bon génie de la France eût soustrait la tête du premier consul aux poignards des assassins; il terminoit cette adresse par ces mots: « *Vengeance, citoyen premier consul! vengeance! vengeance par nos baïonnettes! Puissions-nous mourir tous pour vous conserver à la France.*

L'adresse de l'armée de Saint-Omer arriva le 19 février, et le rapport du grand-juge étoit du 17.

On ne sauroit rapporter sans un profond

sentiment de mépris le texte de ces monumens d'adulation, dont presqu'aucun n'émanoit du général dont il étoit signé.

Mais le clergé de Valogne enchérit sur le style même de la chancellerie de Buonaparte; ce clergé s'écrioit : « Attenter à la vie du pre-
« mier consul, c'est nier l'existence de Dieu
« et braver sa foudre ! »

On s'étonnoit néanmoins que des officiers-généraux connus par la modération de leur caractère et la sagesse de leurs principes, s'oubliassent jusqu'à insulter des princes qu'ils avoient servis autrefois, et dont ils devoient au moins respecter le malheur. Un d'eux, siégeant aujourd'hui dans le conseil du prince, ne craignoit pas d'écrire :

« L'armée verra avec la plus grande indi-
« gnation que le général Moreau, qui lui-
« même proclama la trahison de Pichegru,
« ait souillé sa gloire jusqu'à s'associer non
« seulement avec ce général transfuge soldé
« par l'ennemi, *mais qu'il se soit avili jus-
« qu'à servir ces princes armés contre leur
« pays*, et portant comme eux, depuis plu-
« sieurs années, la cocarde anglaise. »

Toute la haine du premier consul pour l'Angleterre respiroit dans celle du général Andréossy. Cet officier, comme s'il eût oublié

qu'il arrivoit d'un pays où il avoit été comblé d'égards et de distinction, s'écrioit : « Détrui-
« sons ce repaire du crime ! c'est par le fer et
« par le feu qu'il faut purifier cette terre impie
« qui nourrit et soudoie les plus vils scélérats! »

Ce langage étoit celui de presque toutes les autorités civiles et militaires. On eût dit que la France toute entière avoit oublié ses anciens rois, qu'elle fût prête encore à les sacrifier sur les autels de la révolution, et qu'elle ne vît pour elle-même de salut que dans Napoléon Buonaparte.

L'archevêque de Paris publia un mandement et ordonna des prières publiques pour remercier le Ciel d'avoir sauvé miraculeusement la vie du héros également précieux à la France et à l'Eglise. Cet exemple fut suivi dans tous les diocèses, et l'on ne vit point comme aujourd'hui de curés refuser leurs prières au chef de l'Etat, quoiqu'il eût consacré, par le concordat et les lois constitutionnelles, la vente des biens du clergé.

Cependant tout prenoit à Paris un aspect effrayant. Un décret du Sénat défendit, sous peine de la vie, de donner asile aux généraux Cadoudal et Pichegru, menaça de la même peine ceux qui, les ayant reçus, ne viendroient pas faire leur déclaration, enjoignit à tout propriétaire ou principal locataire de maison de dénoncer à la police toute personne étrangère reçue comme parent ou comme ami.

Dans l'intérieur, les postes étoient doublés; des nuées d'espions circuloient dans tous les quartiers, observoient toutes les maisons. Au dehors, les barrières étoient fermées; de vingt en vingt pas, des piquets de gendarmerie gardoient les murailles. Tout ce qui entroit, tout ce qui sortoit de la ville étoit scrupuleusement observé; on fouilloit les voitures, on faisoit décharger celles qui paroissoient suspectes; même surveillance sur la rivière. Paris présentoit l'aspect d'une ville assiégée. L'inquiétude et la terreur agitoient tous les esprits. On prononçoit avec effroi le nom du duc de Berry, que l'on disoit arrivé secrètement à Paris. Les départemens maritimes n'étoient guère plus tranquilles.

Dès le jour où le malheureux Querelle avoit fait ses premières révélations, le général Savary, colonel de la gendarmerie d'élite, étoit parti pour surveiller les côtes de l'Ouest, et surprendre, à l'aide des signaux dont on avoit le secret, les imprudens qui pourroient tenter un nouveau débarquement. Mais il n'étoit pas parti seul; on assura alors qu'il avoit pour auxiliaires deux officiers qui s'étoient chargés de lui indiquer les personnes et les lieux les plus suspects. Ils avoient servi, dans la Vendée, l'un pour la république, l'autre pour le roi. Cachons leurs noms; ils sont aujourd'hui honorés comme fidèles sujets du roi, comme d'ardens zélateurs de la monarchie; ne troublons pas leur repos.

La mission du général Savary se termina sans nouveau malheur pour la cause royale. Le sous-préfet d'Abbeville et lui saisirent des ballots, des chiffres et des correspondances qui compromettoient fortement, il est vrai, l'abbé Ratel; mais il parvint à se soustraire à leurs recherches (1). Des commissions militaires étoient établies dans tous les ports, sur tous les points où l'on pouvoit soupçonner que les conjurés avoient des intelligences. Le jour même où l'on arrêtoit le général Moreau à Paris, celle de Brest fit fusiller un malheureux Vendéen nommé *Marchand,* qu'on accusoit d'avoir cherché à mettre le feu à un vaisseau dans le port.

---

(1) L'abbé Ratel étoit un des agens de la maison de Bourbon; il fut calomnieusement impliqué dans la conspiration du 3 nivose et dans celle de Georges; il dirigeoit alors l'agence anglaise à Abbeville; il se sauva à temps en Angleterre.

Cependant, Réal ayant rendu compte des interrogatoires et des réponses du frère de Moreau et de son secrétaire, Buonaparte ordonna qu'on les mît en liberté, en disant : « S'il s'agissoit d'un coup d'Etat ou d'une de « ces mesures dans lesquelles il ne faut pren- « dre conseil que de la nation, nul doute que « les conspirateurs n'eussent été arrêtés, tra- « duits devant une commission *et exécutés* « *dans la même nuit.* » Mot farouche et remarquable, qui eut bientôt son application à Vincennes.

On ne négligeoit rien à Paris pour entretenir la terreur du public et justifier les actes de violence auxquels on se livroit tous les jours. On publioit des extraits de journaux anglais fabriqués en France, où l'assassinat du premier consul étoit publiquement conseillé, et proclamé comme très-prochain. On citoit une affiche placardée le 30 janvier dans toute la ville, qui commençoit par ces mots : « L'assassinat de Buonaparte et la restaura- « tion de Louis XVIII devant arriver, la « plupart des Français s'en retourneront en « France, ce qui engage l'auteur de cette af- « fiche à offrir ses services en qualité de maître « de langue. »

Et pour rendre la citation plus claire, on

avoit soin d'ajouter qu'un grand nombre d'émigrés enseignoient à Londres la langue française.

On ne rougissoit pas de souiller le journal officiel des plus grossières impostures; on y disoit, par exemple : « Les personnes qui ar-
« rivent d'Angleterre rapportent que, depuis
« quinze jours, on ne cesse d'annoncer à la
« Bourse que le premier consul vient d'être
« assassiné; on y nomme publiquement Geor-
« ges, Pichegru et Moreau. »

Le moindre examen suffisoit pour démontrer l'absurdité de ces bruits; mais ils faisoient impression sur la multitude. Elle ne réfléchissoit pas que si, le 30 janvier, on eût répandu une pareille affiche, c'étoit le moyen le plus infaillible de mettre en sûreté les jours du premier consul. Mais on vouloit, par tous les moyens possibles, accabler le général Moreau; et depuis le jour de son arrestation, tout ce qu'on fit insérer dans *le Moniteur* sur la conjuration, à l'exception des pièces officielles, ne fut qu'un tissu de lâches impostures dirigées contre cette grande victime (1).

---

(1) Le docteur O'Meara a écrit que, dans une de ses conversations avec Buonaparte, l'ex-empereur lui dit en parlant du général Moreau : « Lorsqu'on vint

Chaque jour étoit signalé par quelques nouvelles arrestations; mais les deux personnages auxquels Buonaparte attachoit le plus d'importance étoient encore libres. La police prit un parti décisif; elle fit afficher dans toutes les rues de Paris les noms des conjurés, qu'elle qualifioit de *brigands*, et fit promettre une récompense de 100,000 francs à quiconque livreroit Georges et Pichegru. Ce moyen réussit; l'appât d'une grosse somme fit des traîtres. Le général Pichegru, après avoir d'abord logé chez Georges, au quai de Chaillot et à la rue du Puits-de-l'Hermite, s'étoit retiré chez un ancien entrepreneur des transports militaires, nommé *Rolland*, avec lequel il avoit eu des liaisons d'amitié. Mais cet asile n'étoit point sûr; Rolland en chercha un

---

« l'arrêter, son acte d'accusation lui fut remis. Il y
« étoit accusé d'avoir conspiré contre la vie du premier
« consul et la sûreté de la république, de complicité
« avec Georges et Pichegru. En lisant ces noms, le pa-
« pier lui échappa des mains, et il s'évanouit. »

Ces faits ne méritent aucune confiance. Jamais, en arrêtant un prévenu, on ne lui a remis son acte d'accusation; ces sortes de pièces ne sont signifiées à l'accusé que quand l'instruction est complète. Il est certain, d'ailleurs, que le général Moreau soutint son arrestation avec beaucoup de calme et de fermeté.

autre, et confia son secret à un nommé *Le-blanc*, qui avoit un pied-à-terre rue de Chabanais. Pichegru s'y retira, et la nuit même (28 février), la maison de Leblanc fut enveloppée par la gendarmerie d'élite. Un des plus déterminés agens de la police, nommé *Comminge*, monta avec six hommes à la chambre du général, qui dormoit paisiblement. Au bruit des gendarmes, il se leva; et comme il étoit brave et fort, il lutta long-temps contre ses adversaires; enfin, vaincu par le nombre, il succomba, fut lié et emporté dans ses couvertures. Personne ne douta qu'il n'eût été livré par Leblanc.

Quelques jours après, le marquis de Rivière et les comtes de Polignac tombèrent entre les mains de la police. Le marquis de Rivière portoit sur lui un portrait du comte d'Artois, avec ces mots : *A mon fidèle aide-de-camp de Rivière, pour les voyages périlleux qu'il a faits pour mon service.*

Rolland avoit été arrêté le 15 février; mais Georges bravoit encore toutes les poursuites de la police; une nouvelle trahison le livra. Il avoit pour ami, pour confident de ses pensées, pour compagnon de ses entreprises, Léridan, homme actif, entreprenant, incapable, en apparence, de manquer d'honneur; il passa pour constant alors que ce fut lui qui indiqua Georges à la police : celui-ci, instruit que Picot, son domestique, avoit été arrêté le 8 février chez le cabaretier de la rue du Bac, et craignant quelque foiblesse de sa part, se hâta de quitter sa retraite pour en chercher une autre rue de la Montagne-Sainte-Geneviève; c'étoit là qu'il logeoit lorsqu'il monta dans un cabriolet de place, à sept heures du soir, avec Léridan, pour changer de domicile. La police, instruite de tous ses mouvemens, suivoit ses traces; deux de ses agens se présentèrent pour l'arrêter, l'un à la tête du cheval, l'autre auprès du cabriolet; il les abattit l'un l'autre de deux coups de pistolet; le dernier tomba mort, et l'autre grièvement blessé. Un chapelier, des garçons bouchers et deux particuliers nommés *Coqueluit* et *Langlumé* se jetèrent sur Georges et son compagnon, et parvinrent à les arrêter. On trouva sur lui 60 à 80,000 francs en billets de banque et lettres de change. On remarqua que Léridan n'étoit point sur la liste imprimée des brigands. Georges étoit d'une corpulence énorme et d'une figure facile à reconnoître; son signalement étoit partout (1). C'étoit une impru-

---

(1) Il étoit affiché dans toutes les rues; il portoit :

dence d'autant plus grande de se confier à un cabriolet de place, que l'on avoit promis une récompense à tous les cochers de louage qui découvriroient quelqu'un des conjurés. Mais il se laissa persuader par son perfide ami, et ne tarda pas à payer de sa tête cet excès de foiblesse.

Ainsi fut perdue une conjuration formée depuis près d'un an, et sur le succès de laquelle on n'avoit aucun doute. Tout fut mal conçu et mal conduit. Mal conçu, parce qu'on n'étoit pas encore sûr des dispositions du général Moreau; et qu'en supposant que le général Moreau eût voulu se mettre à la tête de la conjuration, il n'étoit pas prêt pour la faire réussir. Buonaparte comptoit autour de lui une foule d'officiers et de soldats fanatiques et dévoués; il avoit eu soin d'envoyer périr aux Antilles les corps les plus attachés à son rival de gloire; il avoit écarté tous les régimens qui avoient refusé de donner leur signature pour le consulat à vie. La Vendée n'avoit plus de

---

Trente-quatre ans, cinq pieds quatre pouces, extrêmement puissant et ventru, sa tête très-remarquable par sa prodigieuse grosseur, le nez écrasé et comme coupé par le haut, un œil sensiblement plus petit que l'autre, menton renfoncé, favoris presque roux.

corps armés; aucun des grands moyens nécessaires n'étoit donc prêt. Ces réflexions ne devoient point échapper à ceux qui avoient conçu le complot; mais une femme s'en étoit fait en quelque sorte le chef, et les femmes n'aiment pas à mesurer les conséquences. Mme de P. comptoit tellement sur le succès, qu'elle n'hésita pas à faire entrer ses neveux dans cette malheureuse affaire. La conjuration fut mal conduite, parce qu'on perdit un temps précieux en délibérations, et que, parmi tant de conjurés, il étoit impossible qu'il ne se trouvât pas un imprudent ou un traître. On ne pouvoit pas s'attendre que Moreau, homme froid, réfléchi, accoutumé à tout calculer, se décidât tout à coup. Il proposa un plan plus sage, mieux conçu que celui de Georges. Il s'agissoit, en supposant que Buonaparte disparût, de ménager un passage de la république à la monarchie, en lui confiant, à lui, la dictature pour quelque temps; ses lenteurs, ses hésitations s'accommodoient peu avec le caractère impétueux de Pichegru, qui, fatigué de ces irrésolutions, s'écria un jour en style de garnison: *Je crois que ce b.....-là veut travailler pour lui-même!* Enfin, il est probable que les princes et les fidèles serviteurs qui se dévouèrent pour leur cause furent dupes des artifices de Buonaparte pour les attirer en France : ce qui pourroit le prouver, c'est que, près d'un mois avant que le général Moreau fût arrêté, le ministre qui présenta au Corps législatif l'exposé de la situation de la France, dit :

« Le gouvernement britannique tentera de
« jeter, et peut-être il a déjà jeté sur nos côtes,
« quelques-uns de ces monstres qu'il a nourris
« pendant la paix pour déchirer le sol qui les
« a vu naître; mais ils n'y trouveront plus
« ces bandes impies qui furent les instrumens
« de leurs premiers crimes. L'expérience a
« éclairé les esprits ; la sagesse des lois et
« de l'administration a réconcilié tous les
« cœurs (1). »

Buonaparte vouloit, d'ailleurs, à tout prix se défaire de Georges, et faire tomber dans ses piéges les princes qui s'étoient retirés en Angleterre; leur présence sur une terre si voisine l'importunoit; chaque jour amenoit sur le territoire français quelque sujet fidèle à leur cause qui venoit essayer de rallumer l'amour du peuple pour ses anciens rois. Le caractère pacifique de Louis XVIII, à Varsovie, ne lui donnoit aucune inquiétude, et il avouoit quelquefois, dans ses conversations,

---

(1) *Moniteur* du 17 janvier.

que jamais ce prince n'avoit tenté de le renverser par des moyens violens. Sa police ne négligeoit rien pour servir ses passions et calmer ses soucis. Dans le cours de l'année 1803, elle avoit fait passer à Londres trois espions nouveaux chargés particulièrement de la perte de Georges. Ces hommes, choisis dans la classe des ouvriers, parvinrent à s'insinuer dans la confiance des émigrés, et surtout des officiers vendéens réfugiés en Angleterre. Sur leurs délations, M. Otto d'abord, et le général Andréossy ensuite, eurent ordre de demander au gouvernement anglais l'extradition de Georges; mais les dénonciations produites contre lui n'étant appuyées d'aucune preuve, le ministère britannique refusa de le livrer. Il fallut donc recourir à d'autres moyens. La police ajouta de nouveaux agens à ceux qu'elle avoit déjà employés, et le plus habile fut Méhée de la Touche, homme fort connu dans la révolution, propre à jouer tous les rôles, à prendre tous les masques. Aidé de ses complices, il parvint à persuader aux conseils des princes et aux ministres anglais, que tous les partis étoient réunis en France pour abattre le premier consul; que les républicains, las de sa tyrannie, étoient prêts à se joindre aux royalistes pour rendre aux Bourbons ce sceptre qu'ils avoient tenus toujours avec tant de douceur et de dignité; qu'enfin royalistes et jacobins s'écrioient également : *La république ou les Bourbons, les Bourbons ou la république.* Ces mots, souvent répétés, ne tardèrent pas à exalter les esprits; on crut qu'il ne s'agissoit que de se montrer pour détrôner Buonaparte; et malheureusement les royalistes de l'intérieur, consultant plutôt leur imagination que leur jugement, et les apparences que la réalité, se berçoient dans les mêmes illusions, et les confirmoient par leurs correspondances. Ainsi, tout tendoit à égarer les princes; et Buonaparte, instruit de leurs dispositions, ne doutoit pas qu'ils ne vinssent bientôt se perdre eux-mêmes. Ce que le docteur O'Meara fait dire à Buonaparte sur l'espionnage qu'il entretenoit en Angleterre, n'est pas sans intérêt ni dénué de toute vérité :

« Pendant la guerre avec vous, toutes les nouvelles que je recevois d'Angleterre me parvenoient par les contrebandiers. Ce sont des gens redoutables qui ont le courage et l'adresse de tout faire pour de l'argent; une partie de Dunkerque leur étoit consacrée. Mais comme ils se livroient souvent à la débauche et insultoient tout le monde, j'ordonnai qu'on préparât Gravelines pour les recevoir. Ils avoient un petit camp hors duquel il leur étoit défendu de sortir. Il fut un temps où plus de cinq cents contrebandiers étoient réunis à Dunkerque. J'avois par eux tous les renseignemens que je pouvois désirer ; ils apportoient les journaux et les dépêches des émissaires que nous avions à Londres ; ils emmenoient des espions de France, les débarquoient et les tenoient dans leurs maisons pendant quelques jours, ensuite il les dispersoient dans le pays, et les ramenoient lorsque cela étoit nécessaire. La police avoit à sa solde un certain nombre d'émigrés français qui lui donnoient constamment des renseignemens sur les actions du parti vendéen, de Georges et autres, lorsqu'ils se préparoient à m'assassiner. Tous leurs mouvemens m'étoient connus. La police avoit aussi à sa disposition plusieurs Anglais, dont quelques-uns étoient de haute qualité, et surtout beaucoup de dames. Parmi ces dernières, il s'en trouvoit une d'un rang très-élevé qui fournissoit des renseignemens précieux, et qui recevoit quelquefois par mois jusqu'à 3000 livres sterling. Ces contrebandiers traversoient le canal dans des bateaux qui n'étoient pas plus large qu'une baignoire. Il étoit réellement étonnant de les voir défier en passant vos vaisseaux de 74. Il est probable qu'ils vous portoient aussi des journaux français, et qu'ils espionnoient également en France pour votre compte; mais ils ne pouvoient pas vous porter beaucoup de nouvelles. Ils emportoient annuellement de France pour 40 ou 50 millions de soieries et d'eau-de-vie. Ils aidoient les prisonniers français à se sauver d'Angleterre.

« Les parens de ces prisonniers se rendoient à Dunkerque et faisoient marché avec eux. Il ne leur falloit que le nom, l'âge et un signe particulier au moyen duquel le prisonnier pût avoir confiance en eux. Généralement ils effectuoient sa délivrance en peu de temps; car, pour des hommes de cette espèce, ils remplissoient leurs engagemens avec honneur et loyauté. Plusieurs fois ils offrirent d'enlever quelques-uns des membres de la famille des Bourbons, et de les amener en France pour une somme d'argent; mais il eût fallu stipuler que, s'ils rencontroient quelqu'obstacle, il leur seroit permis de les massacrer, et je ne voulus jamais y consentir. »

M. de Las Cazes prête à peu près le même langage à Napoléon. « Au fort de la crise de Georges et de Pichegru, dit l'ex-empereur, assailli d'assassins, on crut le moment favorable pour me tenter, et l'on renouvela l'offre contre celui que la voix publique, en Angleterre comme en France, mettoit à la tête de ces horribles machinations. Je me trouvois à Boulogne, où le porteur de paroles étoit parvenu. J'eus la fantaisie de m'assurer par moi-même de la vérité et de la contexture de la proposition; j'ordonnai qu'on le fît paroître devant moi. « Eh bien! monsieur, lui dis-je en le voyant. — Oui, premier consul, nous vous le livrerons pour un million. — Monsieur, je vous en promets deux, mais si vous me l'amenez vivant. — Ah! c'est ce que je ne saurois garantir, balbutie l'homme, que le ton de ma voix et la nature de mon regard déconcertoient fort en ce moment. — Eh! me prenez-vous donc pour un assassin? Sachez, monsieur, que je veux bien infliger un châtiment, frapper un grand exemple, mais que je ne cherche pas un guet-à-pens. »

Et cependant il le chercha; et cependant, peu de jours après, il s'en rendit coupable; car quel autre nom peut-on donner au lâche attentat qui souilla les murs de Vincennes?

Suspendons le récit de la conjuration, pour nous occuper de ce désastreux évènement. Mais avant de tracer le tableau sanglant de cette funeste tragédie, il faut, pour jeter plus de jour sur les machiavéliques intrigues du gouvernement de Buonaparte, il faut rendre compte de celles qu'il nouoit en même temps en Allemagne; elles se joignent naturellement au sujet, et ne sont entrées que pour une trop grande part dans le drame lugubre qui va nous occuper (1).

---

(1) Lorsqu'en 1815 Méhée de la Touche osa présenter des remontrances au roi, le journal anglais le *Times* en exprima ainsi son étonnement :

« Nous ne pouvons concevoir qu'un personnage « comme M. Méhée de la Touche ose encore se mon-« trer sur la scène politique : c'est aux artifices de cet « odieux espion (*hatefull spy*) qu'on doit attribuer en « partie l'exil de Moreau, le massacre de Georges et « de Pichegru, ainsi que l'assassinat du duc d'Enghien ! « Ce monstre a osé reprocher au roi de France les « honneurs que la piété fraternelle de ce monarque a « rendus à la mémoire de l'infortuné Louis XVI. En « vérité, nous ignorons jusqu'où peut aller la patience « des Français; mais en Angleterre, il seroit difficile « de retenir l'indignation du peuple, si un homme aussi « infâme osoit se promener dans les rues. » (*Mémoire pour le sieur Gueffier contre le sieur Méhée*, p. 54. Paris, 1815.)

CHAPITRE IX.

Mission de Méhée de la Touche auprès de sir Drake, ambassadeur anglais à la cour de Bavière, et de l'adjudant Rosey auprès de sir Spencer Smith, ambassadeur à la cour de Wurtemberg.

Parmi les hommes qui, dans le cours de la révolution, avoient joué les rôles les plus variés, et presque toujours les plus criminels ou les plus honteux, il en étoit un du nom de *Méhée de la Touche*, que l'on avoit vu successivement se produire dans le monde comme gentilhomme, jacobin, thermidorien, homme de lettres, diplomate et journaliste. Il étoit fils d'un habile chirurgien, avoit fait de bonnes études, et pouvoit, par son esprit et ses talens, se distinguer dans une carrière honorable, s'il n'eût préféré celle de l'intrigue. Il se fit d'abord appeler *le chevalier de la Touche,* passa sous ce nom en Pologne et en Russie, y résida quelque temps, et s'en fit, dit-on, expulser pour ses doctrines révolutionnaires. De retour en France, il se lia à Paris avec les plus fanatiques partisans de la république, et fut nommé secrétaire adjoint de cette horrible commune du 10 août 1792, qui commença le régime de la terreur par le massacre des prisons. S'il n'y prit pas part, il ne recula pas du moins devant ces sanglantes exécutions, il n'en redouta pas le spectacle, et l'on trouve son nom à la suite des membres de cette commune qui ordonnèrent et payèrent ces assassinats. On lui a depuis cette époque reproché, dans des écrits publics, d'avoir encore, tout fumant des boucheries des Carmes et de Saint-Firmin, adressé à la section du Panthéon une lettre où il protestoit de son patriotisme dans les termes suivans : « Si jamais ce qu'on « appeloit *un roi*, ou quelque chose de sem- « blable, ose se présenter en France, et qu'il « vous faille quelqu'un pour le poignarder, « veuillez m'inscire au nombre des candidats. « Voici mon nom, MÉHÉE. » Cependant, soit qu'il ait abandonné de lui-même la commune, soit que la commune se soit défait de lui, son nom n'apparoit plus depuis ce temps sur les registres de cette sanguinaire compagnie. Il sembla même pendant quelque temps vouloir effacer cette tache en se déclarant, après la chute de Roberspierre, pour le parti des thermidoriens. Il publia à cette époque des pamphlets nombreux contre le régime de la terreur, et contribua beaucoup à son extinction ; il décrivit même avec beaucoup de force et de chaleur les massacres de septembre, dont il prétendit avoir été le témoin. Mais en 1795, il retourna sur ses pas, et se lia avec Réal, fougueux ennemi de la monarchie (1), pour publier un journal qu'ils appelèrent *des Patriotes de* 1789, quoiqu'ils professassent presque toutes les doctrines de 1793. A l'époque de la conspiration de Babœuf, Méhée, lié avec ce fanatique jacobin, et Drouet, son ami, eut d'abord le projet de se faire leur défenseur officieux; mais Drouet ayant pris la fuite, Méhée jugea plus sage pour lui-même d'en faire autant, et se cacha. Le danger passé, il reprit ses liaisons avec les plus ardens républicains, ce qui lui valut d'être successivement employé au ministère de la guerre et à celui des relations extérieures, où il ne fit pas long séjour. Quand la journée du 18 brumaire eut abattu ce parti, il essaya de

---

(1) Si l'on en croit les journaux du temps, depuis la mort de l'infortuné Louis XVI, il ne manquoit jamais, le 21 janvier de chaque année, d'inviter ses amis à venir manger avec lui *une tête de cochon :* allusion aussi grossière que féroce !

le soutenir en prenant la rédaction du *Journal des hommes libres*. Mais Buonaparte n'étoit pas homme à se laisser braver; le *Journal des hommes libres* fut supprimé; et Méhée ayant continué d'exhaler sa haine contre les rois et les prêtres, dans un écrit intitulé *l'Antidote*, Buonaparte le fit arrêter en le qualifiant de *septembriseur* (1). Méhée réclama, fut transféré à Dijon, puis à l'île d'Oléron, dont il parut s'être échappé en 1803; mais on soupçonna que son ami Réal avoit obtenu sa grâce à des conditions dont le secret ne tarda pas à se dévoiler. Il vint à Paris, y resta quelques jours, partit pour Guernesey, persuada au général Doyle qu'il avoit des secrets importans à dévoiler, en obtint de l'argent, et se rendit en Angleterre comme une victime de la tyrannie de Buonaparte. Il ne se donna point pour royaliste, l'imposture eût été trop facilement dévoilée; il se présenta comme

---

(1) « Un journal qui s'intituloit *l'Antidote* a été supprimé par un arrêté du premier consul, contresigné Méhée, le même qui avoit signé les massacres de septembre. Ce journal étoit plein de ces maximes affreuses qui ont produit tant de maux, et qui pour jamais ont cessé de régner en France. » (*Moniteur* du 22 thermidor an IX.)

un ami de la liberté, comme un ennemi ardent de l'oppresseur de son pays, prêt à travailler à le renverser, et préférant le sceptre paternel des Bourbons aux faisceaux sanglans du premier consul; ses discours firent impression sur les émigrés, toujours prêts à accueillir tout ce qui flattoit leurs illusions. Méhée ayant été mis en prison pour dettes, ils le tirèrent de ce mauvais pas et le recommandèrent au gouvernement anglais. Habile artisan de fraudes, cet industrieux sycophante, qui ne s'étoit produit que sous le nom de *de la Touche*, mentit avec tant d'adresse que les ministres finirent par croire à ses discours; et comme il parloit d'une réunion entre le parti royaliste et le parti républicain, pour renverser Buonaparte, on le regarda comme un homme d'une grande utilité dans les circonstances présentes, et les ministres l'adressèrent à sir Drake, ambassadeur en Bavière, qui entretenoit des intelligences avec quelques royalistes du continent. On regarda comme un chef-d'œuvre d'adresse que le même homme fût chargé de faire mouvoir ensemble les deux partis. La fiction de Méhée consistoit à se dire le chef et le principal correspondant d'un comité de républicains occupés de la chute de Buonaparte, et renonçant à leurs préjugés pour coopérer avec les royalistes à cette œuvre également patriotique et française. Méhée partit d'Angleterre avec des lettres de recommandation, et surtout de l'argent. On lui en donna pour son voyage et pour son comité; il mit l'un et l'autre dans sa poche, comme il le dit lui-même en s'égayant sur cette gentillesse révolutionnaire: « On me « remit 200 louis pour ma route, dont 100 « pour deux mois d'appointement; de plus, « 500 livres sterling pour remettre à mon co- « mité; mais comme ce comité étoit tout en- « tier dans ma tête, je crus pouvoir regarder « cet argent comme arrivé à sa destination. »

Avant de se rendre à Munich, il s'arrêta quelque temps à Hambourg, communiqua avec un agent de Buonaparte, lui confia tout ce qu'il avoit fait en Angleterre, vit des émigrés, les trompa, recueillit des renseignemens, des noms et des aveux, et arriva enfin en Bavière avec ses lettres de recommandation. Son premier soin fut d'annoncer son arrivée à M. Drake : celui-ci fut complètement dupe; il invita le Tartufe à dîner, et entra bientôt en conférence avec lui. On conçoit que Méhée exagéra singulièrement les forces de son parti; on y comptoit des généraux, des hommes d'Etat, des gens pleins de résolution, capables de concevoir comme d'entreprendre.

Heureusement le ministre anglais refusa constamment de s'expliquer sur ses liaisons avec les royalistes. Tous les efforts de Méhée échouèrent contre son obstination. Après quelque temps de séjour, M. Drake jugea qu'il étoit temps d'agir, et renvoya Méhée en France pour mettre en mouvement son comité. Il falloit de l'argent pour le voyage, il en falloit pour se ménager des intelligences dans les bureaux des ministres de France, il en falloit surtout pour le comité : c'étoit un point sur lequel M. Méhée ne s'endormoit jamais. M. Drake promit qu'on ne manqueroit de rien, remit à Méhée 100 louis pour deux mois d'appointemens, 50 pour les frais de son voyage, et fit passer, quelque temps après, 10,000 francs pour le comité. M. Méhée étoit chargé d'instructions. Il devoit se tenir bien secrètement à Paris ou aux environs, prendre toutes les précautions possibles pour communiquer avec son comité et assurer sa correspondance. On lui avoit donné jusqu'à la recette d'une encre sympathique. Le premier soin du comité étoit d'arrêter un plan et de faire connoître ses moyens d'exécution, de prévoir l'époque où il auroit besoin de fonds et d'en fixer à peu près le montant. M. Méhée devoit rédiger un bulletin de tous les faits intéressans qui ne seroient pas consignés dans les journaux, indiquer tous les mouvemens des armées et des ports, de corrompre quelques employés intelligens dans les ministères, pour découvrir les plans du premier consul, séduire un huissier du cabinet, s'assurer d'imprimeurs et de graveurs discrets, pour publier tout ce qui seroit jugé utile au succès de la cause; connoître bien l'état des partis, pour se faire des idées justes sur ce qui arriveroit dans le cas où Buonaparte viendroit à périr; employer tous les moyens possibles pour diviser et désorganiser l'armée. S'il est vrai, comme l'ont dit les ministres de Buonaparte, que ces instructions portassent que M. Méhée devoit aussi gagner quelques employés dans les poudrières pour les faire sauter, la mémoire de M. Drake ne pourroit se soustraire à l'exécration publique. Il est certain du moins qu'il écrivoit dans une de ses lettres : « Il importe peu par qui l'animal soit « terrassé, il suffit que vous soyez tous prêts à « joindre la chasse. » (1)

Muni de ces instructions, M. Méhée de la Touche, qui devoit être dorénavant M. Obrescow, arriva à Paris vers la fin d'octobre de 1803. Il avoit, de son côté, recueilli beaucoup de renseighemens particuliers pendant son séjour à

Munich; et comme il étoit important pour lui de se faire valoir, il est probable que son imagination ne manqua pas d'ajouter la fable à la réalité. Rendu auprès des ministres de Buonaparte, il leur remit toutes les notes qu'il avoit entre les mains, et convint de continuer ses relations politiques avec M. Drake : soit que le plan de ces ministres ne fût pas encore bien arrêté, soit que M. Méhée n'eût pas toute l'habileté dont il se targuoit, ses premiers bulletins parurent fort insignifians. Son encre sympathique cachoit mal son écriture; M. Drake s'en plaignit, et M. Obrescow fit mieux; ce qu'il y avoit de plus intelligible dans sa correspondance étoient les demandes d'argent; il lui falloit 200 louis pour les agens qu'il s'étoit ménagés dans les bureaux, le comité ne pouvoit rien sans argent; et lorsqu'il commenceroit ses opérations, il seroit nécessaire qu'il pût disposer de 200,000 francs par mois. M. Méhée parvint, de cette manière, à tirer de M. Drake près de 200,000 francs.

Mais il étoit un point sur lequel le ministère français avoit surtout à cœur d'obtenir des éclaircissemens. On se croyoit à peu près sûr que M. Drake avoit des intelligences en France : Méhée le pressa dans plusieurs lettres de s'expliquer à ce sujet. Il étoit de la plus haute importance, suivant lui, que le comité républicain pût s'entendre avec le comité royaliste. M. Drake persista dans son silence, et déclara même qu'il n'avoit en France d'autre relation que celle du comité républicain. Mais il fut beaucoup moins discret sur un autre article : la plupart de ses lettres étoient d'une extrême discrétion, il s'exprimoit presque toujours d'une manière énigmatique, et le ministère français vouloit à tout prix le compromettre. Méhée lui écrivit que ce style donnoit au comité des inquiétudes; qu'il étoit nécessaire qu'il s'expliquât plus franchement, qu'un général étoit tout prêt à entreprendre, mais qu'il vouloit être sûr d'un appui. L'ambassadeur anglais donna dans le piége, se plaignit qu'on doutât de ses intentions, et pour en prouver la sincérité, fit passer au général 10,000 francs; un peu plus tard, il envoya encore 10,000 francs; enfin, il fut si complètement dupe, qu'il se mit à composer un plan de campagne, à désigner les points qu'il faudroit occuper, les places qu'il faudrait surprendre, celles dont on devoit s'assurer, et qu'il poussa la crédulité jusqu'à donner le mot de ralliement : *Liberté et paix pour la France et pour le monde.*

En falloit-il davantage au gouvernement de

Buonaparte pour livrer M. Drake à la dérision publique? Cependant il attendit encore; et comme Méhée lui inspiroit à lui-même des défiances, il envoya sur les lieux un homme sûr pour vérifier tout ce qu'il avoit fait, tout ce qu'il avoit dit. Cet homme se nommoit *Rosey;* il étoit capitaine-adjudant-major dans un régiment d'infanterie; il se fit remettre par Méhée, qui alors étoit devenu M. Müller, des lettres de créance pour M. Drake, en fut accueilli avec joie, en reçut de l'argent et des lettres, témoigna au gouvernement français que Méhée ne l'avoit point trompé, fut expédié par M. Drake à sir Spencer Smith, ambassadeur anglais à Stuttgard, en reçut également de l'argent et des lettres, et remit tout à M. Shée, préfet de Strasbourg, qui étoit en correspondance active avec la police de France, et dépositaire de ses instructions, ce qui ne l'empêcha pas depuis de devenir pair de France.

Réal et le gouvernement de Napoléon s'étant assurés que Méhée ne les avoit point trompés, se disposèrent à frapper au-delà du Rhin un coup qui retentît dans l'Europe, frappât de terreur les royalistes, et portât la consternation dans le cœur des princes français; ce fut encore à lui qu'ils confièrent le soin de le préparer; il parcourut les lieux indiqués, prit des notes exactes, les fit passer à Paris, et quand tout fut prêt pour l'expédition méditée, revint à Strasbourg attendre les ordres ultérieurs qui lui seroient donnés; c'est de ses propres écrits qu'on tient ces détails :

« Je revenois, dit-il (1), de faire une petite
« tournée et de visiter les divers rassemble-
« mens d'émigrés et d'agens anglais, lorsqu'on
« me remit le rapport de mon aide-de-camp
« (le capitaine Rosey). J'écrivis à M. Drake,
« avec ma plume de général, une lettre de
« remercîment pour les conseils et l'argent
« qu'il venoit de m'envoyer. Je demandois
« 200,000 francs sur le champ, et qu'on m'en
« apprêtât autant toutes les semaines pendant
« les deux premiers mois de l'insurrection
« que j'allois commencer. Je joignois à cette
« demande l'avis qu'on alloit faire sur la rive
« droite du Rhin une arrestation qui étonne-
« roit toute l'Europe.

« Le temps étoit calculé de manière que
« M. Drake reçût cette lettre à peu près le
« même jour qu'il apprendroit l'arrestation
« d'un soi-disant prince qui croyoit ses crimes

---

(1) *Alliance des jacobins de France avec le ministère anglais*, p. 237 et suiv.

« à couvert sous le manteau de l'hospitalité,
« qu'il violoit lui-même, et de son ancienne
« qualité. »

Déjà M. Drake connoissoit l'arrestation du général Moreau et le rapport du grand-juge sur la conspiration; mais tel étoit son aveuglement que, loin de s'en effrayer, il crut que cette circonstance pouvoit servir au succès de ses desseins; c'étoit, suivant lui, l'occasion d'adresser une proclamation à l'armée, de lui peindre l'ambition démesurée de Buonaparte, et de l'exhorter à venger le héros d'Hohenlinden des fureurs du petit tyran. D'ailleurs la conspiration de Georges étoit toute royaliste, et M. Drake ne comptoit que sur la conspiration républicaine; il se persuadoit même que le complot de Georges étoit une invention de Buonaparte pour détourner l'attention publique des désastres de Saint-Domingue (1).

---

(1) Quoique M. Drake eût des intelligences avec les royalistes d'Allemagne et de France, il ne paroît pas qu'il fût initié dans la conspiration de Georges, et l'on peut à cet égard s'en rapporter, pour cette fois, à ce que dit à ce sujet Méhée dans un petit écrit publié en 1823, sous le titre d'*Extrait de Mémoires inédits sur la révolution française*. « J'ai des raisons, dit-il, de
« douter que M. Drake lui-même ait tenu tous les fils
« de ces complots, et je gagerois qu'il n'a été instruit

Sir Spencer Smith partageoit à Stuttgard les mêmes erreurs; on lui avoit aussi dépêché le capitaine Rosey, qui avoit obtenu de lui tous les renseignemens qu'il désiroit. On leur avoit persuadé, à l'un et à l'autre, qu'un général républicain étoit sur le point de soulever quatre départemens, de s'emparer d'Huningue et de Besançon, délivrer Moreau, Georges et Pichegru, d'attirer à lui l'armée française, d'installer d'abord un directoire démocratique, détruire ensuite ce fantôme d'autorité, et rendre enfin le trône à l'héritier légitime. On s'étonne de trouver tant d'impéritie et de crédulité dans deux agens diplomatiques que leur rang, leur instruction, leur caractère devoient mettre à l'abri de pareilles surprises. Rien n'étoit, en effet, plus facile que de savoir quels étoient M. de la Touche et le capitaine Rosey; il ne s'agissoit que de faire espionner ces espions.

Cependant, près d'arriver au dénouement, M. Drake témoigna quelqu'inquiétude. Le général républicain et le comité étoient-ils bien sûrs de l'armée? Buonaparte n'y conserveroit-il pas assez d'influence pour la maintenir dans

---

« qu'avec toute l'Europe de l'entreprise de Pichegru. » (Page 84.)

le devoir? et dans le cas où l'on en détacheroit une partie, les troupes du premier consul ne seroient-elles pas assez fortes pour marcher contre l'armée insurrectionnelle? Il conseilloit donc d'allécher le soldat par la promesse d'une haute-paie : ce fut là tout ce que lui inspirèrent sa prévoyance et sa sagacité. Le jour approchoit où le grand-juge de Buonaparte alloit jeter un jour terrible sur ces ténébreuses machinations.

Mais on avoit besoin de préparer l'opinion sur ces révélations, et de les réserver pour une époque prochaine où il seroit nécessaire de calmer l'irritation des esprits en exagérant les dangers du premier consul et les desseins criminels de l'Angleterre. On commença donc par remplir les papiers publics d'accusations contre le ministère britannique et ses agens dans les cours étrangères. On publia des lettres de Hambourg où l'on assuroit que le gouvernement anglais avoit dépensé plus de 60 millions pour intriguer dans l'intérieur de la France et au dehors; que MM. Drake à Munich, Spencer Smith à Stuttgard, avoient à cet effet des sommes immenses à leur disposition.

On prétendit que les complots de l'Angleterre s'étendoient jusqu'à Dresde, que là on conspiroit avec les émigrés français pour renverser la république. M. de Massias, ministre de France à Calsrhue, fut chargé de requérir l'extradition d'un particulier nommé *Dumph*, accusé d'entretenir des intelligences avec l'envoyé d'Angleterre à Dresde; et comme le gouvernement français faisoit trembler toutes les puissances inférieures de l'Allemagne, il l'obtint facilement (1).

On arrêta à Metz les personnes qui dissimuloient le moins leur haine pour Buonaparte, en les accusant de complicité avec Georges. Pour rendre en apparence cette conspiration plus menaçante, on supposa qu'elle avoit des ramifications jusqu'en Italie. On fit enlever à Livourne plusieurs négocians, sans demander même l'agrément de la régente d'Etrurie, dont ils étoient sujets. L'ambassadeur de France eut ordre de signifier au pape qu'il étoit chargé de veiller sur la conduite du roi de Sardaigne, et de ne pas souffrir qu'il sortît

---

(1) M. de Massias se conduisit dans ces périlleuses affaires avec un honneur bien rare dans ces temps, et sut conserver l'estime publique lorsque tous les hommes attachés à Buonaparte ne songeoient qu'à se conserver dans sa faveur. Il faut se garder de le confondre avec eux.

de Rome. On rappela M. de Chateaubriand, coupable d'avoir témoigné quelqu'intérêt à ce pieux et infortuné monarque; et pour marquer davantage cette défaveur en affectant de la dissimuler, on l'envoya en ambassade à Sion, auprès de la république valaisanne.

Mais ce n'étoit pas assez : on entreprit de persuader au public que la conjuration étoit préparée depuis long-temps, qu'elle étoit connue jusqu'en Amérique. On produisit une lettre du général Ernouf, gouverneur de la Guadeloupe, au général Lefebvre, où on lui faisoit dire que les dernières nouvelles d'Europe parloient de troubles survenus en France, qu'on y racontoit que le premier consul avoit reçu un échec, que Moreau avoit planté l'étendard royal, que des milliers de Français s'y étoient réunis, que Louis XVIII étoit à la frontière, et que tout annonçoit une contre-révolution prochaine. Cette lettre étoit du 22 octobre 1803, et on la publioit le 6 mars 1804. Le général citoit pour garantie la *Gazette d'Antigoa*, et cette gazette citoit pour la sienne la *Gazette de Londres* du 27 août; mais en Europe on n'avoit eu aucune connoissance de cette nouvelle, et l'on se gardoit bien de produire les originaux.

Quelque temps après, on fit circuler une

autre lettre venue de Philadelphie, et datée du 6 septembre 1803; on y disoit que l'Amérique étoit étourdie du bruit d'une grande révolution, que le général Moreau avoit renversé le général Buonaparte. Cette lettre parut le jour même où les murs de Vincennes frémirent d'un grand attentat commis dans leur enceinte. Ainsi rien n'étoit négligé pour frapper les esprits, égarer l'opinion et la préparer à un évènement dont l'idée même fit quelque temps reculer Buonaparte.

Malgré tous les efforts du premier consul pour former l'opinion, elle étoit bien loin d'être telle qu'il la désiroit; tout ce qu'il faisoit publier contre le général Moreau ne faisoit qu'augmenter l'intérêt qu'on portoit à cette illustre victime; on y voyoit trop évidemment le dessein de le perdre, et l'on commençoit à se persuader que la conspiration n'avoit été inventée que dans ce funeste dessein. Si l'on admiroit les victoires de Buonaparte, on n'avoit point oublié celles de son rival; et quand on comparoit le caractère modeste et généreux de l'un avec la hauteur et la vanité de l'autre, le parallèle étoit peu favorable à Buonaparte. Vingt taches sanglantes obscurcissoient la gloire de Napoléon, une seule avoit jeté quelque nuage sur celle de Moreau. On reprochoit à Pichegru d'avoir trahi la république; mais si les démarches qu'il avoit faites pour restaurer la monarchie pouvoient être flétries de ce nom, c'étoit du moins à l'héritier légitime qu'il vouloit remettre le sceptre, tandis que Buonaparte conspiroit contre la république pour se mettre à lui-même la couronne sur la tête. Sa haine pour tout ce qui tenoit au rétablissement de l'ancienne monarchie, le désir qu'il avoit manifesté si souvent d'abattre tout ce qui faisoit obstacle à son ambition, ne permettoient guère de douter que la conspiration de Georges et de Pichegru ne fût la suite d'une œuvre d'iniquité conçue pour attirer en France les hommes qui lui inspiroient le plus de terreur et les frapper sans danger. Cette opinion se répandit de plus en plus; on l'exprimoit librement dans les papiers anglais, et bientôt elle devint si générale, que Buonaparte se crut obligé de la combattre.

Après une longue série d'invectives contre l'Angleterre et contre ces royalistes incorrigibles qui s'obstinoient à fermer les yeux à la vérité: « Sans doute, disoit-il dans ses feuilles
« officielles, c'est le premier consul qui a
« voulu se faire assassiner pour le plaisir d'ac-
« cuser les Anglais et de les faire passer pour

« des lâches et des assassins; c'est lui qui a
« persuadé au comte d'Artois d'envoyer à Pa-
« ris les Polignac et les Rivière. »

Mais ces explications convertissoient peu de personnes; et comme l'on savoit que Buonaparte avoit envoyé des émissaires à Londres quelque temps avant la conspiration de Georges, on ne doutoit pas que ces émissaires ne se fussent insinués dans la confiance des émigrés, des ministres anglais, de Pichegru même, et qu'en leur peignant la situation de la France sous de perfides couleurs, ils ne les eussent déterminés à passer en France pour y tenter un coup de main contre Buonaparte. On accusoit même Méhée d'avoir conduit cette œuvre d'iniquité; mais il avoit, comme on l'a vu, une mission plus savante. Il en reçut bientôt une autre dont les funestes résultats sont inscrits sur les murs de Vincennes.

CHAPITRE X.

Assassinat du duc d'Enghien.

Plus de vingt ans se sont écoulés depuis la nuit funeste qui vit tomber sous le fer de quelques meurtriers transformés en juges, le dernier descendant de l'auguste race des Condé, et l'impression qu'a laissée cet attentat est aussi profonde aujourd'hui qu'au jour même où il a été commis. Ici rien ne sauroit justifier ni ceux qui assassinèrent ni celui qui prescrivit d'assassiner; c'est un crime atroce dans toute sa nudité, c'est un crime sans motif et sans excuse dont la tache flétrira éternellement le nom de Buonaparte.

Si jamais, lorsque le calme des passions permettra de décorer sa tombe, une main amie entreprend d'y graver quelques palmes cueillies dans les combats, l'ombre du duc d'Enghien viendra se mêler, pâle et sanglante, à ces glorieux trophées.

Eh! qui donc porta le premier consul à ce noir forfait? quel lâche courtisan s'est fait son complice dans cette horrible tragédie? Ah!

n'en accusons personne, ce crime fut son ouvrage, il n'appartient qu'à lui seul; il a voulu lui-même, près de mourir, en charger sa mémoire, en porter tout le poids (1). Vingt actions de sa vie démontrent qu'il n'avoit besoin de personne en pareille occasion ; le meurtre du duc d'Enghien viendra s'inscrire à côté du pillage de Pavie, des incendies d'Arquata, des mitraillades de Toulon, du massacre des prisonniers de Jaffa et de l'empoisonnement des soldats malades de l'armée d'Egypte; triste et cruel évènement qui a été raconté sous mille formes différentes ; les passions et les intérêts s'y sont mêlés; nous l'exposerons sans autre passion, sans autre intérêt que celui de la vérité.

A peine un jour s'étoit-il écoulé depuis l'arrestation de Georges, que déjà Buonaparte songeoit à frapper une illustre victime. Désespéré de n'avoir pu saisir sur les côtes de France le frère du roi légitime, ou le duc de Berri, son fils, résolu de faire tomber une tête royale, il fixa ses regards sur le duc d'Enghien. Déjà il

---

(1) « J'ai fait arrêter et juger le duc d'Enghien, parce
« que cela étoit nécessaire à la sûreté, à l'intérêt et à
« l'honneur du peuple français, lorsque N.... entrete-
« noit, de son aveu, soixante assassins à Paris. Dans une
« semblable circonstance, j'agirois encore de même. »

avoit eu soin de préparer les esprits à l'exécution de cet attentat. Dès les premiers jours de mars, il avoit fait circuler dans les papiers publics une note où il accusoit le prince de Condé d'avoir, près de deux mois auparavant, fait un appel aux émigrés d'Allemagne pour se réunir sur les bords du Rhin; il assuroit que cette rive se remplissoit tous les jours de ces nouveaux légionnaires; qu'*un prince Bourbon*, avec son état-major, étoit fixé sur ce point, d'où il dirigeoit le mouvement; que le prince Guémenée, ainsi que plusieurs autres officiers, devoient arriver le 25 mars, pour compléter l'organisation de ces bandes (1).

Cette note artificieuse et mensongère se rapportoit si bien aux évènemens qui occupoient alors les esprits, que la foule ne douta pas un instant des préparatifs de guerre du prince de Condé et des rassemblemens des émigrés sur les bords du Rhin.

A l'époque où le licenciement de l'armée de Condé, en 1801, avoit forcé ce prince de suspendre ses drapeaux au temple de la gloire malheureuse, le duc d'Enghien avoit, du consentement de l'électeur de Bade et de l'agrément de la France, fixé son séjour à Etten-

---

(1) *Moniteur* du 5 mars 1804.

heim, petite ville à deux lieues de France, ancienne résidence du cardinal de Rohan. Depuis 1794, il étoit enchaîné dans les nœuds d'une tendre liaison avec la princesse Charlotte de Rohan. Retenu par ce doux sentiment auprès de l'objet qu'il chérissoit, il avoit oublié le tumulte des camps et le fracas de la guerre, pour se livrer, comme autrefois le grand Condé, à la culture de son jardin, à l'étude, et aux plaisirs de la chasse. Le souvenir de sa grandeur passée, l'espérance de se replacer sur les marches du premier trône de l'Europe ne l'occupoient plus; il goûtoit, sans désir et sans inquiétude, tous les charmes de la vie privée; depuis plus de deux ans, jamais une pensée hostile n'en avoit troublé la paix. Si quelques émigrés épars sur les rives du Rhin venoient lui présenter leurs hommages, il les accueilloit avec bonté, souvent avec générosité : c'étoit là toutes ses relations avec eux !

Lorsque les projets de Georges furent découverts, que Moreau et Pichegru furent arrêtés, il auroit pu, s'il eût eu les moindres liaisons avec eux, se retirer facilement et se mettre à l'abri d'une surprise; il se reposa sur la droiture de sa conduite, la pureté de ses intentions, et vit sans alarme un orage dont les coups ne devoient point l'atteindre. Il estimoit les qualités guerrières de Buonaparte, le regardoit comme un homme supérieur, et le croyoit incapable d'une action lâche et criminelle. Il passoit pour constant néanmoins qu'à l'époque où Napoléon avoit osé accuser les Bourbons de lâcheté, il lui avoit envoyé un cartel, et que Buonaparte avoit refusé de relever le gant; mais il étoit loin de penser qu'il en gardât un honteux ressentiment, et qu'il voulût en tirer une indigne vengeance. Il étoit donc tranquille lorsque tout s'agitoit autour de lui, et que le glaive d'un implacable ennemi étoit suspendu sur sa tête.

Pour donner au crime que méditoit la police de Buonaparte quelque apparence de régularité, elle envoya sur les bords du Rhin un officier de gendarmerie, avec ordre de dresser un rapport de ce qui lui paroîtroit intéresser la sûreté de l'Etat. Méhée de la Touche étoit déjà sur les lieux. Si l'on en croit un écrit publié en Allemagne et traduit en français en 1814, Méhée s'étoit adressé, à Offenbourg, à un émigré, et lui avoit confié un prétendu plan contre-révolutionnaire, en le consultant sur les moyens de l'exécuter: celui-ci n'avait pas manqué d'exagérer le nombre des émigrés dispersés sur la rive droite du Rhin, et de représenter le duc d'Enghien comme entouré, à Ettenheim, d'un état-major, d'aides-de-camp et de royalistes dévoués prêts à suivre sa bannière. Méhée eut l'air de croire aux fictions de l'enthousiaste, et recueillit tout pour le transmettre à la police (1). Ce fut dans ce moment que l'officier de gendarmerie arriva. Soit qu'on lui eût donné à Paris des instructions particulières, soit qu'il fût doué de peu d'intelligence, ou qu'il voulût, pour son avancement, se donner le mérite d'avoir découvert une grande conspiration, il composa son rapport des bruits les plus ridicules, des rumeurs les plus incohérentes et les plus vagues. Le duc d'Enghien alloit souvent à la chasse, et en prolongeoit quelquefois l'exercice au-delà de la durée du jour; souvent le plaisir qu'il y trouvoit l'engageoit à s'absenter quelque temps de sa demeure. Le gendarme en conclut qu'il passoit secrètement en France pour se réunir au conseil des conjurés. On disoit, sans aucune preuve, que quelquefois le duc passoit le Rhin pour aller au spectacle à Strasbourg. Le

---

(1) *Histoire de la naissance, de la vie privée et militaire et de la fin tragique du duc d'Enghien.* Paris (1814), au bureau du Lavater, rue des Marais, n° 18.

gendarme transforma cette opinion populaire en réalité, et la dénaturant, écrivit que le duc entretenoit des intelligences à Strasbourg. Parmi les officiers de la suite du prince, il s'en trouvoit un qui portoit le nom de *Thumery*, que les allemands prononçoient *Doumeriez*; le gendarme en fit sur le champ le général Dumouriez, et rassemblant sans ordre, sans méthode et sans discernement tout ce qu'il avoit recueilli sur Offenbourg et sur Ettenheim, montra au gouvernement consulaire une armée menaçante prête à envahir le territoire français. De son côté, le préfet de Strasbourg, M. Shée, fit passer des notes plus propres à fortifier qu'à détruire l'effet de ce rapport. Réal, ennemi des Bourbons, parce qu'il avoit travaillé à renverser leur trône, parce qu'après la sanglante journée du 10 août il avoit siégé comme accusateur public au tribunal de sang que présidoit alors Roberspierre; Réal, intrigant habile, devenu d'historiographe de la république conseiller d'Etat de Buonaparte (1), ne discuta ni les notes de M. Shée

---

(1) Il étoit né dans les Pays-Bas, étoit venu fort jeune à Paris, y avoit acheté un office de procureur, qu'il n'avoit pu garder, s'étoit jeté sans réserve dans le parti de la révolution, avoit rempli les fonctions de

ni le procès-verbal du gendarme; le duc d'Enghien fut proclamé chef d'un complot armé contre la république; alors tout fut préparé pour perdre cet infortuné prince. Il étoit sur une terre étrangère, protégé par les lois de l'hospitalité et le droit des nations : qu'importe! un territoire neutre sera violé; un jeune héros, tranquille dans ses foyers, en sera arraché, traîné en France, et immolé à l'ambition et à la vengeance du premier consul. Le 10 mars, les ordres sont donnés. Buonaparte écrit au général Berthier, ministre de la guerre :

« Vous voudrez bien donner ordre au général Ordener, que je mets à cet effet à votre disposition, de se rendre, dans la nuit, en poste à Strasbourg. Il voyagera sous un autre nom que le sien; il verra le général de la division. Le but de sa mission est de se porter sur Ettenheim, de cerner la ville, d'y enlever le duc d'Enghien, Dumouriez, un colonel anglais et tout autre individu qui seroit à leur suite. Le général de la division, le maréchal-de-logis de gendarmerie qui a été reconnoître Ettenheim, ainsi que le commissaire de po-

---

procureur de la commune, et s'étoit lié intimement avec Méhée.

lice, lui donneront tous les renseignemens nécessaires.

« Vous ordonnerez au général Ordener de faire partir de Schelestadt trois cents hommes du 26ᵉ de dragons, qui se rendront à Rheinau, où ils arriveront à huit heures du soir. Le commandant de la division enverra quinze pontonniers à Rheinau, qui arriveront également à huit heures du soir, et qui, à cet effet, partiront en poste ou sur les chevaux de l'artillerie légère. Indépendamment du bac, il se sera déjà assuré qu'il y ait là quatre ou cinq grands bateaux, de manière à pouvoir faire passer d'un seul voyage trois cents chevaux.

« Les troupes prendront du pain pour quatre jours, et se muniront de cartouches. Le général de la division y joindra un capitaine, un officier, un lieutenant et trois brigades de gendarmerie. Dès que le général Ordener aura passé le Rhin, il se dirigera droit à Ettenheim, marchera droit à la maison du duc et à celle de Dumouriez. Cette expédition terminée, il fera son retour sur Strasbourg.

« En passant à Lunéville, le général Ordener donnera ordre que l'officier de carabiniers qui a commandé le dépôt à Ettenheim se rende à Strasbourg en poste, pour y attendre ses ordres. Le général Ordener, arrivé à Strasbourg, fera partir bien secrètement deux agens, soit civils, soit militaires, et s'entendra avec eux pour qu'ils viennent à sa rencontre.

« Vous donnerez ordre pour que le même jour, à la même heure, deux cents hommes du 26° de dragons, sous les ordres du général Caulaincourt (auquel vous donnerez des ordres en conséquence), se rendent à Offenbourg pour y cerner la ville et arrêter la baronne de Riel, si elle n'a été prise à Strasbourg, et autres agens du gouvernement anglais, dont le préfet et le citoyen Méhée, actuellement à Strasbourg, lui donneront les renseignemens.

« D'Offenbourg, le général Caulaincourt dirigera des patrouilles sur Ettenheim, jusqu'à ce qu'il ait appris que le général Ordener a réussi. Ils se prêteront des secours mutuels. Dans le même temps, le général de la division fera passer trois cents hommes de cavalerie à Kehl, avec quatre pièces d'artillerie légère, et enverra un poste de cavalerie légère à Willstadt, point intermédiaire entre les deux routes.

« Les deux généraux auront soin que la plus grande discipline règne, que les troupes n'exigent rien des habitans; vous leur ferez donner à cet effet 12,000 francs. S'il arrivoit qu'ils ne pussent pas remplir leur mission, et qu'ils eussent l'espoir, en séjournant trois ou quatre jours et en faisant des patrouilles, de réussir, ils sont autorisés à le faire.

« Ils feront connoître aux baillis des deux villes que, s'ils continuent à donner asile aux ennemis de la France, ils s'attireront de grands malheurs. S'il arrivoit qu'il n'y eût plus à Ettenheim ni Dumouriez ni le duc d'Enghien, on en rendroit compte par un courrier extraordinaire.

« Vous ordonnerez de faire arrêter le maître de poste de Kehl, et autres individus qui pourroient donner des renseignemens sur cela. »

Le ministre de la guerre connoissoit trop bien le premier consul pour ne pas mettre à l'exécution de ses ordres tout le zèle et toute la diligence possibles. Dès le lendemain, les ordres étoient transmis; deux jours après, tout étoit en mouvement sur la route et à Strasbourg.

Le ministre des affaires étrangères avoit rempli avec la même ardeur les devoirs qui dépendoient de sa place; il avoit, dès le 10 mars, préparé une lettre pour le baron d'Edelsheim, ministre principal de l'électeur de Bade; mais comme l'expédition méditée aux Tuileries exigeoit une adresse et des précautions infinies, il avoit pris soin de l'envoyer au général Caulaincourt, avec des instructions particulières. Elles le chargeoient de ne remettre cette lettre qu'après l'expédition d'Offenbourg, et de la retenir entre ses mains, dans le cas où le général Ordener n'auroit point fait passer de troupes au-delà du Rhin. Le ministre lui recommandoit surtout de rapporter les papiers de la baronne de Reich. Cette dame étoit nièce du général Klinglin, dans le fourgon duquel on avoit saisi les papiers qui avoient si fortement compromis le général Pichegru. C'étoit chez elle que s'étoient alors rassemblés les agens des princes; elle avoit à sa disposition quelques fonds à distribuer, et recevoit pour elle-même une modique pension. Lorsqu'elle fut arrêtée, Buonaparte lui fit prodiguer dans ses journaux les plus lâches outrages sur sa vieillesse, sa laideur et les nuits blanches qu'elle avoit passées avec son oncle.

M. de Talleyrand avoit adressé en même temps à M. de Massias, ministre de France auprès de l'électeur de Bade, des instructions qui lui prescrivoient la conduite qu'il avoit à tenir dans le cas où l'électeur paroîtroit s'offenser de la violation de son territoire. On assure qu'elles se terminoient par ces mots : *et si l'on montre de l'humeur, vous en ferez des risées*. Mais, depuis la restauration, l'original de ces instructions a disparu des archives.

La lettre au baron d'Edelsheim mérite d'être conservée; elle montre de quelle manière un simple soldat parvenu à la puissance parloit aux souverains moins puissans que lui. Il est probable qu'elle avoit été dictée par Buonaparte lui-même, car ses ministres n'agissoient guère de leur propre mouvement.

« Monsieur le baron, je vous avois envoyé une note dont le contenu tendoit à requérir l'arrestation du comité d'émigrés français siégeant à Offenbourg, lorsque le premier consul, par l'arrestation successive des brigands envoyés en France par le gouvernement anglais, comme par la marche et les résultats des procès qui sont instruits ici, reçut connoissance de toute la part que les agens anglais à Offenbourg avoient aux terribles complots tramés contre sa personne et contre la sûreté de la France. Il a appris de même que le duc d'Enghien et le général Dumouriez se trouvoient à Ettenheim ; et comme il est impossible qu'ils se trouvent en cette ville sans la permission de Son Altesse électorale, le premier consul n'a pu voir sans la plus profonde douleur qu'un prince auquel il lui avoit plu de faire éprouver les effets les plus signalés de son amitié avec la France, pût donner un asile à ses ennemis les plus cruels, et leur laissât ourdir tranquillement des conspirations aussi inouïes.

« En cette occasion si extraordinaire, le premier consul a cru devoir donner à deux petits détachemens l'ordre de se rendre à Offenbourg et à Ettenheim, pour y saisir les instigateurs d'un crime qui, par sa nature, met hors du droit des gens tous ceux qui manifestement y ont pris part. C'est le général Caulaincourt qui, à cet égard, est chargé des ordres du premier consul. Vous ne pouvez pas douter qu'en les exécutant, il n'observe tous les égards que Son Altesse peut désirer. Il aura l'honneur de remettre à Votre Excellence la lettre que je suis chargé de lui écrire. »

Tout, dans cette inique affaire, avoit été concerté de manière qu'aucune victime, et surtout l'infortuné duc d'Enghien, ne pût échapper. La lettre destinée pour le baron d'Edelsheim n'arriva à Carlsruhe que lorsque le duc d'Enghien étoit entre les mains de son bourreau.

M. de Caulaincourt étoit chargé d'agir sur

Offenbourg, le général Ordener sur Etten-heim. Les ordres du général Ordener, fidèlement extraits de la lettre du premier consul, portoient :

« Le général Ordener partira de Paris en poste aussitôt la réception du présent ordre, pour se rendre le plus rapidement possible et sans s'arrêter un instant à Strasbourg. Il voyagera sous un autre nom que le sien. Arrivé à Strasbourg, il verra le général de la division. Le but de sa mission est de se porter sur Ettenheim, de cerner la ville, d'y enlever le duc d'Enghien, Dumouriez, un colonel anglais et tout autre individu qui seroit à leur suite.

« Le général Ordener donnera ordre de faire partir de Schélestadt trois cents hommes, etc...... Dès qu'il aura passé le Rhin, il se dirigera droit à Ettenheim, marchera droit à la maison du duc d'Enghien et à celle de Dumouriez. Cette expédition terminée, il fera son retour sur Strasbourg..... Le général Ordener est prévenu que le général Caulincourt doit partir avec lui pour agir de son côté..... Le général Ordener, le général Caulaincourt, le général commandant la 8ᵉ division tiendront conseil, et feront les changemens qu'ils croiront convenables aux présentes dispositions. S'il arrivoit qu'il n'y eût plus à Ettenheim ni Dumouriez ni le duc d'Enghien, le général Ordener me rendra compte, par un courrier extraordinaire, de l'état des choses, et il attendra de nouveaux ordres. Il requerra le commandant de la 5ᵉ division de faire arrêter le maître de poste de Kehl et les autres individus qui pourroient donner des renseignemens. Je remets au général Ordener une somme de 12,000 francs pour lui et le général Caulaincourt. »

Les instructions adressées par le ministre de la guerre au général Caulaincourt se référoient spécialement à l'investissement d'Offenbourg ; elles lui enjoignoient, au nom du premier consul, de se rendre en poste à Strasbourg.

« Il y accélérera, ajoutoit le ministre, la construction et la mise à l'eau des bâtimens légers que l'on construit pour la marine (1). Il prendra des renseignemens près du préfet et du citoyen Méhée, pour faire arrêter les agens du gouvernement anglais qui sont à Wissembourg et à Offenbourg, notamment la

---

(1) On construisoit alors sur le Rhin de petits bâtimens qui descendoient le fleuve pour se réunir à la flotille de Brest.

baronne de Reich, si elle n'est pas déjà arrêtée.

« Le capitaine Rosey, en mission près des ministres anglais, et qui a toute leur confiance, lui donnera tous les renseignemens nécessaires sur les complots formés contre la tranquillité de l'Etat et la sûreté du premier consul. Le général Caulaincourt se concertera avec le général commandant de la 5ᵉ division pour employer au besoin une force suffisante pour l'exécution du présent ordre (1). »

Tandis que ces ordres étoient expédiés à Paris aux deux généraux dont il vient d'être parlé, le ministre de la guerre en adressoit d'autres au général Leval, commandant de la 5ᵉ division militaire; il lui annonçoit l'arrivée des deux officiers, et lui prescrivoit impérativement d'obtempérer à toutes leurs réquisitions. « Je vous préviens, général,

---

(1) On a cru devoir rapporter ces pièces officielles pour fixer l'opinion, qui s'est long-temps égarée sur les détails de ces malheureuses expéditions. On a accusé le général Caulaincourt d'avoir enlevé à Ettenheim le duc d'Enghien; il est constant qu'il n'étoit point chargé de cette funeste mission, et qu'elle fut remplie tout entière par le général Ordener. Le devoir de l'historien est d'assigner à chaque acteur le rôle qu'il a joué.

v. 20

écrivait-il, que les généraux Ordener et Caulaincourt se rendent à Strasbourg pour des missions très-importantes. Je vous ordonne, sous votre propre responsabilité, d'adhérer à toutes les demandes qui vous seront faites par le général Ordener et le général Caulaincourt, à l'effet de remplir la mission dont ils sont chargés. Ils vous feront connoître leurs instructions en ce qui vous concerne. Vous prescrirez à l'ordonnateur d'adhérer également à toutes les demandes qu'ils feront pour les vivres, etc. »

Sous un gouvernement où la crainte régnoit dans l'armée comme à la ville, on pouvoit facilement prévoir que l'exécution de ces ordres ne trouveroit point d'obstacle. Le 14 mars, les généraux Caulaincourt et Ordener étoient à Strasbourg. Méhée, Rosey et le préfet Shée avoient remis leurs instructions. A l'entrée de la nuit, M. de Caulaincourt se fit ouvrir la porte d'Allemagne, et se rendit avec le général Leval sur la rive droite du Rhin. Peu de temps auparavant, on avoit eu soin de rassembler sur la rive gauche des détachemens d'infanterie, de cavalerie et de gendarmerie. Ces corps passèrent le fleuve pendant la nuit, et se portèrent rapidement, par Kehl, sur la ville d'Offenbourg, qui fut aussitôt cernée. Le général se fit indiquer par le magistrat de police la demeure des émigrés français que les espions avoient désignés. Surpris dans leur lit, ils furent aussitôt saisis et remis entre les mains de la gendarmerie. On avoit parlé dans les papiers français de troupes nombreuses rassemblées à Offenbourg, prêtes à se réunir sur les bords du Rhin, à passer ce fleuve et à marcher sur Paris. On arrêta à Offenbourg quinze personnes, parmi lesquelles se trouvoient plusieurs prêtres et des vieillards que leur caractère et leur âge condamnoient au repos; on n'eut pas même la satisfaction d'emmener en triomphe, comme une nouvelle Zénobie, la baronne de Reich; car tandis qu'on l'accusoit de réunir à Offenbourg les chefs de l'armée du duc d'Enghien qui devoient passer le Rhin, elle étoit à Strasbourg vivant obscurément du peu de revenu qu'elle possédoit. Deux jours avant, on l'avoit arrachée de son modeste domicile, et transférée dans la citadelle avec Mme de Klinglin, belle-sœur du général de ce nom, et plusieurs émigrés rentrés, parmi lesquels on comptoit le comte de Toulouse-Lautrec et le curé d'Ernheim. On s'étoit aussi assuré de la personne du général Desnoyers, dont tout le crime étoit d'avoir autrefois présidé la commission militaire qui avoit acquitté les officiers prévenus de complicité avec Pichegru.

Tandis que le général Caulaincourt passoit le Rhin à Kelh, les généraux Ordener et Fririon le passoient à Rhineau et à Plobsheim, et se dirigeoient, dans le secret de la nuit, sur le bourg d'Ettenheim; ils y arrivèrent entre quatre et cinq heures du matin, et l'enveloppèrent de manière que personne ne pût ni entrer ni sortir. On n'y avoit aucune connoissance de la marche des troupes, toute la ville étoit ensevelie dans un profond sommeil; cependant la marche des chevaux, le bruit des armes éveillèrent quelques personnes et répandirent l'alarme dans le bourg; plusieurs voix crièrent *au feu!* quelques personnes se dirigèrent vers l'église pour sonner le tocsin, d'autres sortoient de leurs maisons tout effrayées. Le colonel de la gendarmerie, nommé *Charlot*, se porte aussitôt sur tous les points où il aperçoit du mouvement; il rassure les habitans, en leur affirmant que tout ce qui se passe est d'accord avec l'électeur. Il fait en même temps investir la demeure du duc d'Enghien.

Ce prince, éveillé par le mouvement qui se fait autour de lui, se lève, saisit ses armes, ouvre sa fenêtre, et couche en joue le commandant de la gendarmerie. Le colonel Grunstein, attaché à sa personne, avoit passé la nuit chez lui; il détourne l'arme du prince, en lui disant: « Monseigneur, que faites-vous? vous, êtes-vous compromis? — Non, lui répond le prince. — Eh bien! toute résistance devient inutile; nous sommes cernés; j'aperçois un grand nombre de baïonnettes. Songez qu'en tuant le commandant, vous vous perdriez et nous aussi. » Le duc pose son arme, les portes s'ouvrent, et l'infortuné prince est enlevé par les gendarmes. Au bruit des troupes, le baron de Saint-Jacques, secrétaire des commandemens du prince, avoit quitté sa maison pour voler au secours de son infortuné maître; c'étoit lui qui avoit envoyé au clocher pour sonner le tocsin. On l'arrête, et avec lui le lieutenant Schmidt, l'abbé Wemborn, ancien promoteur de l'évêché de Strasbourg, l'abbé Michel, secrétaire de l'évêque, le colonel Grünstein, et trois domestiques, Féraud, Poulain et Canone.

On raconte ici des circonstances que l'histoire ne peut se dispenser de recueillir pour la honte comme l'honneur de l'humanité. Ayant d'exécuter les ordres dont ils étoient chargés, les généraux Ordener et Fririon avoient envoyé à Ettenheim le colonel de gendarmerie Charlot et un maréchal-de-logis du même corps, nommé *Pferdsdorft*. Ils avoient ordre de se déguiser, et de reconnoître avec exactitude l'habitation du prince, de s'informer s'il y étoit, si ses officiers et ses domestiques étoient nombreux, s'ils logeoient avec lui, s'ils étoient sur leur garde, si l'on avoit à craindre quelque résistance de la part des habitans. L'arrivée de ces deux inconnus ayant fait naître des soupçons dans la maison du prince, on chargea un ancien officier de l'armée de Condé, nommé *Schmidt*, de s'attacher à Pferdsdorft, de le sonder adroitement et de tâcher de découvrir le secret de sa mission. Schmidt étoit confiant et maladroit; il se laissa jouer par le maréchal-de-logis, et revint triomphant, en assurant qu'il avoit lui-même trompé l'espion, et qu'il n'y avoit rien à craindre de sa part et de son camarade. Le prince, naturellement peu disposé à la crainte, se laissa trop facilement persuader, et prit le parti de coucher à Ettenheim. Il avoit passé presque tout le jour à la chasse; mais sur l'avis de ses plus fidèles officiers, il étoit décidé à s'éloigner le lendemain. Hélas! il n'étoit plus temps. Lorsque le duc d'Enghien avait vu sa maison entouré de troupes, il avoit fait promettre au baron de Grünstein que si l'on demandoit quel étoit le duc d'Enghien, il se nommeroit, ce qui pourroit lui faciliter les moyens de s'évader. Le prince s'étoit hâté de se revêtir d'un pantalon et d'une veste de chasse; mais les soldats avoient monté l'escalier avant qu'il pût mettre ses bottes. Charlot, Pferdsdorft et quelques gendarmes entrent dans sa chambre le pistolet à la main : « Qui de vous est le duc d'Enghien? » Le baron reste muet. On renouvelle l'interpellation, même silence. Alors le prince élevant la voix : « Si vous êtes chargés de l'arrêter, vous devez avoir son signalement; cherchez-le. — Si nous l'avions, nous ne le demanderions pas; dans ce cas, marchez tous. » Tous furent obligés de marcher; on ne leur laissa pas même le temps de se vêtir. Le prince partit dans le costume où il étoit, avec une simple casquette sur la tête. La princesse de Rohan, prévenue de ce malheur, s'étoit levée à la hâte; elle eut la douleur de le voir passer sous ses fenêtres. La troupe s'étant arrêtée à un moulin près d'une tuilerie, le prince obtint la permission d'envoyer un valet chercher de l'argent et du linge. On appela le bourguemestre du lieu pour reconnoître les prisonniers, la gendarmerie ignorant encore qui ils étoient. Peu s'en fallut alors que le prince n'échappât à ses gardes : tandis que l'on étoit occupé à compter et à cacheter ses papiers, de fidèles serviteurs avoient observé autour du moulin des sentiers détournés; il ne falloit que franchir un ruisseau; déjà on y avoit posé quelques planches; mais au moment de sortir, la porte par laquelle on espéroit tromper la surveillance des gardes se trouva fermée par derrière, ce qui n'arrivoit presque jamais, tant la fatalité sembloit s'attacher à la destinée de l'auguste victime. Dès qu'elle eut reçu ce qu'elle attendoit, on se mit en route. Le prince fut conduit sur une charrette, entre deux haies de fusiliers, jusqu'au Rhin. Près de le traverser, on s'aperçut facilement qu'un officier de ligne avoit l'intention de le sauver. Il vouloit d'abord faire passer séparément les gendarmes, dont il se méfioit, et placer le prince dans un autre bateau, sous la garde des soldats de ligne, sur lesquels il comptoit. Des circonstances imprévues ne lui permirent pas d'exécuter cet honorable dessein. A Rheinau on ne put se procurer de voitures.

Les prisonniers firent une lieue à pied avant de trouver un mauvais carrosse pour le prince et des charriots de paysans, sur lesquels les autres montèrent. Le duc avoit auprès de lui le colonel Charlot, le maréchal-de-logis Pferdsdorft, son valet de chambre

Joseph Canone, un gendarme sur le siége, et le colonel Grünstein. On arriva ainsi à Strasbourg. Les ordres expédiés de Paris n'indiquoient point le lieu où l'on devoit déposer les prisonniers. Charlot conduisit le prince chez lui. Le noble descendant des Condé avoit conçu dès le premier moment toute l'horreur de son sort. On rapporte que là il prit à part cet officier, et lui proposa de faire sa fortune s'il vouloit le sauver. L'impitoyable alguasil, sûr de la faire aussi avec Buonaparte, s'y refusa, affectant de ne voir dans une action qui pouvoit le couvrir de gloire que la honte de céder à la corruption. Bientôt l'ordre arriva de conduire la victime à la citadelle de Strasbourg. Quel en étoit le commandant? Pour le savoir, il ne s'agiroit que d'ouvrir les registres militaires de ce temps; c'étoit un homme dévoué à Buonaparte. Il se conduisit en soldat brutal avec le prince, le fit coucher sur un matelas dans son salon, et poussa le manque d'égards jusqu'à placer des sentinelles dans l'intérieur même de cette chambre.

Au milieu de ces affronts, le prince conserva toute sa dignité. Arrivé à la citadelle, il écrivit lui-même le journal de ses premières infortunes; suivons son récit.

« Vendredi, 16 mars.

« Prévenu que j'allois changer de logement, je suis à mes frais pour la nourriture, et probablement le bois et la lumière. Le général Leval, commandant la division, accompagné du général Fririon, l'un de ceux qui m'ont enlevé, viennent me voir; leur abord est très-froid. Je suis transféré dans le pavillon à droite en entrant sur la place, en venant de la ville. Je puis communiquer avec les chambres de MM. Thumery, Jacques et Schmidt, par des dégagemens; mais je ne puis sortir ni moi ni mes gens. On m'annonce pourtant que j'aurai la permission de me promener dans un petit jardin qui se trouve derrière mon pavillon. Une garde de douze hommes avec un officier est à ma porte. Après le dîner on me sépare de Grünstein, auquel on a donné un logement seul de l'autre côté de la cour. Cette séparation ajoute encore à mon malheur.

« J'ai écrit ce matin à la princesse. J'ai envoyé ma lettre par le commandant au général Leval. Je n'ai point de réponse. Je lui demandois d'envoyer un de mes gens à Est; sans doute tout me sera refusé. Les précautions sont extrêmes de tous côtés, pour que je ne puisse communiquer avec personne. Si cette position dure, je crois que le désespoir s'emparera de moi. A quatre heures et demie, on vient visiter mes papiers, que le colonel Charlot, accompagné d'un commissaire de sûreté, ouvre en ma présence. On les lit superficiellement, on en fait des liasses séparées, et on me laisse entendre qu'ils vont être envoyés à Paris. Il faudra donc languir des semaines, peut-être des mois! (L'infortuné prince ne connoissoit pas le cœur farouche de son ennemi.) Le chagrin augmente, plus je réfléchis à ma cruelle position. Je me couche à onze heures; je suis excédé et ne puis dormir. Le major de la place, M. Machim, a des formes très-honnêtes; il vient me voir quand je suis couché; il cherche à me consoler par des paroles obligeantes. »

« Samedi 17.

« Je ne sais rien de ma lettre. Je tremble pour la santé de la princesse; un mot de ma main la répareroit. Je suis bien malheureux. On vient me faire signer le procès-verbal de l'ouverture de mes papiers. Je demande et j'obtiens d'y ajouter une note explicative, pour prouver que je n'ai jamais eu d'autre intention que de servir et faire la guerre. Le soir, on me dit que j'aurai la permission de me promener dans le jardin, même dans la cour, avec l'officier de garde, ainsi que mes compagnons d'infortune, et que mes papiers sont partis pour Paris par courrier extraordinaire. Je soupe et me couche plus content. »

« Dimanche 18.

« On vient m'enlever à une heure et demie du matin. On ne me laisse que le temps de m'habiller. J'embrasse mes malheureux compagnons, mes gens; je pars seul avec deux officiers de gendarmerie et deux gendarmes. Le colonel Charlot m'annonce que nous allons chez le général de division, qui a reçu des ordres de Paris. Au lieu de cela, je trouve une voiture avec six chevaux de poste sur la place de l'église; on me campe dedans; le lieutenant Péterneau monte à côté de moi, le maréchal-de-logis Blistersdorff sur le siège; deux gendarmes, un dedans, l'autre au dehors. »

Ici finit le journal du prince; ces lignes seront les dernières que sa main aura tracées. Joignons-y quelques particularités sur lesquelles il n'a pas cru devoir s'arrêter.

Arrivé dans la citadelle, l'infortuné duc distribua quelque argent à ses gens. Parmi les pièces inventoriées par le colonel Charlot se trouvoit son testament. Cette pièce, qui contenoit sans doute des traits de noblesse et de générosité, ne s'est pas retrouvée; elle auroit accru l'horreur pour ses assassins; elle aurait ajouté à l'intérêt de sa tragique destinée. Le prince vouloit jeter au feu deux lettres qui lui avoient été adressées et qui renfermoient quelques plaisanteries contre Buonaparte; le commissaire de sûreté ne s'y opposoit pas; le féroce Charlot le fit trembler en lui disant *Est-ce ainsi que vous remplissez votre devoir?* Près de partir pour Paris, il sollicita la permission d'emmener son fidèle Joseph (1);

---

(1) Joseph Canone étoit l'un des plus dévoués serviteurs du duc; il lui avoit sauvé la vie un jour que le prince en patinant étoit tombé sous la glace. D'Ettenheim à Strasbourg, il n'avoit cessé de s'occuper de sauver le prince, qui s'étoit refusé à ses propositions. Lorsque son infortuné maître fut transféré de Strasbourg à Paris, il fut jeté dans un des cachots de la citadelle. Buonaparte lui fit offrir du service et de l'argent s'il vouloit déposer contre le prince; il répondit : *Faites-moi mourir, ou laissez-moi mourir.* De nouvelles sollicitations ne furent pas mieux accueillies; ce brave homme préféra la mort à la faveur du bourreau de son maître. Il paya sa fidélité d'un long séjour dans les prisons.

on lui dit qu'il n'en aura pas besoin. Il demande quelle quantité de linge il peut emporter avec lui, on lui répond : *Une ou deux chemises.* Ainsi le projet de l'assassiner en arrivant à Paris n'étoit déjà plus un secret. Il emporta deux cents ducats, en remit cent au baron de Saint-Jacques pour payer la dépense des prisonniers. Il embrassa ses fidèles amis, et leur dit un éternel adieu.

O indignité!.... on lui lia les mains, quoiqu'il n'opposât aucune résistance. Les mains d'un Condé!!!

A peine étoit-il arrivé à Strasbourg, qu'une dépêche télégraphique avoit annoncé au premier consul le succès de l'expédition. On assure qu'il en témoigna une cruelle satisfaction. Vingt-quatre heures après il reçut les papiers du duc. Qui sait si les deux lettres où l'on se permettoit des plaisanteries contre lui n'exal-

---

A l'époque du 20 mars il suivit le roi à Gand avec les grenadiers de Larochejaquelein. Le duc de Berri, qui l'aimoit beaucoup, le fit entrer comme porte-étendard dans les cuirassiers de son nom. Il en sortit pour entrer dans les grenadiers. On lui avoit promis de le faire gardien du tombeau de M. le duc d'Enghien; le ministère de l'intérieur en a disposé autrement. Ce brave et digne homme attend encore la récompense de ses services.

tèrent pas jusqu'à la fureur son indomptable amour-propre? Les ordres furent aussitôt expédiés de transférer le prince à Paris. Si l'on fait attention aux réponses qu'on lui avoit faites lorsqu'il avoit demandé ce qu'il devoit emporter de linge avec lui, il sera évident que déjà son sort étoit décidé, et connu de ses gardes. On le conduit en poste, sans lui laisser un moment de repos. Après trois jours et trois nuits, il arrive à la barrière de Pantin; là on s'arrête en attendant des ordres; un courrier expédié de la Malmaison ordonne de faire filer la voiture le long des boulevards extérieurs, et de conduire la victime à Vincennes. On assure (et ce fait fut alors regardé comme certain) qu'un homme dont on étoit loin d'attendre quelque sentiment de pitié, que Fouché, instruit de la détermination du premier consul, se rendit à la Malmaison pour lui faire quelques représentations, qu'il le trouva dans une violente agitation, se promenant seul, et qu'en l'apercevant Buonaparte lui dit : « Je sais ce que vous voulez....
« Je suis décidé à frapper un grand coup au-
« jourd'hui; c'est un parti pris, un parti né-
« cessaire. — Permettez-moi, général premier
« consul, de vous soumettre quelques obser-
« vations. Il faut que vous ayiez contre le duc

« d'Enghien des preuves irrécusables ; il faut
« qu'il soit démontré qu'il a conspiré contre la
« France et contre vous ; si cette accusation
« n'est pas prouvée, si elle est seulement dou-
« teuse, vous souleverez contre vous la France
« et l'Europe toute entière. L'intérêt de votre
« gloire exige les plus mûres réflexions.—Eh!
« quelle autre preuve faut-il ? n'est-ce pas un
« Bourbon ? son nom seul le condamne.....
« N'êtes-vous pas du nombre de ceux qui ont
« dit cent fois que je serois le Monck de la
« révolution française ? Il est temps d'en finir ;
« je suis las de ces défiances et de ces propos.
« On me demande des gages pour la révolu-
« tion : eh bien ! puis-je vous en donner, à
« vous et aux vôtres, de plus sûrs que le sang
« d'un Bourbon, vous qui avez trempé vos
« mains dans le sang de votre roi ! — Mais,
« général......... — Il est temps d'en finir ; je
« suis environné de complots ; je veux re-
« porter la terreur parmi ceux qui prétendent
« attenter à mes jours ; je veux donner une
« leçon au monde. »

Buonaparte étoit trop irrité, ses traits exprimoient une trop violente agitation pour
que Fouché osât répliquer ; il se retira convaincu qu'il n'y avoit plus rien à faire pour le
salut du prince. Buonaparte, en proférant les

dernières paroles qu'on vient de rapporter, s'étoit rapproché du château; il y attendoit les deux consuls, le grand-juge Réal et le ministre des affaires étrangères. Si l'on en croit les bruits qui se répandirent alors, Cambacérès présenta au premier consul les mêmes observations que Fouché, et Buonaparte lui dit brusquement : *Depuis quand avez-vous tant de respect pour le cadavre d'un Bourbon ?* (Cambacérès avoit voté la mort du roi.) Le Brun, consterné, n'osa parler. Réal s'expliqua sur la nécessité d'entendre le prince avant de le juger. Que fit le ministre des affaires étrangères ? Les *Lettres du Cap*, le docteur O'Meara, le *Mémorial de Sainte-Hélène* ne s'expliquent que trop à ce sujet, et ce ministre n'a rien répondu.

A cinq heures, le général Savary, aide-de-camp du premier consul et colonel de la gendarmerie d'élite, est appelé dans le cabinet du premier consul; il étoit arrivé de sa mission deux jours auparavant; Napoléon lui remet un paquet cacheté. Le général a constamment protesté qu'il ignoroit entièrement qu'il y fût question du duc d'Enghien. Il part à cheval, arrive, vers six heures du soir, chez le gouverneur de Paris, qui, blessé d'une chute de cheval, gardoit la chambre. Murat prend le paquet, l'ouvre, et dit au colonel de la gendarmerie qu'on lui fera part incessamment des ordres qui le concernent personnellement parmi ceux qu'il vient d'apporter (1). Les dé-

---

(1) Les amis du général Murat ont prétendu qu'il avoit constamment refusé de prendre aucune part au jugement du duc d'Enghien. Voici de quelle manière ils racontent ce qui le concerne :

« Dans la matinée du 29 ventose (20 mars), le général Murat reçut une dépêche du gouvernement; il venoit de déjeuner, et parut très-agité dès qu'il l'eut parcourue; ses officiers lui demandèrent la cause du trouble qui l'agitoit : *C'est*, dit-il, *une tache qu'on veut mettre sur mon habit; mais je jure, par Dieu, qu'elle n'y sera pas!* Il demanda sa voiture, et courut à la Malmaison. Il ne put triompher des obsessions dont on entouroit le premier consul, et revint plus agité encore qu'il n'étoit parti. L. Berthier arriva presqu'aussitôt que lui de la part du ministre de la guerre, et le pressa beaucoup de mettre à exécution les ordres qu'il avoit reçus. Murat s'y refusa constamment, et repoussa avec dureté l'officier général. Savary survint, lui remit de nouvelles dépêches, qu'il parcourut à peine, et lui dit : *Allez, vous connoîtrez dans quelques instans ce qui vous concerne.*

« Murat, à qui cette affaire revenoit souvent, s'en est quelquefois expliqué avec ses officiers de confiance; il en rejetoit tout l'odieux sur les deux personnages qui ont consommé cette affaire : « Je ne crains, disoit-il, « aucun reproche à cet égard. J'ai déposé dans le

pêches adressées à Murat le chargeoient de former sur le champ une commission militaire, de la réunir dans le château de Vin-

---

« temps, chez un notaire de Paris, des pièces qui
« établissent que j'ai constamment refusé d'y parti-
« ciper. »

Cette conduite de Murat honoreroit sa mémoire si l'on pouvoit y ajouter foi; mais Murat n'étoit pas homme à éprouver tant de scrupules. Comment accorder ce récit avec l'ordre du jour qu'il avoit publié le 16 février? Celui qui qualifioit le général Moreau de *brigand* pouvoit-il reculer devant le sacrifice d'un Bourbon? Il avoit, dit-on, déposé chez un notaire des pièces propres à le justifier, et l'on cite parmi ces pièces les dépêches au gouverneur de Paris, une lettre au premier consul, le testament du duc d'Enghien. Mais chez quel notaire déposa-t-il ces pièces? comment le testament du duc d'Enghien, dont la perte donneroit tant de regrets, se trouvoit-il entre ses mains? Les pièces du procès qu'on a fait imprimer de nos jours prouvent sans réplique que ce fut lui qui expédia les commissions au général Hullin et aux juges qui assassinèrent le duc d'Enghien. Murat étoit si peu touché du sort de cet infortuné prince, que, le jour même de sa mort, il demandoit expédition de son jugement à son *cher Hullin* (c'est le titre qu'il lui donnoit dans sa lettre).

Quand Buonaparte ordonna la mort du duc d'Enghien, chacun s'empressa de porter le premier coup. Mais depuis la restauration, il n'est personne, pas même Hullin, qui n'ait prétendu avoir voulu le sauver.

cennes, et de faire occuper militairement cette place.

Ces dépêches renfermoient en outre une ébauche de jugement qui malheureusement n'a été observé qu'avec trop de fidélité. Le général Savary reçut de son côté l'ordre de se mettre à la tête de la gendarmerie d'élite, et de prendre le commandement de la garnison de Vincennes. A huit heures du soir il rassembla sa brigade, et disposa les autres troupes; elles se composoient d'un fort détachement de la gendarmerie d'élite à cheval, de l'infanterie de cette arme, et de plusieurs régimens de ligne cantonnés à quelque distance de Paris et qu'on en avoit rapprochés sans bruit. Ce général, auquel on a reproché un grand zèle dans cette malheureuse affaire, étoit occupé à prendre des positions autour de la place et à faire garder toutes les issues, lorsque les membres de la commission arrivèrent. Ce fut alors seulement que, suivant l'extrait de ses Mémoires, il apprit qu'il s'agissoit du duc d'Enghien, quoiqu'il en eût entendu murmurer le nom dans le salon du premier consul, mais d'une manière vague et obscure, personne n'osant s'expliquer ouvertement.

Jusqu'à ce jour on a raconté cette triste et sanglante tragédie de tant de manières différentes, on l'a chargée de tant de circonstances fausses, incohérentes, contradictoires, que, pour rendre à la vérité historique tout son éclat, il est du devoir de l'écrivain impartial de recourir aux pièces officielles.

Après avoir pourvu à l'occupation militaire de Vincennes, le général Murat se hâta de former la commission militaire. L'ordre qu'il donna portoit :

« En exécution de l'arrêté du gouverne-
« ment, en date de ce jour, etc., le général
« en chef, gouverneur de Paris, a nommé
« et nomme pour former la commission les
« sept militaires dont les noms suivent :

« Le général Hullin, commandant les gre-
« nadiers à pied de la garde des consuls, pré-
« sident;

« Le colonel Guiton, commandant le 1er ré-
« giment de cuirassiers;

« Le colonel Bazancourt, commandant le
« 4e régiment d'infanterie légère;

« Le colonel Ravier, commandant le 18e ré-
« giment d'infanterie de ligne;

« Le colonel Barrois, commandant le 96^{e}
« *idem;*

« Le colonel Rabbe, commandant le 2e ré-
« giment de la garde municipale de Paris;

« Le citoyen d'Autancourt, major de la
« gendarmerie d'élite, qui remplira les fonc-
« tions de capitaine-rapporteur.

« Cette commission se réunira sur le champ
« au château de Vincennes, pour y juger, sans
« désemparer, le prévenu sur les charges
« énoncées dans l'arrêté du gouvernement,
« dont copie sera remise au président.

« *Signé* MURAT. »

Chacun des membres de la commission avoit reçu séparément sa nomination avant de se rendre à Vincennes. Ils ne pouvoient donc ignorer qu'il s'agissoit de juger le duc d'Enghien.

On rapporte un trait honorable pour un officier supérieur qui se trouvoit alors à Paris. Instruit de l'arrivée du prince et des desseins de Buonaparte, craignant d'être requis de prêter son ministère à cet horrible attentat, il monte précipitamment à cheval, sans prendre le temps de mettre ses bottes, et fuit de Paris à toute bride. Jamais fuite ne fut plus honorable. Cet officier étoit M. Lacuée, fils du comte de Cessac.

Reprenons ici l'histoire de notre auguste prisonnier. Il étoit cinq heures lorsqu'il arriva à Vincennes. Le geôlier de cette citadelle (car quel autre nom lui donner?) étoit ce même Harel qui précédemment avoit engagé dans une conspiration, contre le premier consul, Ceracchi, Topino-Lebrun, Demerville, leur avoit remis lui-même des armes, et les avoit livrés à la police de Buonaparte quand il les avoit cru suffisamment compromis. Le gouvernement du château de Vincennes étoit le prix de sa perfidie. La voiture du prince, attelée de six chevaux; le cortége nombreux qui environnoit sa voiture, tant d'hommes armés qui investissoient le fort et occupoient les environs avoient préparé les habitans à quelque évènement extraordinaire; plusieurs ne se couchèrent pas. Rien n'étoit prêt pour recevoir le prisonnier : point de logement, aucune provision. Harel se trouvoit dans un extrême embarras; il avoit pour ami un brigadier de gendarmerie à la résidence de Vincennes; ils avoient l'un et l'autre servi dans les *Gardes françaises;* leur fortune étoit bien différente; mais le brigadier, qui se nommoit *Aufort,* étoit un homme de bien; il a raconté et l'on a consigné dans un écrit le récit qu'il a fait de quelques particularités de la fatale journée du 20 mars; écoutons-le parler.

« Avant de passer à la résidence de Champigny, je commandois la brigade stationnée dans le village de Vincennes. J'allois souvent au château, parce que je connoissois d'ancienne date le sieur Harel, qui en étoit commandant; il avoit été sergent aux *Gardes françaises*. J'avois servi en même temps que lui dans ce régiment. Depuis ce temps, il étoit parvenu au grade de chef de bataillon. Après avoir été long-temps séparés, le hasard qui nous fit retrouver ensemble dans le même pays, me donna lieu de renouer avec lui une sorte de liaison, autant du moins que le comportoit la différence de nos grades. Ma position dans le village de Vincennes, et à portée du château, le mettoit souvent dans le cas de me rendre service; je me faisais, autant qu'il dépendait de moi, un plaisir de le lui rendre.

« Un matin (c'étoit le mercredi 21 mars) (1), Harel me fait dire qu'il a quelque chose d'important à me communiquer, et m'engage à venir le trouver sur le champ; je m'empresse de me rendre auprès de lui, je le trouve préoccupé. « Vous me voyez, dit-il, dans un grand

---

(1) Il y a quelques légères inexactitudes dans le récit du brigadier Aufort; ce ne fut pas le 21, mais le 20 mars que M. le duc d'Enghien arriva à Vincennes. Le 21 étoit en effet un mercredi.

embarras. Cette lettre, que je viens de recevoir du gouverneur de Paris, m'annonce que très-incessamment un prisonnier de la plus haute distinction doit être envoyé au château de Vincennes, que j'aie à le recevoir d'une manière convenable. Comment faire? il n'y a dans tout le château aucun appartement prêt et meublé comme l'exigeroit la circonstance. Les réparations du donjon ne sont pas terminées.... Je ne vois d'autre parti à prendre que de céder provisoirement au prisonnier le logement où je suis. Pour ce qui concerne la nourriture, j'aurai recours à votre complaisance; vous pourrez m'aider en vous chargeant, suivant ce que je vous dirai, de commander à l'avance chaque repas chez le traiteur le plus voisin du château. Retournez à votre logement, ne vous en éloignez pas; dès qu'il y aura quelque chose de nouveau, j'aurai soin de vous faire avertir. » Je promis au sieur Harel d'exécuter avec toute la diligence qui seroit en mon pouvoir les commissions qu'il jugeroit à propos de me donner.

« Dans la soirée du même jour, Harel me fait rappeler auprès de lui; j'y cours, et comme j'allois entrer dans son appartement, lui-même vient au devant de moi. « Le prisonnier est arrivé, me dit-il; j'ignore le nom et la qualité de ce personnage (1); mais à sa figure et à son air distingué ce doit être un homme d'importance; vous allez en juger par vous-même. »

« En effet, introduit dans la chambre, j'y trouve un jeune homme d'une trentaine d'années, dont l'extérieur justifioit parfaitement ce qu'on venoit de m'en dire; il étoit pâle et paroissoit très-fatigué. « Monsieur a sans doute besoin de prendre quelque chose, lui dit Harel; nous voici à ses ordres. — Je suis loin de refuser vos offres, répondit le prisonnier du ton le plus honnête et le plus affable; on m'a fait venir sans m'arrêter de Strasbourg jusqu'ici. Je n'ai pu prendre que bien peu de chose depuis mon départ de cette ville. Je ne vous dissimule pas qu'en ce moment j'éprouve un extrême besoin. — Mon Dieu, m'écriai-je, monsieur doit être exténué! Malheureusement, à cette heure, les auberges du pays offriront peu de ressources. — Je ne suis pas

---

(1) Harel ne pouvoit l'ignorer; les lois lui faisoient un devoir impérieux de ne recevoir aucun prisonnier sans se faire exhiber l'ordre émané de l'autorité, sans inscrire sur un registre l'extrait de cet ordre, le nom du prisonnier, le jour et l'heure où il étoit entré; mais on lui avoit enjoint de garder le silence.

difficile, ajoute le prisonnier, le moindre ordinaire me suffira. Tout ce que je demande, c'est qu'il ne se fasse pas trop attendre. » Je me hâtai d'aller au traiteur le plus proche. Autant que je puis m'en souvenir, il étoit déjà dix heures du soir. Ce traiteur avoit eu à dîner un assez grand nombre de personnes, ses provisions étoient épuisées. Forcé de me contenter d'un très-modique ordinaire (un potage au vermicelle et un fricandeau), je m'empresse de le faire dresser, et dès qu'il est prêt je le porte moi-même au château. En rentrant, je cherche à me justifier de la mauvaise réussite de ma commission. Le prisonnier reçoit mes excuses avec une extrême bonté; il m'assure qu'il est très-content, que c'est tout ce qu'il lui faut, et qu'il me sait gré du zèle que j'ai mis à lui rendre ce service. La table étoit prête; nous le servons. Au moment de mettre la main à la soupière où étoit le potage, il se retourne vers Harel, qui se tenoit en arrière à quelque distance, en lui adressant la parole avec une grâce et un air de noblesse que je ne saurois définir. « Monsieur, lui dit-il, j'ai une grâce à vous demander, j'espère que vous n'y trouverez pas d'indiscrétion. J'ai avec moi un compagnon de voyage; c'est le petit chien que vous voyez là. Il est le seul ami dont on ne m'ait pas séparé. Le pauvre animal a fait avec moi toute la route ; il est comme moi à peu près à jeun depuis Strasbourg. Permettez que je lui témoigne de mon mieux ma reconnoissance en partageant avec lui ce léger repas. » J'avois regret d'avoir apporté si peu de chose, et je me promettais bien de procurer le lendemain au prisonnier un meilleur repas (hélas! j'étois loin de m'attendre que celui-là dût être pour lui le dernier). Il avoit versé sur une assiette la moitié du potage; il l'offre au petit chien, qui s'en accommode parfaitement; ensuite il fait la même chose pour l'autre mets, qui est accepté avec autant de plaisir.

« Ce léger repas étoit à peine fini qu'on entend dans la cour du château le bruit de plusieurs équipages qui arrivent à la suite les uns des autres. Bientôt après on fait appeler Harel, on lui annonce qu'une commission militaire va s'assembler. Il est invité à faire préparer sans délai la salle du conseil. Dès que les membres de la commission furent réunis, leur président, le sieur Hullin, donna l'ordre d'amener sur le champ le prisonnier. Jusqu'alors je n'avois éprouvé pour cet infortuné jeune homme d'autre sentiment que celui de la pitié qu'inspire l'idée de la détention plus ou moins longue à laquelle je l'avois cru condamné.

Qu'on juge de mon effroi lorsque tout à coup il devient clair à mes yeux qu'une mesure aussi prompte, aussi soudaine, ne peut guère avoir d'autre but que celui de prononcer sur sa vie. Le mystère qui jusqu'alors avoit enveloppé son nom ne tarda pas à s'éclaircir.

« Après l'avoir conduit dans la salle du conseil, le commandant se retira, mais en se plaçant de manière à entendre l'interrogatoire. Quelle fut ma surprise lorsqu'au bout de quelques instans Harel vint m'apprendre que le prisonnier n'étoit pas autre que monseigneur le duc d'Enghien lui-même. Dans le temps où je servois aux *Gardes françaises*, j'avois eu plus d'une fois l'occasion de voir ce prince à Versailles ou à Fontainebleau; mais il étoit bien jeune alors, et ses traits légèrement empreints dans ma mémoire ne s'étoient pas retracés à mes yeux au moment où je me trouvai en sa présence au château de Vincennes. Ce terrible éclaircissement me fit éprouver la sensation la plus douloureuse; j'acquérois à la fois la connoissance de l'individu et la presque certitude du sort affreux qui lui étoit réservé. L'interrogatoire fut promptement terminé; *ce n'étoit qu'une affaire de forme, les juges étoient venus avec un arrêt dicté à l'avance.* »

Suspendons ici le récit du brigadier. Ces dernières paroles annoncent qu'il étoit bien instruit; mais il a passé sous silence d'importantes particularités qu'il est nécessaire de rapporter.

Après que l'auguste prisonnier eut pris une légère réfection, le sommeil dont il étoit accablé lui fit désirer de goûter quelque repos. Vincennes étoit dans un état de dénuement absolu; on ne put lui offrir qu'une mauvaise chambre à l'entresol, et un mauvais lit dressé à la hâte auprès d'une fenêtre dont deux carreaux étoient cassés, et que, sur l'observation du prince, l'on ferma avec une serviette.

Les ordres destinés pour le capitaine d'Autancourt ne lui avoient point été adressés directement. A minuit, il reçut de son chef l'injonction de se rendre chez le gouverneur de Paris. Murat lui prescrivit de partir sur le champ pour Vincennes, où le général Hullin lui donneroit des instructions ultérieures. Hullin lui remit l'arrêté des consuls qui ordonnoit la formation de la commission militaire, et l'ordre du gouverneur de Paris qui le nommoit capitaine-rapporteur. Le capitaine-major d'Autancourt n'étoit point un de ces fanatiques serviteurs de Buonaparte, prêts à violer toutes les lois pour obtenir sa faveur.

On lui doit cette justice, qu'il remplit ses fonctions avec beaucoup d'humanité, et probablement avec beaucoup de regret. Il se rendit à la chambre où l'infortuné prince commençoit à goûter le repos qu'il avoit désiré. Quel réveil! il s'agit de subir un interrogatoire.

Le capitaine lui demande son âge, le lieu de sa naissance, à quelle époque il a quitté la France, où il a résidé depuis sa sortie de France, où il s'est retiré depuis la paix entre l'empereur d'Allemagne et la république. Le prince lui répond avec calme :

« Il est né à Chantilly, il a trente-un ans; il est sorti de France au mois de juillet 1789, avec le prince de Condé son grand-père, son père, M. le comte d'Artois et les enfans de ce prince.

« En quittant sa patrie avec ses parens, qu'il a toujours suivis partout, il a traversé Mons, Bruxelles, et de là s'est rendu à Turin chez le roi de Sardaigne, où il est resté à peu près seize mois. De Turin, toujours avec ses parens, il est allé à Worms et aux environs, sur les bords du Rhin. Le corps de Condé s'est formé; il y a fait toute la guerre. Il avoit antérieurement fait, en 1792, la campagne de Brabant avec le corps de *Bourbon,* à l'armée du duc Albert.

« Il a terminé sa dernière campagne aux environs de Gratz, où le corps de Condé, qui alors étoit à la solde de l'Angleterre, a été licencié. Il est ensuite resté pour son plaisir à Gratz et dans les environs, à peu près six ou neuf mois, attendant des nouvelles de son grand-père, qui étoit passé en Angleterre, et devoit l'informer du traitement que cette puissance lui feroit. Dans cet intervalle, il a demandé au cardinal de Rohan la permission d'aller dans son pays, à Ettenheim en Brisgaw, ci-devant évêché de Strasbourg. Il y est resté depuis deux ans et demi. Après la mort du cardinal, il a demandé à l'électeur de Bade, officiellement, la permission d'y prolonger son séjour, ce qui lui a été accordé, ne voulant pas y rester sans son agrément. »

Aux questions que lui adresse le capitaine-rapporteur sur ses relations avec l'Angleterre, le traitement qu'il en reçoit, ses correspondances avec les princes français, le grade qu'il avoit à l'armée, ses liaisons avec Pichegru et Dumourier, ses relations dans l'intérieur de la république, il répond, avec toute la modération et la simplicité possibles, qu'il n'est jamais allé en Angleterre, qu'il continue d'en recevoir un traitement, et qu'il n'a que cela pour vivre.

« Que les raisons qui l'avoient déterminé à rester à Ettenheim ne subsistant plus, il se proposoit de se fixer à Fribourg en Brisgaw, ville beaucoup plus agréable qu'Ettenheim, où il étoit resté parce que l'électeur lui avoit accordé la permission de chasse, dont il étoit fort amateur.

« Que naturellement il entretenoit des correspondances avec son grand-père depuis qu'il l'avoit quitté à Vienne, où il étoit allé le conduire, et avec son père, qu'il n'avoit pas vu, autant qu'il pouvoit se le rappeler, depuis 1794 ou 1795.

« Avant la campagne de 1796, il servoit comme volontaire au quartier-général de son grand-père, et, depuis cette époque, comme commandant d'avant-garde. Il n'a jamais eu de relations avec le général Pichegru; il croit ne l'avoir jamais vu, il sait que ce général désiroit le voir, mais il se loue de ne l'avoir pas connu, s'il est vrai qu'il ait eu le dessein d'employer les vils moyens dont on l'accuse. Il ne connoît pas davantage le général Dumouriez.

« Depuis la paix, il a écrit à quelques amis, qui lui étoient encore attachés, et qui avoient fait la guerre avec lui, pour leurs affaires et les siennes; mais ces correspondances n'avoient rien de commun avec l'objet dont on parle. »

L'interrogatoire fini, le prince dit au capitaine : « Avant de signer le présent procès-
« verbal, je fais avec instance la demande d'a-
« voir une audience particulière du premier
« consul. Mon nom, mon rang, ma façon de
« penser et l'horreur de ma situation me font
« espérer qu'il ne se refusera pas à ma de-
« mande. »

S'il y avoit eu dans le cœur de ses juges quelque principe de justice et d'humanité, ils se seroient fait un devoir, avant d'entrer en séance, de faire part de cette demande au premier consul; le président surtout ne pouvoit s'en dispenser; ils auroient demandé à l'accusé s'il avoit un défenseur, ou lui en auroient nommé un d'office; ils lui auroient communiqué les pièces qu'on leur avoit remises, afin qu'il pût les examiner et se défendre sur les chefs qu'elles contenoient; mais il est aujourd'hui démontré qu'il leur étoit enjoint non de juger, mais de tuer. On a écrit dans quelques relations que le président Hullin avoit envoyé un courrier à la Malmaison pour recevoir les dernières instructions de Buonaparte, et qu'il étoit revenu avec ces mots : *condamné à mort*. Mais le général Hullin a publié un écrit pour sa justification, et il ne fait nulle mention de cette circonstance. Il dit, à la vérité, qu'un des membres de la commission fit la motion de transmettre au premier consul la demande du prince, mais que la commission passa outre, se réservant, après les débats, de satisfaire au vœu du prévenu. Il ajoute que le général Savary, qui étoit venu se poster derrière son fauteuil, représenta que cette motion étoit *inopportune ;* mais le général Savary n'avoit aucun droit de représentation, et s'est défendu sur cette imputation avec beaucoup de force et de chaleur; l'on peut donc la regarder comme fausse; on a donc violé les droits les plus naturels et les plus sacrés.

Lorsque le capitaine d'Autancourt eut remis son procès-verbal au président de la commission, les juges se rassemblèrent dans la grande salle de la partie habitée du château, et en firent tenir les portes ouvertes. L'audience ne fut point secrète : mais quelle publicité pouvoit-elle avoir au milieu de la nuit, dans un donjon inaccessible ! Il étoit près de deux heures lorsque le prince parut : sa noble démarche, l'air de dignité qui respiroit dans toute sa personne frappèrent de respect ceux qui étoient encore susceptibles de ce sentiment. Là il eut encore à subir un nouvel interrogatoire : quel interrogatoire ! quels débats! on en a conservé la minute; elle suffiroit seule pour condamner ses juges à un opprobre éternel; rapportons-en le texte :

« Le président a fait amener le prévenu, li-
« bre et sans fers, et a ordonné au capitaine-
« rapporteur de donner connoissance des
« pièces tant à charge qu'à décharge, *au nom-
« bre d'une*. Après lui avoir donné lecture de
« l'arrêté susdit (celui des consuls)*, le prési-
« dent lui a fait les questions suivantes :

« Vos nom, prénoms, âge et lieu de nais-
« sance. — A répondu se nommer Louis-
« Antoine-Henri de Bourbon, duc d'Enghien,
« né à Chantilly, le 2 août 1772.

« — A lui demandé s'il a pris les armes
« contre la France, a répondu qu'il avoit fait
« toute la guerre, et qu'il persistoit dans la
« déclaration qu'il a faite au capitaine-rappor-
« teur, et qu'il a signée; a de plus ajouté qu'il
« étoit prêt à faire la guerre, et qu'il désiroit
« avoir du service dans la nouvelle guerre de
« l'Angleterre contre la France.

« A lui demandé s'il étoit encore à la solde
« de l'Angleterre, a répondu qu'oui; qu'il re-
« cevoit par mois 150 guinées de cette puis-
« sance.

« La commission, après avoir fait donner

« au prévenu lecture de ses déclarations par
« l'organe de son président, et lui avoir de-
« mandé s'il avoit quelque chose à ajouter
« dans ses moyens de défense, il a répondu
« n'avoir rien à dire de plus, et y persister.

« Le président a fait retirer l'accusé. Le
« conseil, délibérant à huis clos, le prési-
« dent a recueilli les voix, en commençant
« par le plus jeune en grade. Le président
« ayant émis son opinion le dernier, l'unani-
« mité des voix l'a déclaré coupable, et lui a
« appliqué l'article   de la loi du   , ainsi
« conçu   , et en conséquence l'a condamné
« à la peine de mort.

« Ordonne que le présent jugement sera
« exécuté DE SUITE à la diligence du capitaine-
« rapporteur, après en avoir donné lecture,
« en présence des différens corps de la gar-
« nison, au condamné.

« Fait, clos et jugé sans désemparer, à Vin-
« cennes, les jour, mois et an que dessus, et
« avons signé.

« HULLIN, BAZANCOURT, RABBE, BARROIS,
« D'AUTANCOURT, *rapporteur*, GUI-
« TON, RAVIER. »

Voilà donc l'acte informe et monstrueux
par lequel le dernier des Condé a été con-

damné à perdre la vie! Mais ce procès-verbal tracé à la hâte, rédigé sans respect pour les lois les plus saintes, n'est qu'une ébauche indigeste, une image défigurée des actes de cette cruelle tragédie; c'est un misérable canevas envoyé tout fait à la commission, avec ordre de s'y conformer. Le greffier n'y a pas mis son nom, parce qu'il n'en a pas tracé une ligne, qu'il n'y a pris aucune part.

Rétablissons la vérité historique, osons dire ce qu'ils ont osé faire et ce qu'ils n'ont osé nous raconter. Des témoins oculaires vont nous révéler les détails de cette horrible nuit.

Le président est sur son siége, derrière son fauteuil est le commandant de la gendarmerie d'élite, arrivé un peu après l'ouverture des débats. Le président commence l'interrogatoire; son front est sourcilleux, sa voix dure et menaçante; il presse l'auguste prisonnier de questions sur les faits contenus dans l'arrêté des consuls, seul acte d'accusation sur lequel ce monstrueux tribunal puisse s'appuyer. — *D.* A-t-il porté les armes contre la république? — *R.* Il les a portées pour son roi, pour le trône, pour recouvrer le légitime héritage de ses aïeux? — *D.* A-t-il conspiré contre les jours du premier consul? s'est-il lié au complot d'assassinat tramé par Georges?

— Ici le prince s'élève avec force contre cette indigne question, il repousse jusqu'au soupçon d'un pareil projet : « Est-ce au duc d'Enghien, dit-il, au petit-fils du grand Condé, qu'on ose adresser une pareille demande? » Il rappelle la gloire de ses aïeux, l'élévation de son rang, la loyauté de son caractère, le droit que tant de titres lui donnent au respect et à l'intérêt des Français. — Le président le pressant de nouveau sur ces chefs d'accusation, le prince ne peut plus se contenir, son âme indignée s'exalte, il jette par terre la casquette qu'il porte à la main, et la foule aux pieds. Le président s'irrite de ce mouvement de vivacité, et lui reproche de recourir à de vains titres de naissance et de rang. Qu'importoit, en effet, à l'ancien portier du comte d'Artagnan la noblesse des Condé (1)! « Monsieur, lui dit-il, vous prenez soin de

---

(1) M. Hullin n'est point Français, mais Genevois. Il quitta son pays pour venir chercher sa vie en France. A l'époque de la révolution, il se mêla aux bandes qui allèrent attaquer la Bastille, et en remporta le titre de vainqueur de cette citadelle. Il faut dire néanmoins qu'il ne participa point aux excès qu'on y commit, et qu'il en protégea même l'infortuné gouverneur, sans néanmoins pouvoir le sauver. Cette action lui valut une place de concierge chez M. le comte d'Artagnan.

nous rappeler votre naissance et votre nom; cela nous importe fort peu. Je vous fais des questions positives, et au lieu d'y répondre, vous vous jetez dans des digressions tout à fait étrangères. Je vous conseille de chercher d'autres moyens de défense. Prenez-y garde; ceci pourroit tourner mal. Pensez-vous nous faire croire que vous ignoriez ce qui se passoit en France, quand le monde entier en étoit plein ? Prétendez-vous me persuader, avec votre naissance, sur laquelle vous revenez sans cesse, que vous étiez indifférent aux évènemens quand ils pouvoient vous être si profitables ? cela est trop invraisemblable, pour que je puisse me dispenser de vous en faire l'observation. Je vous le répète : faites-vous d'autres moyens de défense; vous ne sauriez trop y réfléchir. »

Si le prince eût mieux connu les formes protectrices de l'innocence, il auroit pu lui répondre : « Eh! de quels moyens de défense puis-je faire usage quand ici toutes les lois sont foulées aux pieds, quand le secours même d'un défenseur m'est interdit, quand vous prétendez me juger sans témoins, sans dépositions, sans aucune pièce de conviction, quand vous osez vous faire mes juges! Depuis quinze ans j'habite une terre étrangère;

vos lois m'ont banni de mon pays; et quand je me soumets à mon exil, quand je vis paisiblement sur une terre amie, vous venez me surprendre et m'enlever dans l'obscurité de la nuit; vous me traînez dans vos donjons, vous m'entourez de baïonnettes, vous me traduisez devant vous, vous que je ne connois pas, qui ne pouvez être rien pour moi; cessez de me presser de vos questions, je n'y répondrai pas. Tuez-moi si vous en avez l'ordre. Vous pouvez commander un meurtre, mais non pas porter un jugement. »

Mais le prince, qui se flattoit peut-être encore de trouver dans le cœur de son ennemi, dans celui de ses juges, ces sentimens élevés et généreux qui sont ordinairement le partage des braves, répondit avec calme et dignité: « Je ne serai jamais indifférent aux évènemens quand ils pourront s'accorder avec l'honneur. J'ai combattu pour des droits légitimes, pour relever un trône que des factions ont abattu; ce n'est point contre ma patrie, mais contre la révolution que j'ai porté les armes; cette révolution qui n'a eu pour trône que des échafauds, et que la France elle-même n'a vue qu'avec horreur, qu'elle ne se rappelle qu'avec exécration. Vous pouvez décider de mon sort. »

Après cette défense fière et animée d'un

geste expressif, le prince n'ayant plus rien à ajouter, fut reconduit dans sa chambre, où il attendit son jugement avec le capitaine-rapporteur et un lieutenant de gendarmerie nommé *Noirot*. Cet officier avoit servi autrefois dans le régiment de cavalerie *Royal-Navarre*, dont M. de Crussol étoit colonel. M. le duc d'Enghien étoit allé quelquefois chez M. de Crussol. Le lieutenant, qui l'y avoit vu, s'en souvint, rappela à M. le duc d'Enghien quelques circonstances qui pouvoient l'intéresser, et par ses manières douces et honnêtes lui inspira une si grande confiance, qu'il le pria de ne pas le quitter. Le capitaine d'Autancourt se conduisoit de son côté avec beaucoup d'humanité.

La commission étoit aux voix; le public, c'est-à-dire quelques gens du donjon, étoit retiré; les portes de la salle étoient fermées. Quelque crainte qu'inspirassent les ordres de Buonaparte, il se trouva néanmoins un juge dont la conscience se souleva au milieu de tant d'iniquités. Le colonel Ravier déclara hautement qu'on ne feroit pas de lui un assassin, et s'élevant avec force contre les irrégularités de la procédure, s'efforça de ramener ses collègues, et de leur montrer l'opprobre qui rejailliroit sur eux s'ils préféroient à leurs devoirs une servile obéissance. Il parla avec tant d'énergie, répliqua avec tant de courage à toutes les objections de ses collègues, que plusieurs heures s'écoulèrent dans ces débats; enfin, excédé d'instances, voyant qu'il ne pouvoit rien gagner, il se laissa vaincre, et le jugement de mort fut porté à l'unanimité.

Depuis la restauration, quelques-uns des juges de l'infortuné prince ont obtenu des grades pour leurs services antérieurs à 1814, ont contracté des alliances honorables, un d'eux a été décoré de la croix de Saint-Louis, et cet officier n'est pas le colonel Ravier.

Il ne restoit plus qu'à frapper la victime. Le général Hullin vient lui-même annoncer cette cruelle décision au capitaine d'Autancourt, qui jusque-là étoit resté auprès du prince, essayant, par la conversation, de le distraire de sa malheureuse situation. Bientôt on appelle Harel, on lui annonce la condamnation; il reçoit l'ordre de faire descendre, quand il en sera temps, le malheureux prince dans les fossés du château. Harel se rend auprès du prisonnier, et s'abstient de toute espèce d'éclaircissement; mais son silence n'annonce que trop l'horrible mission dont on vient de le charger.

Reprenons ici le récit du brigadier Aufort;

tout ce qu'il va dire, il le tient de son ami Harel : « Un espace de temps assez long s'écoule encore, après lequel l'ordre définitif est donné au commandant par le président de la commission. Harel, d'une voix mal assurée, invite le prisonnier à le suivre ; un flambeau à la main, il s'avance vers l'escalier étroit et tortueux par lequel ils doivent descendre. « Où me conduisez-vous ? dit le duc. — Monsieur, veuillez me suivre, et rappelez tout votre courage. » Ils s'acheminent ; et dans cet obscur et horrible trajet, tandis qu'Harel éclairoit les pas du prince, celui ci, de temps à autre, répétoit la même question : *Où me conduisez-vous ?* Une fois il ajouta : « Si c'est pour m'enterrer vivant dans un cachot, j'aime mieux qu'on me conduise à la mort sur le champ. » Son guide, ému comme il devoit l'être, ne répondoit toujours que par les mêmes paroles : *Monsieur, prenez courage.* Enfin, les voilà parvenus au pied de l'escalier. En entrant dans le fossé, ils aperçoivent devant eux une compagnie de gendarmerie d'élite rangée en bataille, et plus haut, en arrière du parapet qui donne sur ce fossé, un groupe d'officiers supérieurs (1) destinés ap-

---

(1) On a assuré dans beaucoup de relations que les

paremment à servir de témoins à l'exécution.

« Long-temps avant l'arrivée du prince sur le terrain, on s'étoit occupé de creuser une fosse au pied de la tour la plus rapprochée du lieu de l'exécution. A la vue de cette troupe et du spectacle qui tout à coup se présente à ses regards, le prince, loin d'être effrayé, semble reprendre de nouvelles forces; son courage se ranime. Il avoit cru descendre au fond d'un noir et humide cachot; maintenant plus d'incertitude, il va succomber, mais aussi ce sera le terme de ses malheurs. Il s'avance d'un pas ferme et assuré. Un officier se présente devant lui; il tient en main la sentence de la commission militaire, il en fait lecture au prince, qui l'écoute sans témoigner aucune émotion. Après que la lecture est terminée, le duc, la tête haute et d'un air plein de bravoure et de dignité, se tourne vers la troupe :

---

généraux Murat et Caulaincourt étoient présens à l'exécution : le second étoit à Lunéville, le premier retenu chez lui par une blessure accidentelle. Il est possible que quelques-uns des colonels, après le jugement, se soient arrêtés sur les bords du fossé pour être témoins de cette scène tragique. On s'est d'ailleurs trompé sur beaucoup d'autres détails que l'obscurité de la nuit ne permettoit pas d'observer exactement.

« Messieurs, leur dit-il d'une voix assurée, j'ai à demander un service important pour moi, mais facile à remplir pour la personne qui s'en chargera. Y a-t-il parmi vous quelqu'homme d'honneur qui veuille s'engager à me rendre ce dernier service? » Les soldats se regardent et semblent se consulter entre eux. Enfin, un officier s'approche du prince en mettant la main sur son cœur, comme pour assurer qu'on peut compter sur sa parole. Monseigneur le duc lui parle tout bas, et de si près que personne ne put l'entendre. Bientôt après, l'officier se retourne, et s'adressant à la troupe : « Gendarmes, dit-il, quelqu'un parmi vous a-t-il une paire de ciseaux ? ». Ces derniers mots se répètent de rang en rang le long du peloton ; l'un des soldats en avoit une ; elle passe de main en main. Le prince la reçoit, et s'en sert immédiatement pour couper une mèche de ses cheveux ; il détache ensuite, soit une bague, soit tout autre bijou que l'obscurité ne permet pas de distinguer. Il renferme ces objets dans un papier qu'il remet à l'officier, en lui adressant encore quelques mots : celui-ci paroît faire encore de nouvelles protestations, et va rejoindre ses camarades.

« Dans ce moment, l'infortuné duc cherche en vain autour de lui un prêtre qui, à sa dernière heure, puisse lui offrir les secours de la religion; cette consolation, qu'on accorde aux plus grands criminels, lui est impitoyablement refusée; il élève les yeux vers le ciel.... Sans doute la prière courte, mais fervente, que du fond de l'âme il adressa au Souverain maître de toutes choses lui aura mérité des grâces toutes particulières. Sans donner la moindre marque de foiblesse, il fait encore quelques pas, et se place lui-même à la distance convenable. On veut lui bander les yeux; il s'y refuse en disant que plus d'une fois il a vu la mort d'aussi près, sans en être intimidé. Le signal est donné.....; il tombe, et à l'instant même on le jette, tout habillé, dans la fosse qui avoit été creusée d'avance, et qu'on s'empresse de combler. »

Ainsi périt le dernier héritier du nom des Condé. Prince digne d'un autre sort, il avoit reçu de la nature la figure la plus noble et la plus expressive, une taille avantageuse, un goût vif pour les exercices du corps; le son de sa voix étoit plein de charmes, ses idées étoient justes, élevées et généreuses; il exprimoit sa pensée avec facilité, et souvent avec grâce. Il se montra brave dans les combats, excepté une seule fois, où il se laissa entraîner avec le corps qu'il commandoit, par une terreur panique. Il conserva dans ses derniers momens un calme, une dignité et une force d'âme qui touchèrent tous ceux qui furent témoins de sa fin déplorable. Harel lui-même sentit son cœur s'émouvoir; sa femme, qui passoit pour avoir été élevée parmi les domestiques de la maison de Condé, en versa des larmes amères. Ils gardèrent le petit chien du prince, et ne voulurent le céder à personne.

Infortuné prince! ce n'est donc que dans les rangs inférieurs que vous avez trouvé de la pitié et quelqu'ombre d'intérêt! personne, dans les hautes conditions de l'Etat, n'eut la générosité de s'intéresser à votre sort, ni le ministre des affaires étrangères, issu d'une des plus nobles maisons de la monarchie, ni le général Berthier, élevé dans l'enceinte du palais de Versailles, sous les yeux du chef de votre auguste famille, ni cet autre général qui comptoit parmi ses aïeux un des plus fidèles amis de Henri IV; tous pouvoient vous sauver, tous pouvoient vous donner d'utiles avertissemens, ils aimèrent mieux servir le maître ambitieux et cruel qui les faisoit trembler! Votre malheur et votre nom seront éternels, le souvenir en passera d'âge en âge jusqu'à nos derniers neveux, et flétrira d'un opprobre ineffaçable, et ces ministres sans courage, et ces guerriers sans justice, et les lauriers de votre impitoyable bourreau! Mais si la douleur et le deuil de la France entière peuvent porter quelque consolation à votre grande âme, ce triste et pénible hommage n'a point manqué à vos restes inanimés.

A peine la nouvelle de la funeste tragédie qui venoit d'ensanglanter Vincennes fut-elle répandue à Paris, que la consternation fut universelle. Jamais, depuis la mort de Louis XVI, la capitale n'avoit présenté un aspect plus lugubre. Les amis qui se rencontroient dans les rues, pénétrés d'horreur et d'effroi, osoient à peine s'arrêter; ils se serroient tristement la main, et s'éloignoient en se disant les larmes aux yeux : *Il a assassiné le duc d'Enghien.* Les amis de l'assassin eux-mêmes n'osoient le défendre; ils plaignoient son aveuglement. *C'est bien plus qu'un crime,* disoit Fouché, *c'est une faute :* mot digne de ces temps d'égoïsme, de servitude et d'insensibilité, où tout étoit réputé bon pourvu qu'il fût utile (1).

---

(1) Un des membres du consulat, M. Le Brun, ne put cacher sa douleur; il se reprochoit d'avoir peut-être contribué à la mort du duc d'Enghien par l'éloge qu'il en avoit fait dans une circonstance importante. A l'époque

Deux jours se passèrent sans qu'il fût permis aux papiers publics de révéler cet attentat; enfin, le troisième jour *le Moniteur* rompit le silence, en se contentant de rapporter une sentence de mort fabriquée, le lendemain du crime, dans le cabinet de Buonaparte, et falsifiée jusque dans son titre; elle étoit intitulée *Commission militaire spéciale,* quoique les commissions militaires spéciales projetées par les consuls ne fussent point encore en activité, quoique le duc d'Enghien eût été jugé par une commission simple. Mais les commissions spéciales enlevoient à l'accusé le bénéfice du recours en révision. On y cita les lois qu'on n'avoit point citées dans le premier jugement; on s'appuya de pièces qui n'avoient été ni produites devant le tribunal ni communiquées à l'accusé, pièces ou fabriquées ou supposées. Ce n'est pas tout : on chargea cet acte monstrueux de faux matériels; on força les juges de mentir à leur conscience, on leur

---

de la bataille de Marengo, on fut près de trois jours sans avoir de nouvelles du premier consul; on croyoit la bataille perdue, Napoléon tué; déjà les idées se portoient dans l'avenir. Qui appelleroit-on au gouvernement ? Le troisième consul prononça le nom du duc d'Enghien : le premier consul le sut, et ne l'oublia pas.

fit déclarer le duc d'Enghien convaincu d'avoir reçu et accrédité auprès de lui des agens du gouvernement anglais; de leur avoir fourni les moyens de pratiquer des intelligences en France, d'avoir conspiré avec eux contre la sûreté intérieure et extérieure de l'Etat, de s'être mis à la tête d'un rassemblement d'émigrés français et autres soldé par l'Angleterre et formé sur les frontières de la France, dans les pays de Fribourg et de Baden ; d'avoir pratiqué des intelligences dans la place de Strasbourg, tendantes à faire soulever les départemens circonvoisins, pour y opérer une diversion favorable à l'Angleterre; d'être un des fauteurs et complices de la conspiration tramée par les Anglais contre la vie du premier consul, et devant, en cas de succès de cette conspiration, entrer en France. On colporta cet indigne tissu d'impostures chez chacun des juges, on les requit d'y apposer leur signature, et la terreur qu'inspiroit Buonaparte leur arracha encore ce dernier acte de servile complaisance.

Oh! déplorable condition de ceux qui servent les tyrans! Un des ministres, soit qu'il voulût se fortifier davantage dans la faveur de son indigne maître, soit qu'il en eût reçu l'ordre, poussa l'oubli de tout respect pour lui-même, jusqu'à donner un bal le jour même où le duc d'Enghien expira sous le plomb des bourreaux, et la peur y précipita un grand nombre de conviés. Une dame eut pourtant le courage d'y venir en deuil, et plusieurs personnes de n'y point paroître : de ce nombre fut M. de Moustier, aujourd'hui ambassadeur à Madrid.

Quatre jours après, le Corps législatif, avant de terminer sa session, décerna un buste à Buonaparte, et sollicita auprès de lui la honteuse faveur de le placer dans la salle de ses délibérations. Le même jour, les consuls firent au corps diplomatique l'outrage de publier dans leurs feuilles officielles les félicitations qu'il lui avoit adressées au sujet de la conspiration de Georges.

Le jour même où périt le dernier des Condé, on lisoit dans *l'Argus* un article dicté la veille par le premier consul, où l'on disoit que tout homme qui se rend complice d'un assassinat se met par cela seul hors du droit des nations, et qu'on peut le saisir partout.

De combien d'anecdotes particulières n'a-t-on pas cherché à enrichir la mort de l'infortuné duc d'Enghien pour en accroître l'intérêt ! On a dit que le même ministre qui s'avilit jusqu'à faire danser chez lui, jouant la veille chez une duchesse célèbre par son goût pour le jeu, avoit tiré sa montre à minuit, et que fixant attentivement les yeux sur l'heure indiquée, avoit dit : *Un membre de la maison de Bourbon passe à l'heure qu'il est un mauvais moment;* qu'il avoit repris son cornet, et poussé les dés en disant *sept.* Heureusement cette anecdote n'est point prouvée.

On a dit qu'une main farouche avoit attaché une lanterne sur la poitrine de l'infortuné prince, on a désigné comme coupable de cette atrocité l'aide-de-camp qui commandoit la gendarmerie; il est aujourd'hui constant que cet officier ne descendit point dans le fossé, qu'il n'y eut point de lanterne attachée : ce qui donna lieu à ce bruit fut peut-être la lumière dont le capitaine-rapporteur s'aida pour lire la sentence au condamné.

On a écrit que le prince ayant adressé la parole aux soldats en leur disant : *Mes amis,* il avoit été tout à coup interrompu par une voix féroce qui s'étoit écriée : *Tu n'as point d'amis ici!* et que cette voix étoit celle de Murat. Nous avons déjà dit que Murat, blessé au genou et retenu chez lui par cette blessure, ne s'étoit point trouvé à l'exécution du prince.

Quelques brochures publiées à cette époque chez l'étranger ont rapporté, les unes que le duc d'Enghien avoit été fusillé par des mamelouks, les autres par des troupes italiennes ; il le fut par des gendarmes d'élite.

Les écrivains anglais, mal informés, ont écrit que le duc avoit d'abord été conduit au Temple, ensuite à Vincennes ; que les généraux Mortier, Duroc et Louis Buonaparte étoient présens à l'exécution. Nous avons rapporté exactement ce qui se passa dans cette cruelle tragédie, et justifié du même reproche le général Caulaincourt.

On a cru que Mme Buonaparte avoit longtemps embrassé les genoux de son barbare mari pour en obtenir la grâce du prince, que Madame mère s'étoit jointe à elle, que le premier consul l'avoit repoussée avec violence, et que cette dame lui ayant dit : *Pouvez-vous traiter ainsi votre mère !* il avoit répondu : *Je n'ai pas de mère, je me suis fait moi-même !*

Ces anecdotes sont controuvées. Il est possible que, dans une autre occasion, Buonaparte ait tenu à sa mère le propos qu'on vient de rapporter (il étoit conforme à son orgueil et à son caractère), mais ces deux dames n'apprirent la condamnation du malheureux duc que lorsqu'il n'existoit plus et qu'il n'y avoit plus de grâce à demander. La seule circonstance de ce genre qui paroisse certaine, c'est que l'amiral Truguet, chargé de l'organisation de la flotte de Brest, s'étant présenté à la Malmaison pour soumettre son travail au premier consul, fut étrangement surpris, en rendant ses hommages à Mme Buonaparte, de la trouver toute éplorée; elle venoit d'apprendre la triste fin du duc d'Enghien, et s'alarmoit avec raison des suites que pouvoit avoir ce funeste évènement. L'amiral ignoroit absolument ce qui s'étoit passé; mais il l'apprit bientôt de la bouche même du premier consul. « Eh bien ! lui dit-il en l'apercevant, il y a un Bourbon de moins. — Quoi ! Louis XVIII seroit mort ! — Il s'agit bien de cela ! vous ne savez pas que j'ai fait fusiller le duc d'Enghien cette nuit ?..... Il étoit temps de mettre fin aux nombreux assassinats ourdis contre moi. Maintenant, on ne dira plus que je veux jouer le rôle de Monck. »

Enfin, on a rapporté que le duc d'Enghien avoit obtenu, avant sa mort, les secours de la religion, et qu'il étoit resté pendant près d'une heure avec son confesseur; on a vu que cette grâce lui avoit été impitoyablement refusée.

On a aussi donné comme un fait positif que la fosse du malheureux duc avoit été creusée la veille de son jugement; il est certain qu'elle étoit creusée au moment où le prince fut frappé par le tube meurtrier des gendarmes. Le procès-verbal qu'on a dressé à l'époque de son exhumation, les témoins qu'on a entendus, prouvent sans réplique que le terrain avoit été déblayé la veille, et que la fosse fut préparée dans le temps même où les juges étoient aux opinions, et qu'ainsi c'étoit un assassinat prémédité.

Dans ces derniers jours, un grand nombre de personnes impliquées dans cet affreux procès ont cherché à se justifier, et quelques autres à justifier Napoléon : ces écrits contiennent aussi des particularités dont il convient de s'occuper.

CHAPITRE XI.

Digression sur les divers écrits publiés récemment à l'occasion de la mort du duc d'Enghien.

Le premier écrit qui s'offre à notre examen est celui du général Savary, intitulé : *Extrait des Mémoires de M. le duc de Rovigo, concernant la catastrophe de monseigneur le duc d'Enghien.* Ce général est un de ceux que l'opinion ou la haine ont le plus vivement poursuivis à l'occasion de la mort de M. le duc d'Enghien ; c'est lui qu'on a désigné comme ayant attaché une lanterne sur la poitrine du prince. On a poussé l'outrage plus loin; on l'a accusé de s'être fait un sanglant trophée de la montre du martyr, que lui avoit remise un gendarme. Le général Hullin a imputé à sa violence la précipitation avec laquelle la victime a été immolée. Tous les coupables se sont en quelque sorte réunis pour faire tomber sur sa tête tout le poids de ce tattentat. Il falloit bien qu'il se justifiât.

Dès les premiers jours de la restauration,

il avoit remis à un ministre, alors très-influent, une lettre pour M. le comte d'Artois, en ce moment lieutenant-général du royaume. On donne pour constant que cette lettre ne fut pas remise, et que M. le duc de Rovigo en conserva un profond ressentiment. Le général y disoit :

« J'étois en Normandie lorsqu'on recherchoit à Paris Georges Cadoudal et ses compagnons de voyage. J'arrivai ou vingt-quatre heures ou deux jours avant la cruelle fin de Son Altesse Sérénissime monseigneur le duc d'Enghien. Le 20 mars, étant de service à la Malmaison, comme aide-de-camp du premier consul, je reçus une lettre cachetée pour le gouverneur de Paris, qui étoit alors le général Murat, maintenant roi de Naples. Dans cette lettre étoit l'ordre de me donner le commandement de Vincennes, dont la garnison se composoit de plusieurs bataillons d'infanterie et d'une centaine d'hommes environ de la gendarmerie d'élite, dont j'étois le colonel. J'arrivai à Vincennes à six ou sept heures du soir. Ce ne fut que vers dix à onze heures que se présentèrent les membres de la commission militaire, porteurs d'un ordre pour le commandant de Vincennes (qui étoit un autre que moi), de leur remettre le prisonnier, dont je n'avois connu l'existence à Vincennes qu'au moment de mon arrivée. Le capitaine-rapporteur fit, aux termes de la loi, son information. La commission se réunit, jugea, et le même capitaine-rapporteur, toujours aux termes de la loi, fit exécuter le jugement par un détachement pris, selon l'usage, dans les troupes de la garnison. Or, comme les gendarmes d'élite à pied étoient la première troupe de cette garnison, le choix tomba sur eux. Suivant l'ordonnance, c'est le capitaine-rapporteur qui est chargé de l'exécution du jugement, et tout ce que la malignité a voulu ajouter est tout à fait controuvé. Je n'étois pas même sur les lieux dans ce moment-là; ce n'étoit point mon service. Il n'y a eu aucune mauvaise réflexion, et encore moins d'injurieux propos. »

Après ces détails, le duc de Rovigo cherche à expliquer les causes de la scène tragique qui a terminé les jours de l'infortuné duc d'Enghien; il raconte que la police de Paris chargea la gendarmerie de prendre sur les bords du Rhin des renseignemens relatifs à la conduite du duc d'Enghien, que l'officier de gendarmerie rapporta qu'un grand nombre d'émigrés se rassembloient à Offenbourg, que le duc d'Enghien en recevoit beaucoup, et qu'il faisoit souvent des absences de huit à dix jours, sans qu'on sût où il alloit. « Malheureusement, ajoute le général, il ne se trouvoit personne près du premier consul qui pût lui expliquer que M. le duc d'Enghien étoit grand chasseur, qu'il alloit souvent jusque dans les environs de Constance et dans toutes les vallées de la forêt Noire pour y chercher un sanglier ou un cerf, et qu'en revenant de ces courses il s'arrêtoit ordinairement chez Mme de Rohan-Rochefort, ce qui expliquoit suffisamment les absences de huit à dix jours dont parloit le rapport de la gendarmerie. »

Le général ajoutoit que, parmi les dépositions des complices de Georges, il s'en trouva deux qui servirent encore à égarer l'opinion. Ces dépositions portoient qu'il venoit de temps à autre chez Georges un personnage mystérieux, devant lequel Georges se tenoit dans une attitude pleine de respect. Ces indices firent tomber les soupçons sur M. le duc d'Enghien; on imagina qu'il venoit quelquefois à Paris, et que c'étoit à ces voyages qu'il falloit attribuer les longues absences dont parloit le rapport; que ce fut sur ces renseignemens malheureux et fautifs que l'ordre fut donné d'enlever le dernier rejeton de la race des Condé, que bientôt on reconnut l'erreur en confrontant le général Pichegru avec les deux individus qui avoient fait les funestes dépositions.

Le général terminoit sa lettre en protestant que la mort du duc d'Enghien n'étoit point le résultat d'une préméditation, mais d'une erreur; qu'elle étoit encore bien loin d'être l'œuvre personnelle d'officiers d'honneur auxquels la malveillance pourroit faire perdre l'estime de Son Altesse Royale.

Cette lettre n'ayant pas été remise, le duc de Rovigo se trouva sous le poids des mêmes accusations; il pensa qu'il devoit reprendre la plume. Non content de se justifier, il entreprit aussi de justifier Napoléon; il révéla dans cet écrit, qui fit beaucoup de bruit, des circonstances jusqu'alors ignorées, et qui tendoient à faire croire qu'on avoit, à l'insu du premier consul, précipité la mort du duc d'Enghien, pour inaugurer dans le sang des Bourbons le nouvel empire qui devoit bientôt s'élever sur les débris de leur trône.

« Après l'exécution du jugement, dit-il, je renvoyai les troupes dans leurs casernes, et je repris le chemin de Paris. J'approchois de la barrière, lorsque je rencontrai M. Réal, qui se rendoit à Vincennes en costume de conseiller d'Etat. Je l'arrêtai pour lui demander où il alloit. « A Vincennes, me répondit-il ; j'ai reçu hier soir l'ordre de m'y transporter pour interroger le duc d'Enghien. » Je lui racontai ce qui venoit de se passer, et il me parut aussi étonné de ce que je lui disois que je le paroissois de ce qu'il m'avoit dit. Je commençai à rêver. J'avois rencontré la veille le ministre des relations extérieures chez le général Murat, je l'avois vu le matin à la Malmaison ; je commençai à douter que la mort du duc d'Enghien fût l'ouvrage du premier consul. M. Réal retourna à Paris, et moi j'allai à la Malmaison rendre compte de ce que j'avois vu. J'arrivai à onze heures. Le premier consul ne pouvoit concevoir que l'on eût jugé avant l'arrivée du conseiller Réal ; il me fixoit avec ses yeux de lynx et répétoit :

« Il y a là quelque chose que je ne com-
« prends pas...... Que la commission ait pro-
« noncé sur l'aveu du duc d'Enghien, cela ne
« me surprend pas ; mais enfin on n'a eu cet
« aveu qu'en commençant le jugement, et il
« ne devoit avoir lieu qu'après que M. Réal
« l'auroit interrogé sur un point qu'il impor-
« toit d'éclaircir. Et il me répétoit encore :
« Il y a là quelque chose qui me passe....Voilà
« un crime qui ne mène à rien, et qui ne tend
« qu'à me rendre odieux. »

A peine le général Savary avoit-il eu cette conversation avec le premier consul, que l'on se convainquit par diverses confrontations que le personnage mystérieux qui se rendoit chez Georges, et pour lequel on avoit les plus grands égards, étoit le général Pichegru, et non le duc d'Enghien. « Réal, frappé de stupeur, dit le général, courut chez le premier consul lui en faire part ; il devint rêveur, et après quelques momens de silence il s'écria : *Ah ! malheureux T........., que m'as-tu fait faire !* Mais il étoit trop tard ; le duc d'Enghien étoit mort victime de cette méprise. »

Ici le général s'efforce de justifier Buonaparte, en reportant sur celui qu'on vient de désigner tout le poids du crime. « Est-ce le premier consul, dit-il, qui le premier a porté ses pensées au-delà du Rhin sur le malheureux duc d'Enghien ? Non ; il en connoissoit à peine l'existence, il ignoroit complètement le lieu de sa résidence : qui donc pouvoit diriger ses vues de ce côté ? le ministre chargé des informations au dehors, le ministre des relations extérieures.

« Si le premier consul eût voulu perdre le duc d'Enghien le jour même où il venoit d'arriver, il n'auroit pas donné l'ordre à M. Réal d'aller l'interroger, et c'est un fait incontestable qu'il l'avoit donné. Loin d'avoir intérêt à précipiter la catastrophe, le premier consul avoit au contraire un intérêt immense à ce qu'il vécût au moins huit jours. S'il eût été reconnu pour le personnage mystérieux qui se rendoit chez Georges, nul doute que sa perte n'eût été certaine. L'envoi du conseiller Réal à Vincennes prouve invinciblement que c'étoit par la vérification de ce fait que l'instruction devoit commencer. L'intrigue précipita le duc dans la fosse. On s'est constamment dit qu'il falloit que quelqu'un de considérable se fût interposé entre le premier consul et le gouverneur de Paris, pour déterminer celui-ci à agir promptement, et lui persuader que le premier consul n'avoit pas voulu donner l'ordre précis de faire disparoître le duc d'Enghien, mais qu'il en seroit bien aise quand la chose seroit faite.

« J'ai réfléchi mille fois aux circonstances de cette catastrophe, et je me suis confirmé de plus en plus que le ministre des relations extérieures étoit le seul qui pût expliquer comment et pourquoi la commission avoit jugé et fait exécuter son jugement avant que M. Réal eût pu remplir la mission qui lui étoit confiée. »

Après ces explications, M. le duc de Rovigo se justifie des bruits odieux qu'on a répandus sur lui; il repousse avec indignation le reproche d'avoir attaché ou fait attacher une lanterne sur la poitrine de l'auguste victime, d'avoir fait un honteux et barbare trophée de sa montre. Ces accusations sont en effet repoussées par des faits irrécusables. Il termine son Mémoire en se plaignant vivement de ceux qui l'ont calomnié auprès de la famille royale. « Il n'est personne autour d'elle, dit-il, qui n'ait entendu mettre mon nom à côté d'un crime. On lui a peut-être dit que c'étoit moi qui avois proposé à l'empereur d'en finir à un million par tête : que cette proposition soit vraie ou fausse, le monde en est imbu. Est-ce dans un but privé que le soi-disant capitaine Bouchez a disparu dans la réaction de juillet 1815? J'ai connu ce malheureux; il est venu me demander des secours. Autrefois, lorsqu'on l'avoit renvoyé, il m'a parlé de choses que j'avois regardées comme autant de calomnies, jusqu'à ce que les publications de Sainte-Hélène vinssent me les rappeler. »

Cette dernière phrase n'est pas jetée ici sans intention; elle sera un jour expliquée, ainsi que la mission d'un employé du ministère des

v. 24

affaires étrangères, nommé *Galon-Boyer;* mais ces particularités n'appartenant point à la déplorable catastrophe de Vincennes, elles seront placées dans l'ordre qui leur convient.

M. le duc de Rovigo n'a point laissé ignorer à ses lecteurs que toutes les pièces du procès de M. le duc d'Enghien ont été enlevées des archives, et qu'il n'y reste plus que le jugement inséré dans *le Moniteur.* Quelle main les a fait disparoître? celle sans doute qui en redoutoit les révélations. M. de Rovigo n'en accuse point directement M. de Talleyrand, mais il déclare qu'il tient d'un employé de ces archives que cet ex-ministre y a fait de fréquentes et nombreuses incursions. Cette perte est sans doute à regretter; mais quelque soin qu'on se soit donné pour étouffer la vérité, elle se fera jour avec le temps, et le burin de l'histoire viendra peut-être écrire ses dépositions sur la tombe des hommes auxquels on doit des égards, parce qu'ils vivent encore, mais qui bientôt n'auront droit qu'à la vérité.

Le conseiller Réal a-t-il eu réellement la mission de se rendre à Vincennes? s'y est-il rendu comme l'assure M. le duc de Rovigo? Il est difficile d'en douter, quoique ce fait ait été nié par Méhée de la Touche, qui déclare que ce jour-là même il alla de bonne heure chez Réal, qu'il le trouva à sa toilette, et que de là il passa avec lui aux bureaux de la police, rue des Saints-Pères, où il écrivit les détails que Napoléon avoit exigés de lui ; mais le témoignage de Méhée est de peu d'autorité. Il étoit à Strasbourg le jour même où l'infortuné duc d'Enghien fut arrêté, et l'on sait pourquoi il y étoit. Il est peu présumable qu'il soit arrivé assez tôt à Paris, pour s'y trouver le jour même où le prince fut assassiné. D'ailleurs le conseiller Réal s'est expliqué sur ce point d'une manière positive dans les journaux américains. Pourquoi donc alloit-il à Vincennes ? l'ordre y étoit donné de tuer le duc. Le remords pouvoit-il entrer dans un cœur comme celui de Buonaparte ? n'étoit-ce pas de sa part une artificieuse combinaison pour se ménager un jour un moyen d'atténuer l'horreur de cet assassinat et d'en rejeter le crime sur un autre ? n'avoit-il pas fait sa profession de foi quand, à l'occasion du frère du général Moreau, il avoit dit que tout homme trouvé coupable d'attentat contre sa personne *seroit livré à une commission militaire, jugé, condamné et fusillé dans la même nuit ?* Sans doute le ministre des affaires étrangères pouvoit sauver le prince, et la postérité ne l'acquittera jamais de l'avoir laissé périr. Mais Buonaparte n'avoit besoin de personne pour méditer la destruction de la dynastie légitime ; la haine, la crainte et l'ambition l'inspiroient suffisamment. A qui persuadera-t-on qu'il ignoroit l'existence du duc d'Enghien et le lieu de sa résidence, puisque c'étoit de l'aveu du gouvernement français qu'il habitoit Ettenheim ? Il est vrai que tous les écrits de Sainte-Hélène sont d'accord avec celui du duc de Rovigo, pour faire retomber sur une seule tête tout le poids de la sanglante tragédie de Vincennes, et leurs dépositions seroient accablantes si la haine et la prévention ne s'y montroient pas trop ouvertement.

Examinons ces écrits dans l'ordre de dates où ils ont paru. Je commence par les lettres du docteur Warden, attaché à Buonaparte comme chirurgien. Il causoit souvent avec Napoléon : dans un de ces entretiens, l'ex-empereur lui parla de la conspiration de Georges et de la fin cruelle du duc d'Enghien.

« La circonstance, lui dit-il, étoit périlleuse ; je me trouvois sur un volcan, et je me déterminai à détourner la foudre sur les Bourbons. Mon ministre représenta fortement qu'il falloit se saisir du duc d'Enghien, quoiqu'il fût sur un territoire neutre; mais j'hésitois encore, et le prince de Bénévent m'apporta deux fois, pour que je le signasse, l'ordre de son arrestation : ce ne fut cependant qu'après que je me fus convaincu de l'urgence d'un tel acte que je me décidai à le signer. La négociation entre moi et le duc de Bade n'étoit pas difficile à arranger. Pourquoi aurois-je souffert qu'un homme résidât sur ma frontière tout exprès pour y commettre un crime que les lois de tout pays punissent de mort? On m'avoit représenté cent fois que, pour la sûreté de la nouvelle dynastie, il falloit faire disparoître les Bourbons. Talleyrand n'a jamais dévié de ce principe : c'étoit un article invariable de sa croyance politique. Le duc d'Enghien faisoit partie de la conspiration : quoiqu'il résidât sur un territoire neutre, je donnai l'ordre de se saisir de sa personne et de lui faire son procès. Il fut trouvé coupable, et condamné. La sentence fut sur le champ mise à exécution, et le même sort eût atteint le prétendant s'il eût été arrêté. Mon âme et ma conscience me justifient à mes propres yeux. Je le répète : s'il l'eût fallu, j'aurois ordonné l'exécution de Louis XVIII. D'ailleurs j'affirme solennellement que je n'ai reçu ni message ni lettre du duc après sa condamnation. »

Ces derniers mots sont positifs et confirmés par des preuves irrécusables. Il est certain que le duc n'écrivit point à Strasbourg; il est certain qu'il n'écrivit au premier consul ni avant ni après sa condamnation. Tout ce qu'on a dit à ce sujet est donc une fable; jamais le ministre des affaires étrangères n'a eu de lettre entre ses mains. Cependant le docteur Warden affirme qu'il en a vu une entre les mains du comte de Las-Cases, et qu'elle faisoit partie des documens rassemblés pour justifier son *Mémorial;* il ajoute que dans cette lettre le duc d'Enghien demandoit la vie, déclaroit positivement qu'il regardoit la dynastie des Bourbons comme finie, qu'il ne songeoit plus à une couronne, et qu'il offroit de prendre du service dans l'armée républicaine. Mais il est probable que M. de Las-Cases a voulu s'amuser aux dépens du docteur. Le duc d'Enghien ne pouvoit rien écrire de semblable; il n'avoit aucun droit à la couronne, et son cœur étoit trop haut pour qu'il eût voulu s'abaisser à servir sous Buonaparte. Si cette lettre eût existé, M. de Las-Cases l'auroit jointe à son *Mémorial,* et l'on n'y trouve rien de semblable.

On a cherché à couvrir le drame sanglant de Vincennes de tant de doutes et d'obscurités qu'il n'est point étonnant que l'opinion publique se soit égarée. N'a-t-on pas vu des écrivains imputer cet attentat à Fouché? L'auteur des notes jointes aux lettres du docteur Warden prétend que la police de Fouché ayant saisi la correspondance du duc d'Enghien avec les contre-révolutionnaires de Strasbourg, ce redoutable ministre y trouva une ébauche vague, sans liaison et sans possibilité, d'un projet criminel; qu'il en profita pour effrayer Buonaparte, et que, frappé de terreur lui-même, il lui persuada de prendre enfin un parti, d'imposer silence par un acte solennel à ces royalistes qui s'obstinoient à le représenter comme un nouveau Monk, et de donner à la révolution un gage capable de rassurer ceux qui l'avoient élevé à la suprême puissance. Mais à cette époque la police n'étoit point entre les mains de Fouché. Les papiers saisis chez le duc d'Enghien trompèrent l'attente des agens de Buonaparte; on n'y trouva rien qui pût le compromettre; et s'ils eussent offert le moindre indice de complot, on n'eût pas manqué de les produire au procès, de les opposer au duc et de les publier dans toutes les feuilles affidées au premier consul.

On s'étonne des nombreuses contradictions que renferment les écrits venus de Sainte-

Hélène : tous, à les en croire, ont fidèlement recueilli les conversations de Buonaparte, presque tous ont écrit sous sa dictée, et ils diffèrent cependant presque tous sur les faits qu'ils rapportent. Le docteur Warden nous affirme qu'il tient de Buonaparte que jamais il n'exista de lettre du duc d'Enghien, et voilà que les *Lettres du Cap* nous assurent que ce prince, arrivé à Strasbourg, écrivit à Napoléon « que depuis long-temps sa famille avoit perdu tout espoir de régner, qu'il promettoit de découvrir tous les complots formés par les ennemis de la France, et de servir fidèlement le consul ; que cette lettre ne fut remise que quand il n'étoit plus temps de sauver le prince; que Buonaparte a souvent dit que s'il l'eût connue, elle l'auroit peut-être déterminé à épargner le malheureux duc; que ni Joséphine ni personne n'intercéda pour lui; que le conseil opina unanimement qu'il falloit user de rigueur, et que nul ne montra plus d'acharnement que T........., parce que sa maxime constante étoit qu'il falloit détruire tous les Bourbons, afin d'assurer la tranquillité de la France. »

Si l'on consulte les écrits d'O'Meara on trouve la même imputation. « Je demandai à Napoléon s'il étoit vrai que T......... eût gardé

une lettre écrite par le duc d'Enghien, et qu'il ne l'eût remise que deux jours après son exécution. « C'est vrai, répondit Napoléon, le duc
« avoit écrit une lettre dans laquelle il offroit
« ses services, et me demandoit le commande-
« ment d'une armée, et ce scélérat de T.......
« ne m'en donna connoissance que deux jours
« après que le prince eut été mis à mort. »

La même assertion est répétée quelques pages plus bas; cependant il est incontestable que cette lettre n'exista jamais. Mais M. de T......... avoit, en 1814, abandonné Napoléon pour l'ancienne dynastie; il avoit acheté, en se dévouant à propos, le pardon de ses fautes révolutionnaires; on attribuoit à ses conseils la déportation de Buonaparte à Sainte-Hélène, et il étoit impossible que cet empereur déchu et ses amis n'en conservassent un profond ressentiment. C'est donc avec précaution qu'il faut lire tout ce qui le concerne dans le *Mémorial de Sainte-Hélène*. On fait dire à Buonaparte qu'il ne savoit pas précisément qui étoit le duc d'Enghien, qu'on avoit surpris ses idées, précipité ses mesures, enchaîné ses résultats; qu'un jour, comme il prenoit son café, à moitié assis sur la table où il avoit dîné, on accourut lui apprendre une trame nouvelle, qu'on lui démontra avec chaleur qu'il étoit temps de mettre un terme à de si horribles attentats, qu'on n'en finiroit qu'en les lavant dans le sang d'un d'entre eux; que le duc d'Enghien devoit être cette victime, puisqu'il pouvoit être pris sur le fait; qu'il avoit paru à Strasbourg, qu'on croyoit même qu'il étoit venu jusqu'à Paris; qu'il devoit pénétrer par l'Est au moment de l'explosion, tandis que le duc de Berri débarqueroit par l'Ouest. Tout avoit été, dit-on, prévu d'avance; les pièces se trouvèrent toutes prêtes, il n'y eut plus qu'à signer, et le sort du prince se trouva décidé.

On lui fait ajouter que s'il eût été instruit à temps de certaines particularités concernant les opinions et le naturel du prince, que s'il eût vu la lettre que le duc lui écrivit et qu'on ne lui remit (Dieu sait par quels motifs) qu'après qu'il n'étoit plus, bien certainement il eût pardonné. On répète le même propos dans les Mémoires du comte de Montholon, et cependant il résulte des actes même du procès, que cette prétendue lettre n'a jamais existé. On fait dire à Napoléon qu'on lui démontra que le duc d'Enghien devoit pénétrer en France par l'Est, tandis que le duc de Berri débarqueroit par l'Ouest: mais alors les espions de Buonaparte étoient répandus sur les côtes, ils avoient le secret des signaux convenus entre Georges et les princes; et si le duc de Berri eût hasardé un débarquement, il ne pouvoit manquer de tomber entre les mains des agens de la police : le danger n'étoit donc pas imminent, comme on le fait dire à Buonaparte; il pouvoit, sans trouble, achever sa tasse de café.

Mais quand même l'instruction du procès ne prouveroit pas que jamais le prince n'a écrit à Buonaparte, le fait seroit démontré par le témoignage de M. le baron de Saint-Jacques, son secrétaire des commandemens, que Buonaparte eut la cruauté de tenir dans les prisons de Sainte-Pélagie et du Temple, long-temps après la mort de son infortuné maître.

« J'affirme, dit-il, que monseigneur le duc d'Enghien n'avoit pas connaissance de la conspiration qui servit de prétexte à son assassinat, et qu'il n'a écrit aucune lettre à Buonaparte. Mes preuves seront irrécusables; je les puiserai dans la correspondance même du prince, dont les lettres originales sont entre mes mains; j'oserai y joindre mon attestation personnelle. J'affirme que pendant le séjour du prince à Ettenheim, le voisinage des frontières de France ne le tenta jamais. Dans ses promenades sur le Rhin, il portoit la prudence jusqu'à ne pas approcher du grand

Rhin, limite des deux Etats. « Je veux, disoit-
« il, en cas d'évènement, pouvoir affirmer sur
« mon honneur que je n'ai jamais été en
« France. »

« Je ne quittai le prince qu'une seule fois :
ce fut pour aller aux eaux de Petersthal, où je
restai un mois. Durant cette courte absence,
Son Altesse Sérénissime me fit l'honneur de
m'écrire qu'elle venoit de recevoir une lettre
du prince de Condé, son aïeul. « Il croit, me
« disoit-elle, d'après les bruits qui ont couru,
« que j'ai été incognito à Paris, ou du moins
« à Strasbourg. Voyez combien il me juge mal
« et connoît peu ma façon de penser. »

« Monseigneur le duc d'Enghien écrivit en
effet au prince qu'il falloit le connoître bien
peu, pour croire qu'il auroit jamais pu mettre
le pied sur le territoire républicain autrement
qu'avec le rang où la Providence l'avoit fait
naître; qu'il pouvoit donner sa parole d'honneur que jamais pareille idée ne lui entreroit
dans la tête.

« Le 26 février, quinze jours avant son enlèvement, lorsque le bruit de la conspiration
se répandit, il écrivit encore au prince son
aïeul: « Dieu veuille qu'il n'y ait pas beaucoup
« de victimes. Il paroît que le gouvernement
« consulaire sortira de cette crise, si tant est

« que tout ceci ne soit pas supposé, chose que
« je ne sais ni ne désire savoir, *car ces*
« *moyens ne sont pas de mon genre.* »

« J'ajouterai que je n'ai pas quitté un moment monseigneur le duc d'Enghien dans la citadelle de Strasbourg, et qu'il n'a point écrit ni à Buonaparte ni à qui que ce soit. »

Voilà donc M. de Talleyrand acquitté sur le fait de la lettre ; mais peut-on en dire autant des autres circonstances de ce lugubre drame ? Il a fait écrire dans un papier étranger qu'il avoit expédié un courrier à M. le duc d'Enghien pour l'avertir du malheur qui le ménaçoit, et que la voiture du courrier s'étoit brisée en route. Mais une voiture cassée est-ce donc un si grand empêchement ? Si M. de Talleyrand eût mis le même empressement à sauver le prince qu'à prendre des mesures propres à le perdre, nul doute que la victime n'eût échappé à ses bourreaux ; sa lettre à M. de Caulaincourt est du 10 mars, tout étoit donc décidé le 9. M. le duc d'Enghien n'a été arrêté que le 15 : le ministre avoit donc tout le temps convenable pour lui donner un salutaire avis, même en admettant que la voiture de son courrier, qu'il eût mieux fait d'envoyer à cheval, ait été brisée.

M. de Talleyrand n'a répondu ni à l'écrit

de M. de Rovigo, ni au *Mémorial de Sainte-Hélène*, ni aux Mémoires de M. le comte de Montholon, ni aux docteurs de Warden et O'Meara; il s'est renfermé dans une silencieuse dignité. Mais des écrivains ont pris la peine d'écrire pour lui; ils ont assailli de toutes parts le duc de Rovigo; les limiers littéraires l'ont poursuivi de leurs aboiemens, et sans écrire un seul mot, il est parvenu à abattre son ennemi, à le faire mettre en retraite, à lui fermer l'entrée du palais du prince (1). Méhée lui-même, Méhée, qui aujourd'hui se promène tranquillement à Paris, vivant, si l'on en croit la chronique scandaleuse (à laquelle pourtant il est difficile d'ajouter foi), d'une pension sur l'Etat, pour ses bons et loyaux services, s'est constitué son champion dans une brochure intitulée : *Extrait des Mémoires inédits sur la révolution,* par Méhée de la Touche. Là, non content de donner un démenti formel au duc de Rovigo

---

(1) Louis XVIII ayant défendu au duc de Rovigo de se présenter au palais, dit au prince de Talleyrand lorsqu'il le revit : « J'ai pris les précautions nécessaires pour que dorénavant vous ne fassiez pas ici de mauvaises rencontres. » Mais ne pouvoit-on pas demander à ce prince des précautions pour d'autres mauvaises rencontres?

sur l'arrivée de Réal à Vincennes, il ajoute qu'en 1813 ayant annoncé le projet de passer en Allemagne et de là en Suède, pour rendre un service signalé à son pays, son ami Réal se persuada qu'il s'agissoit de délivrer la France d'un ennemi redoutable alors réuni à la ligue des puissances contre l'empire de Napoléon, qu'il le conduisit chez S..., qui le félicita sur ses bons desseins, lui fit donner 6000 francs, et lui promit 1200 francs par mois pour payer ses bons services. Mais il ajoute qu'il refusa de comprendre ce qu'on supposoit qu'il entendroit très-bien, qu'il toucha néanmoins les 6000 francs, remit son voyage de Suède à un autre temps, arriva à Bâle au moment où les alliés étoient près d'y entrer, et s'enfuit frappé de terreur, convaincu qu'il y auroit peu de sûreté pour ses jugulaires s'il tomboit entre les mains des soldats de Sa Majesté autrichienne. Ce petit écrit, tout plein de venin habilement distillé, suffiroit seul pour indiquer quelle étoit la bonne opinion qu'on avoit de M. Méhée. Il n'a pas jugé à propos de nous indiquer le service qu'il vouloit rendre à son pays; il faut donc s'en rapporter à sa conduite précédente, à son noble caractère, pour fixer les conjectures et en prendre au hasard quelqu'idée.

Mais de tous les écrits lancés sous les auspices de l'homme puissant qui se trouvoit si violemment compromis, le plus redoutable pour le duc de Rovigo fut une brochure publiée par le général Hullin, où, pour attirer sur lui quelque commisération, il faisoit tomber sur l'aide-de-camp de Buonaparte tout le poids de l'attentat perpétré envers le duc d'Enghien. Comme cette brochure a fait beaucoup de bruit, qu'elle contient des détails ignorés sur cette cruelle catastrophe, elle mérite un examen particulier.

Le général s'y présente comme un pénitent courbé par l'âge, qui pleure depuis vingt ans le malheur d'avoir pris part, malgré lui, au jugement de M. le duc d'Enghien; vieux aujourd'hui, frappé de cécité, retiré du monde, n'ayant pour consolation que les soins de la famille qui l'entoure, ses douleurs se sont encore accrues lorsqu'il a vu rappeler avec éclat des scènes qui n'avoient pu s'effacer de tous les souvenirs, mais qui n'étoient l'objet d'aucune discussion publique. Cependant il a béni la divine Providence lorsqu'il a entrevu qu'elle lui offroit une occasion que jusqu'alors il n'avoit point encore trouvée, de donner à ses concitoyens des explications, sans qu'on pût l'accuser de manquer aux lois de la prudence et de la discrétion.

« Je ne prétends, dit-il, justifier ni la forme ne le fond du jugement, mais je veux montrer sous l'empire et au milieu de quel concours de circonstances il a été rendu. Si l'on doit nous blâmer encore, je veux aussi qu'on nous plaigne et qu'on dise de nous : *Ils ont été bien malheureux.* »

Après cet acte de contrition, dont il faut lui savoir gré, s'il est sincère, le général Hullin entre dans les détails de cette malheureuse affaire. Il affirme qu'en arrivant à Vincennes, il ignoroit la cause pour laquelle il y étoit envoyé, que le commandant Harel l'ignoroit également, que ce ne fut qu'au moment même où il falloit commencer l'instruction qu'il apprit que c'étoit le duc d'Enghien qu'il s'agissoit de juger; qu'avant d'ouvrir les débats la commission fut arrêtée par un incident; que le prince avoit demandé qu'on lui procurât un entretien avec le premier consul; qu'un des membres de la commission proposa d'écrire au premier consul; que cette proposition fut écartée par l'intervention du commandant de la gendarmerie, qui représenta que cette proposition étoit *inopportune;* qu'alors les débats furent ouverts, et qu'on se réserva de satisfaire aux vœux du prévenu après les débats; qu'il procéda à l'interrogatoire; que le prince répondit avec beaucoup de fermeté, repoussa loin de lui d'avoir trempé dans un complot d'assassinat contre le premier consul, convint qu'il avoit porté les armes contre la république, et déclara qu'il avoit soutenu les droits de sa famille, et qu'un Condé ne pouvoit rentrer en France que les armes à la main ; qu'alors il lui fit observer que sa défense le compromettoit, et que *les commissions militaires étoient sans appel;* que le duc ayant persisté dans ses déclarations, malgré tous les efforts de ses juges pour le sauver, la commission prononça à l'unanimité la peine de mort. Il ajoute que cette affaire se présentoit comme intéressant la sûreté de l'Etat et l'existence même du gouvernement; *que plusieurs pièces étoient jointes au dossier, des lettres interceptées, une correspondance de M. Shée, et surtout un long rapport du conseiller d'Etat Réal.* « Que pouvions-nous faire? dit-il ; nous étions liés par nos sermens au gouvernement; nommés juges, il nous a fallu être juges, à peine d'être jugés nous-mêmes.

« Après le jugement rendu, plusieurs rédactions furent essayées, entre autres celle qui a été publiée comme pièce du procès; mais lorsqu'elle eut été signée, elle ne nous parut pas régulière, et nous fîmes procéder à une nouvelle rédaction par le greffier, basée principalement sur le rapport du conseiller d'Etat Réal et les réponses du prince. »

Dès que le greffier eut terminé son ouvrage, et que les juges eurent apposé leurs signatures, le général Hullin assure qu'il se mit à écrire une lettre dans laquelle se rendant l'interprète du vœu unanime de la commission, il écrivoit au premier consul pour lui faire part du désir qu'avoit témoigné le prince d'avoir une entrevue avec lui, et aussi pour le conjurer de remettre une peine que la rigueur des lois n'avoit pas permis à la commission d'éluder; qu'à cet instant un homme qui s'étoit constamment tenu dans la salle du conseil s'approcha de lui, disant : « Que faites-vous là ? — J'écris au premier consul pour lui exprimer le vœu du conseil et celui du condamné. — Votre affaire est finie, dit-il en reprenant la plume au général, maintenant cela me regarde. »

M. Hullin affirme qu'il crut alors que l'homme dont il s'agit vouloit lui-même écrire au premier consul, et qu'il sentit un mouvement de dépit en se voyant enlever par un autre la plus belle prérogative d'une fonction toujours si pénible; que ses collègues et lui se retirèrent; que des conversations particulières s'étoient déjà engagées sous le vestibule en attendant que les voitures pussent entrer, lorsqu'une explosion se fit entendre.... « Bruit terrible, s'écrie-t-il, qui retentit au fond de nos âmes, et les glaça de terreur et d'effroi. Oui ! je le jure au nom de tous mes collègues, cette exécution ne fut point autorisée par nous. Notre jugement portoit qu'il en seroit envoyé une expédition au ministre de la guerre, au grand-juge ministre de la justice, et au général en chef gouverneur de Paris.

« L'ordre d'exécution ne pouvoit être régulièrement donné que par ce dernier; les copies n'étoient point encore expédiées; elles ne pouvoient pas être terminées avant qu'une partie de la journée ne fût écoulée. Rentré dans Paris, j'aurois été trouver le premier consul. Que sais-je ? et tout à coup un bruit affreux vient nous révéler que le prince n'existe plus!

« Nous ignorons si celui qui a si cruellement précipité cette exécution funeste avoit des ordres : s'il n'en avoit point, lui seul est responsable; s'il en avoit, la commission, étrangère à ces ordres, la commission, tenue en charte privée, la commission, dont le dernier vœu étoit le salut du prince, n'a pu ni en prévenir ni en empêcher l'effet. On ne peut l'accuser. Je le répète encore : *que je suis malheureux !* »

M. Hullin ajoute que vingt ans écoulés n'ont point adouci l'amertume de ses regrets. Ce plaidoyer est tracé avec beaucoup d'art; car il est difficile de ne pas porter quelque intérêt au coupable qui avoue ses fautes. La vieillesse de M. Hullin, sa cécité, son repentir demandent grâce pour lui; mais l'histoire n'y trouve malheureusement qu'une fable démentie par des faits positifs. Il n'est point vrai que M. Hullin ignorât le nom de la victime, que le commandant du donjon l'ignorât comme lui, car il n'avoit pu, sous peine de destitution et d'un emprisonnement de six mois, se rendre coupable de détention arbitraire, recevoir le prisonnier sans se faire représenter l'ordre de l'autorité supérieure. Ce jour-là même les journaux étoient pleins de lettres de Strasbourg qui annonçoient l'enlèvement de M. le duc d'Enghien. S'il est vrai que le commandant de la gendarmerie, placé derrière le fauteuil du président, se soit opposé à ce que le président satisfît au vœu de l'accusé en écrivant au premier consul, et que la commission n'ait pas eu le courage de repousser une pareille intervention, elle s'est couverte d'un déshonneur complet; car le commandant de la force armée n'a aucun pouvoir sur les tribunaux; et s'il entreprenoit de gêner leurs suffrages, les juges ont toujours la faculté de se retirer ou de suspendre leur jugement. M. Hullin étoit aussi général, et supérieur en grade à M. Savary; il pouvoit l'écarter d'un mot, en lui enjoignant de retourner à son poste.

M. Hullin affirme qu'il fit observer au prisonnier que les commissions militaires étoient sans appel. Oui; mais non pas sans révision. La commission qu'il présidoit étoit une commission simple, et dont les jugemens étoient par conséquent sujets à révision; les juges le savoient bien, et rien ne peut les excuser d'avoir ordonné que leur sentence fût exécuté *de suite*: c'est dans ce mot fatal qu'est contenu tout le crime dont les murs de Vincennes ont été ensanglantés.

Il est triste encore qu'un homme qui exprime son repentir d'une manière si touchante soit surpris trompant la crédulité de son lecteur. M. Hullin prétend qu'aux pièces qui concernoient le duc d'Enghien étoient joints *un long rapport du conseiller d'Etat Réal, des lettres interceptées, une correspondance de M. Shée.*

Eh bien! tout cela est controuvé. Le prince

a été jugé sur le simple arrêté des consuls; les pièces étoient au nombre d'*une*, ainsi que le porte le texte même de la sentence. Il ajoute qu'on essaya plusieurs rédactions; on n'en essaya aucune. La sentence avoit été envoyée toute faite. Les juges étoient pressés de tuer, et ils tuèrent, sans se donner le peine de remplir les lacunes. Le jugement qu'on inséra dans *le Moniteur* avoit été rédigé après coup. M. Hullin le sait; et en affirmant le contraire il se prépare une nouvelle confession et un nouveau repentir.

Il se disposoit, dit-il, à écrire au premier consul, lorsqu'un homme vint lui enlever la plume des mains, et précipiter l'exécution de l'infortuné duc. Mais cet homme avoit-il un pouvoir supérieur au sien? Pourquoi M. Hullin n'a-t-il pas gardé la minute du jugement jusqu'au retour du courrier qu'il se proposoit d'envoyer à la Malmaison? S'il vouloit en suspendre l'exécution, il ne falloit pas l'ordonner *de suite*. Sans cette formule, l'homme dont il s'agit, qu'il ne nomme pas et qu'il désigne assez, n'auroit pu le troubler dans ses fonctions; et si M. Hullin eût eu quelque courage dans le cœur, il l'auroit honteusement expulsé. Mais il est constant que ce fut de lui que le capitaine d'Autancourt reçut la minute de ce jugement pour le faire exécuter. Quand on est une fois entré dans les voies du remords, il ne faut pas en sortir, et chercher dans de fausses allégations une justification qui ne peut soutenir les regards de la critique. M. Hullin, vieux et infirme, a voulu prendre le parti d'un homme puissant. Il a obéi comme les autres : voilà sa meilleure défense.

Quelques efforts que puissent faire les juges de M. le duc d'Enghien, c'est sur eux que retombera toute l'horreur de la postérité. M. de Talleyrand pouvoit faire avertir M. le duc d'Enghien, et il ne l'a pas fait; le général Berthier et les autres généraux pouvoient lui rendre le même service, et ils ne l'ont pas fait. C'est à eux qu'on peut imputer son enlèvement. Mais il devoit être jugé; et si les juges eussent rempli leur devoir, il n'auroit pas péri. Celui à qui on impute l'action matérielle de sa mort n'auroit pu l'ordonner, et le prince étoit sauvé.

J'emprunterai donc ici les paroles du savant et courageux jurisconsulte qui a discuté avec tant de force et de lumières les pièces de cet infernal procès, et je dirai avec lui : « Juges iniques de tous les temps, de tous les pays, de tous les régimes, vous tous qui avez eu l'affreux malheur de juger sans pouvoir, sans formes et sans lois, instrumens dociles des vengeances du pouvoir, de l'ambition d'un chef ou de la réaction des partis, que l'infamie vous suive à travers les âges futurs! que la postérité vous déteste comme un exemple à fuir pour ceux qui seroient tentés de vous imiter! c'est le devoir et l'intérêt de toutes les générations! c'est mon sentiment particulier ! »

Il ne reste plus, dans cette discussion, qu'un mot à ajouter : c'est que le premier consul précipita la mort du duc d'Enghien, parce qu'il fut informé que les ministres de Suède, d'Autriche et de Russie, instruits de l'arrivée du prince à Vincennes, se concertoient à ce sujet. Cette circonstance peut servir à expliquer pourquoi Réal se montra inutilement à Vincennes.

CHAPITRE XII.

Effroi général de l'Europe à la nouvelle de l'assassinat du duc d'Enghien. Honneurs rendus à ce prince à Londres et à Saint-Pétersbourg. Délibérations du corps diplomatique. Conduite ferme de la Russie et de la Suède. Timidité des autres puissances. Fin tragique du général Pichegru.

A la nouvelle de la mort du duc d'Enghien, l'Europe entière fut saisie d'horreur; on crut voir toutes les fureurs de la révolution réunies dans le cœur d'un seul homme, et l'Angleterre, en s'armant contre lui, parut alors ne défendre que la cause de l'humanité.

Quel coup mortel pour le cœur du duc de Bourbon et du prince de Condé! Ce vénérable vieillard se reposoit à Londres sous les lauriers qu'il avoit infructueusement moissonnés. Combien de fois n'avoit-il pas exhorté son petit-fils à venir le rejoindre! combien de fois ne lui avoit-il pas exprimé l'inquiétude que lui inspiroit un séjour si voisin de la France!

« Surtout, lui disoit-il, ne mettez pas le pied sur cette terre de désastres. On dit que vous allez quelquefois à Strasbourg : rassurez-moi sur ces bruits. »

C'étoit, depuis le commencement de la révolution, la première fois que l'aïeul et le petit-fils étoient séparés; mais le jeune prince calmoit chaque fois les alarmes de son aïeul, en l'assurant qu'il se renfermoit soigneusement dans les bornes de la prudence et de la circonspection. Jugeant du cœur de Buonaparte par le sien, il s'endormit dans une funeste sécurité, et prolongea son séjour à Ettenheim, quoique quelques jours avant son malheur le roi de Suède et l'électeur de Bade lui eussent manifesté des inquiétudes à son sujet.

Tous les Français résidant en Angleterre s'empressèrent d'aller aux pieds du prince de Condé porter le tribut de leur douleur. L'infortuné vieillard fut long-temps dans un état voisin du désespoir; il fallut toute la fermeté de sa grande âme pour s'élever au-dessus d'un si cruel malheur. Les temples catholiques se couvrirent de deuil. Le 28 avril, M. l'abbé de Bouvens, grand-vicaire de M. l'évêque d'Arras, prononça l'oraison funèbre de l'auguste victime dans la chapelle de Saint-Patrice; son texte étoit tiré du premier livre des *Machabées*, et rappeloit l'audace et la cruauté d'un odieux tyran qui voulant s'emparer du trône de Juda, et craignant que le brave Jonathas ne s'y opposât les armes à la main, étoit parvenu à le surprendre, l'enlever et le mettre à mort (1).

Ce discours, plein de traits éloquens, produisit une profonde émotion sur l'auditoire, où l'on remarquoit Monsieur, frère du roi, les ducs de Berri, d'Orléans, de Montpensier, le comte de Beaujolais, et un grand nombre d'Anglais de la plus haute distinction, tels que le comte de Chatam, les ducs de Portland, de Northumberland, etc.

Cet hommage ne fût pas le seul que l'Eglise en deuil décerna à l'infortune du prince; sa mémoire fut aussi honorée à Saint-Pétersbourg d'un service solennel; le cénotaphe portoit une inscription qui mérite d'être conservée :

Inclyto principi
Ludovico-Antonio-Henrico
Borbonio Condœo, duci d'Enghien
Non minus propriâ et avitâ virtute

---

(1) *Cum cogitasset Tryphon regnare....... Timens ne forte non permitteret eum Jonathas, quærebat occidere eum.*

Quam sorte funestâ claro
Quem devoravit bellua Corsica
Europœ terror
Et totius humani generis lues.

On devoit s'attendre que les cabinets de l'Europe ne resteroient pas spectateurs immobiles d'un pareil évènement. Le roi de Suède Gustave-Adolphe, qui se trouvoit alors à Carlsrhue, ne put contenir son indignation. Il avoit envoyé un de ses aides-de-camp à Paris, pour réclamer la royale victime, avec laquelle il avoit souvent partagé le plaisir de la chasse; il la pleura amèrement; il voulut avoir l'arme avec laquelle elle avoit tenté de se défendre; il demanda et garda avec un tendre intérêt un des chiens du prince, et lui fit porter un collier sur lequel on lisoit: *Mon maître fut le duc d'Enghien.* L'électeur de Wurtemberg réclama hautement contre la violation du territoire germanique, et en demanda satisfaction. M. d'Oubriel, chargé d'affaires de Russie depuis le départ de M. de Marcow, déploya un caractère digne du prince qui l'avoit honoré de sa confiance. Après une conférence diplomatique avec les autres ministres, il expédia en toute diligence un courrier à l'empereur Alexandre, pour l'informer de la scène tragique qui venoit de se passer à Vincennes;

il en reçut bientôt l'ordre d'exprimer au ministre de France toute l'horreur qu'en ressentoit Sa Majesté russe.

« L'empereur, disoit-il dans une note remise à M. de Talleyrand, a appris avec autant de surprise que de douleur l'évènement qui a eu lieu à Ettenheim, les circonstances qui l'ont accompagné et son déplorable résultat. Sa Majesté ne voit aucun moyen de concilier la violation du territoire de l'électorat de Bade avec les principes de justice qui sont sacrés chez toutes les nations. Sa Majesté impériale voit dans cet acte une atteinte aux droits des peuples et à l'indépendance des territoires, une atteinte qui anéantiroit sans ressource la sécurité, l'indépendance des Etats souverains, si jamais elle pouvoit être admise. L'empire germanique n'auroit plus de sécurité pour l'intégrité de son territoire, si, après tant de sacrifices pour obtenir la paix et le repos, il se voyoit encore menacé par la puissance elle-même qui lui a garanti cette intégrité.

« Ces considérations n'ont pas permis à Sa Majesté l'empereur de passer sous silence un évènement inouï qui a répandu la consternation dans toute l'Allemagne. En conséquence, le résident de Sa Majesté à Ratisbonne a reçu ordre de remettre une note à la diète, et d'y représenter, ainsi qu'au chef de l'empire, la nécessité d'adresser au gouvernement français des représentations contre cette violation du territoire germanique. Sa Majesté a la juste confiance que le premier consul fera droit aux représentations du corps germanique, et sentira l'urgente nécessité de prendre les mesures les plus promptes pour rassurer tous les gouvernemens de l'Europe contre les alarmes qu'il leur a données, et de mettre fin à un ordre de choses trop dangereux pour leur indépendance et leur sécurité. »

Telle étoit alors l'aveugle présomption de Buonaparte, que, loin de chercher à ménager par des paroles de conciliation un allié si puissant, il lui fit une réponse dont il ne pouvoit manquer d'être vivement offensé.

« Le premier consul, disoit le ministre des relations extérieures, voit avec regret que le cabinet de Saint-Pétersbourg se laisse influencer par les ennemis de la France, et compromette ainsi la bonne intelligence qui régnoit entre les deux Etats et les heureux effets qui en étoient résultés. Le roi de Prusse et l'empereur d'Allemagne, c'est-à-dire les deux puissances les plus intéressées à la sûreté du corps germanique, ont très-bien compris que le gouvernement de France avoit droit de faire arrêter à deux lieues de ses frontières des sujets rebelles qui conspiroient contre leur propre patrie, et qui par la nature de leurs complots, prouvés jusqu'à l'évidence, s'étoient placés eux-mêmes hors de la loi des nations (1). Après cela, que pourroit dire le premier consul à l'empereur de Russie sur un point qui ne le concerne nullement ? Mais il lui parlera du moins avec cette franchise que l'Europe lui connoît, et qui seule convient aux Etats grands et puissans. Si l'intention de Sa Majesté l'empereur de Russie est de former une nouvelle coalition et de reprendre les armes, pourquoi chercher de vains prétextes et ne pas agir ouvertement ? Quelque déplaisir que le renouvellement des hostilités puisse causer au premier consul, il est loin de s'en effrayer; il ne connoît dans le monde personne dont les menaces puissent alarmer la France, personne dont il veuille souffrir l'intervention dans les affaires intérieures de son pays;

---

(1) Ni l'Autriche ni la Prusse n'avoient compris et adopté ces maximes, mais elles n'avoient osé en réclamer une satisfaction publique; et lorsque la Russie fit présenter sa note à la diète de Ratisbonne, leurs ministres plénipotentiaires se conduisirent avec une foiblesse peu digne de la majesté de ces Etats.

et puisque lui-même ne s'occupe nullement des opinions et des partis qui divisent l'empire russe, Sa Majesté impériale n'a également aucun droit de s'occuper des opinions et des partis qui divisent la France. Sa Majesté demande qu'on rassure l'Allemagne sur un ordre de choses qui lui cause trop d'alarmes pour son indépendance et sa sûreté. Mais l'indépendance des Etats de l'Europe n'est-elle pas compromise quand la Russie maintient et protége à Dresde et à Rome les auteurs de complots criminels, qui abusent du privilége de leur résidence pour inquiéter et troubler les Etats voisins? quand les ministres de Russie accrédités auprès des cours d'Europe prétendent placer sous la protection des lois des nations les sujets de France révoltés contre leur pays, comme a prétendu le faire M. de Marcow à Paris et à Gênes? Voilà ce qu'on peut appeler de véritables atteintes à l'indépendance des Etats, des atteintes qui réclament de vives remontrances. Le fait contre lequel on affecte de jeter de si hauts cris est d'une nature tout à fait indifférente. Par le traité de Lunéville, la France et l'Allemagne se sont mutuellement engagées à ne donner aucun asile à ceux qui pourroient troubler leur tranquillité respective : les émigrés qui résidoient à Bade, à Dresde, à Fribourg, ne devoient donc pas y être soufferts. Mais voici ce qui condamne évidemment la Russie : la France requiert d'elle qu'elle éloigne de ses Etats les émigrés qu'elle avoit attachés à son service lorsque les deux puissances étoient en guerre, et qui ne se sont signalés que par leurs intrigues, et la Russie insiste pour les y maintenir; les remontrances qu'elle fait aujourd'hui conduisent naturellement à cette question : « Si, lorsque l'Angleterre méditoit « le meurtre de Paul 1er, on eût appris que les « auteurs de ce complot étoient à une lieue « de la frontière, n'eût-on pris aucune mesure « pour les arrêter ? »

« Le premier consul espère que Sa Majesté impériale, dont l'excellent esprit et le noble caractère sont si bien connus, s'apercevra tôt ou tard qu'il y a des hommes qui s'agitent dans tous les sens pour susciter des ennemis à la France, faire diversion et rallumer le feu de la guerre en faveur de la Grande-Bretagne. Le premier consul ne la cherche point; mais de quelque part qu'elle lui vienne, il la préférera toujours à un état de choses qui tendroit à détruire, au détriment de la France, l'égalité entre les grands Etats; et comme il ne prétend s'arroger aucune supériorité sur le cabinet de Saint-Pétersbourg, ni se mêler de ses affaires intérieures, il demande une égale réciprocité pour la France. »

Cette réponse produisit l'effet qu'on devoit en attendre. L'empereur de Russie, vivement offensé, défendit à son envoyé d'en recevoir dorénavant de pareilles, et lui prescrivit de requérir impérativement l'exécution de trois articles secrets convenus dans la convention du 11 octobre 1801, l'évacuation du royaume de Naples et la reconnoissance de sa neutralité; une détermination fixe et précise à l'égard des États d'Italie, dont le sort devoit être déterminé de concert par la France et la Russie; une indemnité au roi de Sardaigne pour les pertes qu'il avoit faites, conformément aux engagemens que le premier consul en avoit pris et qu'il avoit si souvent réitérés; enfin, l'empereur, comme garant de l'indépendance de l'empire germanique, demandoit que le gouvernement français retirât ses troupes du nord de l'Allemagne.

Il étoit facile de prévoir que Buonaparte n'accéderoit à aucune de ces demandes; son ministre se retrancha dans de vagues récriminations, et M. d'Oubril demanda ses passeports. Ainsi commencèrent à s'attiser les matériaux du nouvel incendie qui devoit bientôt embraser le continent; les conseils de Buonaparte le prévoyoient, lui seul continuoit de s'aveugler sur l'avenir. Il prescrivit à ses ministres auprès des diverses puissances, non seulement de dédaigner toutes les réclamations sur la violation du territoire, mais de requérir immédiatement l'expulsion de tous les émigrés français, et toutes s'empressèrent d'obéir; Bade, Wurtemberg, la Bavière, la Saxe, par crainte; la Prusse par des considérations d'intérêt particulier; l'Autriche, parce que Buonaparte y avoit un parti puissant, et que sa politique lui prescrivoit d'attendre. Le roi de Suède seul se montra digne de la couronne qu'il portoit; et ce jeune prince, dont l'âme étoit toute chevaleresque, n'échappa qu'avec peine aux émissaires de Buonaparte, qui faillirent l'enlever à Munich.

Ce fut alors que le premier consul crut à propos de révéler à l'Europe les machinations de MM. Drake et Spencer Smith. Le grand-juge fit à ce sujet un rapport public où, après avoir exposé tous les détails de la mission de Méhée et du capitaine Rosey, il dit :

« M. Drake est arrogant et vain; il sera cruellement puni quand il saura que le soulèvement des quatre départemens, la prise d'Huningue, la séduction de l'armée, la libération de Moreau, de Pichegru, de Georges et de ses associés, que l'existence du comité diplomatique, les talens, le crédit, les projets de ce général démagogue, doué par la nature d'une éloquence sublime, d'une figure imposante, d'une voix terrible et retentissante, sont des chimères dont le préfet de Strasbourg s'est plu à nourrir sa naïve crédulité.

« Il sera cruellement puni quand il saura que tous ses bulletins étoient rédigés à Paris, communiqués aux agens de la police, qui en faisoient des risées, et ne pouvoient revenir de leur surprise en voyant des fables ourdies avec aussi peu de soin charmer M. Drake, et servir de base à la politique de son cabinet.

« Il sera cruellement puni quand il saura que ses lettres de change, son or, sa correspondance, celle de ses collègues ont servi de jouet à des hommes qui n'ont approché de lui que pour pénétrer la perversité de ses sentimens et le livrer à l'opprobre et à la dérision de l'Europe. »

Ce rapport fut communiqué à tout le corps diplomatique, qui s'empressa d'en exprimer au premier consul sa surprise et son indignation. Pour achever cet ouvrage, on fit en même temps publier par Méhée, sous le titre d'*Alliance des jacobins de France avec le mi-*

nistère anglais, le récit de tous les artifices dont il s'étoit servi pour s'insinuer dans la confiance de M. Drake, abuser à l'excès de sa crédulité, et lui extorquer son argent. Si ce récit couvroit de honte celui qui le faisoit, il couvroit de ridicule celui qui en avoit été l'objet, et le rendoit la fable de l'Europe. Mais ce n'étoit pas là que Buonaparte vouloit arrêter ses vengeances; ses émissaires couvroient tous les Etats d'Allemagne. M. Drake fut averti que des gendarmes avoient paru autour de sa maison. Il logeoit dans un des faubourgs de Munich; il courut tout éperdu implorer la protection du gouvernement bavarois : mais quelle fut sa consternation lorsque le ministre du prince lui signifia que Son Altesse électorale, justement indignée de la conduite qu'il avoit tenue dans ses Etats, ne pouvoit plus l'y souffrir ni reconnoître en lui le caractère d'ambassadeur. Saisi d'effroi, il partit aussitôt à pied et sans congé, fit trois lieues par des chemins détournés, et après trois heures de marche parvint à se jeter précipitamment dans sa voiture.

La terreur de sir Spencer Smith ne fut pas moindre : craignant à chaque instant de se voir enlevé, il se hâta de brûler ses papiers, et, sans attendre les ordres de sa cour, s'éloigna en toute hâte avec l'abbé Péricaud, émigré français, qu'il avoit pour secrétaire.

Tant de succès enivroient Buonaparte, et le confirmoient dans le système d'audace qu'il avoit adopté; il bravoit la Russie, parce qu'elle ne pouvoit, suivant lui, rien entreprendre sans le concours des autres puissances du continent. Il méprisoit la vieille Europe, « dont les rois, disoit-il, sont sans activité, et les ministres de *vieilles perruques réglant tout suivant leurs anciennes routines.* »

Mais les dispositions de l'intérieur ne répondoient pas aux succès qu'il obtenoit au dehors. Les Français voyoient avec effroi ces développemens d'un caractère violent et farouche dont les éclats pouvoient retomber sur eux-mêmes. Les cœurs, loin de se rapprocher de lui, s'en éloignoient, et sa puissance n'avoit de véritable appui que dans l'armée.

Bientôt une nouvelle scène tragique vint ajouter aux émotions profondes qu'avoit laissées l'assassinat du duc d'Enghien. Le 6 avril, toute la capitale retentit de ce bruit : *Le général Pichegru n'est plus; il a été trouvé étranglé dans sa prison.* Le Moniteur, en publiant les détails de ce lugubre évènement, accusoit le général d'avoir mis fin à ses jours de ses propres mains. Mais l'opinion publique ne se laissa point diriger ; elle repoussa unanimement cette accusation, et la reporta toute entière contre le premier consul. Pichegru étoit un adversaire redoutable ; il avoit montré dans sa prison autant de fermeté, de courage et de sang-froid que dans les combats. Il avoit annoncé qu'il parleroit quand le jour du jugement seroit venu, et s'étoit renfermé dans un système de dénégation absolu qui avoit singulièrement embarrassé ses juges. La publicité donnée à ces actes judiciaires avoit augmenté l'estime qu'on lui portoit. Son éloquence mâle et forte, le souvenir des services qu'il avoit rendus à sa patrie, la révélation de plusieurs traits de la vie et de la politique de Buonaparte, peu honorables pour lui, ne pouvoient manquer de produire un grand effet quand il paroîtroit devant ses juges. Moreau, dont l'âme avoit moins d'énergie, pouvoit se sentir ranimé par la présence et les discours de Pichegru. La gendarmerie, mal disposée et très affectionnée à ces deux généraux, pouvoit changer la scène tout à coup. Détruire Pichegru c'étoit enlever au général Moreau le plus brave et le plus utile de ses auxiliaires. Tels étoient les raisonnemens dont l'opinion se prévaloit pour justifier ses soupçons.

On ajoutoit à ces réflexions des particularités qui ne reposoient à la vérité sur aucune preuve, mais qui n'en produisoient pas moins un effet considérable sur l'esprit public; on disoit qu'une femme qui avoit été la maîtresse du général s'étoit, par ordre de Buonaparte, transportée à sa prison, et lui avoit proposé de signer une déclaration à peu près conçue en ces termes : « Je déclare que, dans l'affaire du 13 vendémiaire an IV, le général Buonaparte s'est comporté en brave militaire, en citoyen généreux; qu'il a suivi les lois de la discipline militaire, et n'a fait que ce que tout autre auroit fait à sa place; que si j'en ai parlé différemment, c'étoit uniquement par suite de nos démêlés et de la différence de nos opinions; que rien ne me contraint de faire cet aveu, et qu'il est le témoignage libre de ma conscience. »

On assuroit qu'à la lecture de cet écrit, qui devoit porter la date du 25 nivôse an V, Pichegru s'étoit livré à une violente indignation, et qu'arrachant sa cravatte et déroulant les papiers qu'elle renfermoit, il s'étoit écrié : *Voilà son arrêt de mort! en plein tribunal je démasquerai l'hypocrite, je ferai trembler le tyran!*

Si cette anecdote est dépourvue des garanties qu'exige l'histoire, elle n'est cependant pas dénuée de toute vraisemblance. Il résulte des pièces du procès, que Pichegru, pressé de s'expliquer sur les motifs qui l'avoient déterminé à quitter l'Angleterre, avoit répondu : « Il y a huit ans que je suis sorti de France par l'effet des démarches de Buonaparte, dont la haine date de l'époque du 13 vendémiaire, pour m'être expliqué sur cette journée en véritable Français, et qui, me regardant probablement comme un obstacle à son ambition, concourut spécialement aux évènemens de fructidor, en m'éloignant ainsi de France. Fatigué d'un éloignement aussi prolongé de mon pays, fatigué des calomnies des journaux français, qui tantôt me plaçoient à la tête des armées étrangères, tantôt à la tête des conseils, j'ai cru ne pouvoir mieux faire que de rentrer en France. Voilà tout ce que je puis vous dire. »

D'ailleurs, il paroît certain que Pichegru avoit en main des pièces qui pouvoient fortement compromettre son ennemi. Or savoit qu'il avoit écouté en Italie des propositions à peu près semblables à celles qui avoient été faites en Allemagne au général Pichegru, et que la négociation n'avoit été interrompue que par l'excès des prétentions du général républicain; les preuves n'en avoient point été anéanties, et Pichegru pouvoit en posséder quelques restes dont la lecture auroit produit en public, et devant les juges, un effet extraordinaire. On parloit aussi d'un accord secret entre le cabinet anglais et Buonaparte, qui n'avoit, disoit-on, obtenu le passage libre d'Egypte en Europe, qu'à la condition de relever en France le trône des Bourbons. Tant de motifs suffisoient pour que Buonaparte songeât sérieusement à se défaire d'un adversaire si redoutable.

L'opinion publique saisissoit avec avidité toutes ces considérations; et les détails contenus dans *le Moniteur*, loin de les atténuer, ne servoient qu'à les fortifier davantage. On y assuroit que le général s'étoit étranglé avec sa cravatte, en la serrant à l'aide d'une petite branche de fagot, en forme de tourniquet, arrêtée sur sa joue. Les médecins d'une opinion libre témoignoient hautement leur doute sur ce genre de mort; et l'auteur de ces Mémoires ayant demandé à l'un des plus célèbres anatomistes ce qu'il en pensoit, il lui répondit ironiquement : « Cela me paroît incontestable, et je ne doute même pas que Pichegru, étranglé, n'ait tiré le cordon de sa sonnette pour avertir qu'il étoit mort. »

Il étoit facile de remarquer le trouble parmi les agens de la police; Réal lui-même convint que, quelque chose que l'on fît, on ne parviendroit jamais à persuader au public que ce meurtre ne fût pas l'ouvrage de la police. Cependant on ne négligea rien pour le détourner de cette opinion. On fit transporter le cadavre du général dans la salle du tribunal criminel, pour l'exposer aux regards du public, et le livrer à l'examen des chirurgiens. Mais ces chirurgiens, choisis par le gouvernement, inspiroient peu de confiance; et l'on étoit convaincu d'avance que, quand même ils découvriroient sur le corps du général des marques de violence, ils n'oseroient s'expliquer à ce sujet : aussi firent-ils plus qu'ils ne devoient; car ils déclarèrent qu'il résultoit de l'inspection du cadavre, que Pichegru s'étoit étranglé lui-même, ce qu'aucun examen anatomique ne pouvoit prouver.

L'imagination commença alors à créer ses romans. Il avoit été, suivant les uns, étranglé par des mamelouks, que Buonaparte avoit ensuite fait fusiller; il l'avoit été, suivant d'autres, par des gendarmes aux ordres du général Savary, leur colonel. Mais ces bruits n'étoient fondés sur aucune preuve. Il est constant qu'aucun mamelouk n'entra au Temple; et quoiqu'il se trouvât parmi les gendarmes des soldats fanatiques qui se vantoient des cruautés qu'ils avoient commises, souvent de sang-froid, en Egypte et dans la Vendée, il est douteux néanmoins qu'on eût osé leur proposer un tel crime. Plusieurs avoient servi sous les ordres de Pichegru, et ne dissimuloient pas le respect qu'ils lui portoient. D'un autre côté, les procès-verbaux publiés dans les journaux officiels étoient loin de justifier Buonaparte; on y disoit qu'un gendarme d'élite placé dans la pièce qui précédoit la prison de Pichegru l'avoit entendu tousser à minuit, et qu'il n'avoit vu personne entrer dans sa chambre; un autre gendarme placé au dehors et sous la fenêtre de cette chambre avoit entendu le général tousser à quatre heures du matin; le porte-clefs affirmoit qu'il n'avoit donné sa clef à personne. Le général Savary, depuis duc de Rovigo, dans l'écrit qu'il a publié à ce sujet, rapporte que, quelques jours avant l'évènement, Pichegru avoit demandé les *OEuvres de Sénèque* au conseiller Réal, et que le jour de sa mort on trouva le volume ouvert au chapitre où le philosophe romain dit que *celui qui veut entrer dans une conspiration doit avant tout déposer toute crainte de la mort*. Mais déposer toute crainte de la mort n'est pas s'étrangler. Il étoit d'ailleurs facile de sentir que si Buonaparte avoit ordonné la mort de Pichegru, on n'avoit pas manqué de scélérats prêts à exécuter ses ordres. L'ouverture des débats, qui eut lieu peu de temps après, prouva que, dans l'instruction du procès, on avoit employé des misérables pour donner la question à plusieurs des compagnons de Georges : ces misérables auroient-ils hésité à commettre une violence plus grande? La mort de l'infortuné général est donc restée jusqu'à ce jour un problême impénétrable. Mais rien ne put effacer les premières impressions du public. Les amis de Buonaparte se sont en vain efforcés de le justifier dans les écrits qu'ils ont publiés depuis sa mort, l'opinion s'est obstinée, et l'assassinat de Pichegru est mis aujourd'hui au nombre des crimes incontestés qui souilleront éternellement la mémoire de Napoléon (1). S'il en étoit autrement, jamais, sous un gouvernement religieux, on n'eût décerné une

---

(1) Pour satisfaire néanmoins à ce que l'histoire a droit d'exiger d'un écrivain impartial, je dois dire qu'ayant consulté plusieurs des royalistes courageux qui se trouvèrent impliqués dans ce procès, et qui étoient alors détenus au Temple avec Pichegru, quelques-uns ont paru persuadés que cet infortuné général, indigné de la lâcheté d'une partie de ses complices, aima mieux, dans un moment de désespoir, terminer ses jours que de porter sa tête sur un échafaud.

statue à l'homme qui auroit lui-même mis fin à ses jours.

Mais s'il n'est pas constant que la mort du général Pichegru soit l'ouvrage de Buonaparte, il est certain du moins que sa haine éclata dans ce grand procès d'une manière propre à justifier tous les soupçons. Non content de voir chargé de fers, plongé dans l'ombre d'un cachot l'homme qui, dans son enfance, lui avoit donné les premières leçons de mathématiques, incapable de reconnoissance et de générosité, il entreprit de l'accabler en faisant publier contre lui deux écrits intitulés, le premier : *Mémoire concernant la trahison de Pichegru dans les années* III, IV *et* V *de la république*; le second : *Pichegru et Moreau*. Ces deux libelles étoient sortis de la plume d'un comte de Montgaillard, transfuge déshonoré de la cause des Bourbons, et qui alors étoit aux grands gages de la police (1).

---

(1) Les grands gages étoient de 24,000 francs par an. Il y en avoit cependant de plus élevés. Parmi les princes qui faisoient le métier d'espion (car il y eut des princes qui ne rougirent pas de cette infamie, et que Fouché a désignés dans ses Mémoires), quelques-uns avoient jusqu'à 3o et 40,000 francs. Il y avoit aussi des écrivains aux grands gages, tels que M. de B., M. de M., MM. F. et L., Mme de G., etc., qui recevoient

Non content d'y rappeler tout ce que Pichegru avoit fait alors pour le rétablissement de la maison de Bourbon, l'auteur imputoit à Pichegru les plus criminelles pensées contre son pays, comme d'avoir proposé à l'archiduc Charles d'incendier les villes de France qui ne se rendroient pas à la première sommation, et d'assurer la restauration par le fer et le feu. Mais ces écrits, loin de réconcilier Buonaparte avec l'opinion publique, ne faisoient qu'augmenter l'intérêt qu'on portoit aux proscrits. L'assassinat du duc d'Enghien, la fin tragique du général Pichegru, le dessein évident d'envoyer le général Moreau à l'échafaud, jetoient dans les esprits tant d'irritation, Buonaparte y faisoit chaque jour des pertes si considérables, que ses ministres et les hommes de la révolution qu'il avoit rapprochés de lui, jugèrent qu'il étoit temps de conjurer l'orage, de détourner l'attention publique sur un autre évènement, et de l'étonner par un coup d'éclat.

12,000 francs par an. Seroit-il vrai que M. de Montgaillard jouit encore aujourd'hui d'une pension de 6000 francs ?

CHAPITRE XIII.

Usurpation du trône; élévation de Buonaparte à la dignité impériale.

Depuis l'époque où le consulat à vie avoit été déféré à Buonaparte, il étoit aisé de prévoir que son ambition aspireroit à un rang plus élevé. Il avoit pris soin lui-même de préparer les élémens de sa grandeur par des écrits nombreux, et surtout en créant, sans l'avouer publiquement, un nouveau journal sous le titre de *Bulletin de Paris*. Le rédacteur de cette feuille étoit en apparence un homme obscur, mais il avoit pour principaux collaborateurs deux écrivains habiles, le conseiller d'Etat Regnault de Saint-Jean d'Angély, et M. de Montl....., que Buonaparte avoit attiré d'Angleterre en France, et attaché à ses intérêts. On y prônoit chaque jour les avantages de la concentration et de l'hérédité du pouvoir, la nécessité d'asseoir les intérêts de la révolution sur une base immuable. Le gouvernement feignoit de repousser ces doctrines, et leur faisoit faire un guerre convenue par ses journaux officiels. On affecta même de frapper l'auteur d'une disgrâce éclatante, en le privant de sa liberté. On faisoit en même temps proclamer par les crieurs publics, afficher, et saisir pour la forme, un pamphlet sous le titre de *Vœu d'un grenadier pour le rétablissement d'un empereur des Gaules.* Mais on avoit soin de s'élever contre ces provocations, et de déclarer que le premier consul n'envioit pas un titre plus beau que celui qu'il tenoit du vœu libre et unanime de la nation, et que penser autrement c'étoit calomnier sa modestie. Cependant on faisoit secrètement fabriquer dans les départemens des adresses pressantes où l'on conjuroit le premier consul de ne pas se refuser au vœu de la nation; les armées en envoyoient de leur côté; le Sénat travailloit du sien; et quand on crut que tout étoit suffisamment disposé, on vit tout à coup, le 30 avril, un tribun monter à la tribune, exposer les dangers que venoient de courir la république et le premier consul, et ceux auxquels la France seroit encore exposée, si l'on ne se hâtoit d'établir le gouvernement sur des bases durables, si le chef de l'Etat n'étoit pas revêtu d'un pouvoir et d'un titre qui missent la France en harmonie avec les autres Etats de l'Europe. Ce complaisant orateur se nommoit *Curée*; c'étoit un homme obscur qui avoit été successivement membre de l'Assemblée législative, où il avoit fait quelques rapports, de la Convention, où il avoit voté le bannissement et la détention de Louis XVI, du Conseil des cinq-cents, où il avoit demandé que la place où siégeoient Bonnier et Roberjeot au Corps législatif fût voilée d'un crêpe funèbre, et que, lorsque leurs noms seroient prononcés dans les appels nominaux, le président se levât et proférât cette formule d'exécration : *Que le sang des plénipotentiaires français retombe sur la maison d'Autriche!* Après le 18 brumaire, il fut appelé au Tribunat, où, malgré ses efforts pour se faire remarquer, il n'obtint aucune réputation; son discours, conservé dans *le Moniteur*, donne une idée peu favorable de son éloquence.

Il commença par rappeler les premiers jours de la révolution, qu'il compara aux sept jours de la création du monde; il descendit ensuite de siècle en siècle jusqu'au règne de Charlemagne, dont Buonaparte étoit la fidèle et glorieuse image. Il décrivit les orages de la révolution, qui s'étoient arrêtés à la voix de Napoléon, dans la célèbre journée du 18 brumaire; il déclama avec amertume contre la maison de Bourbon. « Cette maison, dit-il, que nous proscrivîmes en 1792 parce qu'elle avoit violé nos droits, et que nous proscrivons aujourd'hui parce que c'est elle qui a allumé contre nous la guerre civile et étrangère, qui a fait couler dans la Vendée des torrens de sang, qui a suscité les assassinats par la main des chouans, et qui n'a cessé d'être la cause des troubles et des désastres qui ont déchiré notre patrie. »

Il demanda un titre *sublime* pour le magistrat suprême de la nation, et proposa celui d'EMPEREUR. Il supplia ses collègues d'apporter dans cette affaire une prompte et patriotique résolution, et d'aller en corps présenter au Sénat les trois propositions suivantes :

« 1° Que Napoléon Buonaparte, actuellement premier consul, soit déclaré EMPEREUR, et en cette qualité chargé du gouvernement de la république française ;

« 2° Que la dignité impériale soit déclarée héréditaire dans sa famille;

« 3° Que celles des institutions qui ne sont que tracées soient définitivement arrêtées. »

Cette motion, à laquelle tous les membres du Tribunat étoient préparés, fut accueillie avec enthousiasme, et renvoyée à une commission pour en faire le plus prompt rapport. Plusieurs orateurs, parmi lesquels on distingua M. Siméon, depuis ministre de Louis XVIII, et M. Carion de Nisas, célèbre par ses chutes tragiques, se disputèrent l'honneur de la soutenir.

« La motion que vous venez d'entendre, dit M. Siméon, et que je seconde, présente une opinion qui se formoit depuis plus de deux ans, et que les évènemens ont mûrie; elle éclate de toutes parts; il est temps qu'elle soit accueillie et solennellement consacrée. Quelle longue et terrible expérience nous aurons faite!

« L'excès de abus croissant en foule autour d'un trône décrépit; un prince foible, qui ne savoit plus comment maintenir, mitiger ou défendre le pouvoir souverain qu'il vouloit garder; une Constitution que l'on crut faire monarchique, renfermant tous les principes d'anarchie qui ne tardèrent pas à désorganiser la France; la restauration de thermidor troublée par les orages de vendémiaire; la Constitution de l'an III plus d'une fois déchirée par diverses secousses; le vaisseau de l'Etat flottant incertain au milieu d'écueils opposés sur lesquels il risquoit de se briser, lorsqu'une main victorieuse et ferme vint en saisir le timon, et diriger sa marche vers le port.

« Dix ans de sollicitudes et de malheurs, quatre ans d'espérances et d'améliorations nous ont fait connoître les inconvéniens du gouvernement de plusieurs et les avantages du gouvernement d'un seul..... Il est dans l'existence des nations des bases essentielles dont le temps et les abus qu'il mène à sa suite les arrachent quelquefois, mais elles y sont naturellement ramenées par leur propre poids; et si une main habile prend soin de réparer ces fondemens ébranlés, elles s'y affermissent pour plusieurs siècles.

« A mesure que nous nous sommes éloignés des formes mobiles du gouvernement de plusieurs, les gouvernemens d'Europe nous ont rendu plus d'égards, de considération, de confiance; ils désirent pour leur propre tranquillité ce que nous voulons tous pour la nôtre. Depuis que le gouvernement s'est naturellement concentré, tout ce qui existe peut se coordonner facilement avec l'hérédité; par elle tout s'améliore et se fortifie. »

Ici l'orateur fit une longue et magnifique description des immenses services que le premier consul avoit rendus à la patrie; la religion se réjouissant de voir ses autels relevés; la justice dotée d'un Code fortifié de toutes les richesses de la jurisprudence ancienne et moderne; les finances s'accroissant du crédit inséparable d'un ordre fixe et perpétuel; les armées connoissant par la victoire le chef unique auquel elles auront désormais à obéir; une immense multitude rassurée sur la jouissance de ses propriétés, menacées tour à tour par l'anarchie qui les dévoroit, et le royalisme prêt à en dépouiller les possesseurs; tous les citoyens se livrant avec sécurité aux spéculations de leur commerce, de leur état, de leur profession; l'indépendance de la nation conquise et promulguée par la victoire, sanctionnée par la paix.

« Quel empire, ajouta-t-il, s'éleva ou se rétablit avec plus de force et de gloire! étouffant comme Hercule les serpens qui s'étoient glissés dans son berceau, marchant de cette victoire intérieure à d'innombrables victoires, terrassant ses ennemis, relevant ses alliés, n'yant plus qu'un ennemi hors du continent pacifié....... Quels titres comparer à ceux que tant de succès, de prodiges de guerre et d'administration ont accumulés sur la tête du premier consul, ne servant pas seulement l'Etat comme un illustre et grand citoyen, mais le dirigeant et gouvernant comme magistrat suprême?

« Opposeroit-on la possession longue, mais si solennellement renversée de l'ancienne dynastie? les principes et les faits répondent. Le peuple, propriétaire et dispensateur de la souveraineté, peut changer son gouvernement, et par conséquent destituer, dans cette grande occasion, ceux auxquels il l'avoit confié. L'Europe l'a reconnu en reconnoissant notre indépendance et notre nouveau gouvernement. La maison qui règne en Angleterre n'a pas eu d'autres droits pour exclure les Stuarts.

« Les catastrophes qui frappent les rois sont communes à leurs familles, ainsi que leur puissance et leur bonheur. L'incapacité qui abandonne leurs têtes à la fougue des révolutions s'étend sur leurs proches, et ne permet pas de leur rendre le timon échappé à des mains débiles. Il fallut qu'après les avoir repris, la Grande-Bretagne chassât les enfans de Charles Ier.

« Le retour d'une dynastie détrônée, abattue par le malheur, moins encore que par ses fautes, ne sauroit convenir à une nation qui s'estime. Il ne peut y avoir de transaction sur une querelle aussi violemment décidée.

« Si la révolution a été sanglante, n'en sont-ils pas coupables ceux qui attisèrent parmi nous les fureurs de la démagogie et de l'anarchie; qui, s'applaudissant à mesure qu'ils nous voyoient nous déchirer, espéroient nous ressaisir comme une proie affoiblie par ses propres morsures? N'en sont-ils pas coupables ceux qui, portant de contrées en contrées leurs ressentimens et leurs vengeances, excitèrent cette coalition qui a coûté tant de pleurs et de sang à l'humanité gémissante? Ils vendoient aux puissances dont ils s'étoient faits les cliens, une partie de cet héritage dans lequel ils les conjuroient de les rétablir; et maintenant ne redoublent-ils pas d'efforts auprès de ce gouvernement, leur antique ennemi, ainsi que le nôtre, et qui, trahissant leur cause, tout en nous combattant, ne les replaceroit sur le trône, s'il en avoit le pouvoir, que comme ces impuissans nababs de l'Inde, dont il a fait ses vassaux. Parlerai-je de ces dernières trames, de ces machinations, de ces essais répétés d'assassinats dont la malveillance la plus prononcée est forcée de rougir, mais qu'elle ne peut nier? Est-ce ainsi qu'on fait revivre des droits que tant d'évènemens ont annullés? Non; c'est ainsi qu'on en efface jusqu'aux dernières traces. »

M. Carion de Nisas succéda à M. Siméon, orateur plus véhément, admirateur enthousiaste de Napoléon (1). Il adopta toutes les considé-

---

(1) Il étoit né à Nizas, près de Pézénas, et avoit embrassé fort jeune la profession des armes. Officier d'infanterie à l'époque de la révolution, il ne suivit

rations et les principes de ses deux collègues, mais il les surpassa encore dans les éloges qu'il prodigua au premier consul; il s'indigna surtout de l'entendre tous les jours comparer à Charlemagne. « Charlemagne fut grand, il est vrai, mais il devoit quelque chose à l'épée de Charles-Martel et à celle des Pépins. Napoléon ne doit rien qu'à lui-même ; c'est par ses propres travaux et ceux de ses compagnons qu'il a agrandi cet empire, en dix années, de plus de provinces que la dynastie à laquelle il va succéder n'a su en recouvrer en plusieurs siècles. »

Il établit ensuite le dogme de la souveraineté du peuple; et pour avertir l'assemblée qu'il étoit lui-même d'un sang royal (il prétendoit descendre des rois d'Aragon), il rappela la formule de serment exigée jadis de ces princes lorsqu'ils montoient sur le trône.

« On a beaucoup cité, au commencement de la révolution, un monument remarquable de ces contrats solennels entre les rois et les

---

point la fortune des princes, et préféra chercher un appui dans la famille de Cambacérès, dont il épousa une parente. Cette alliance lui avoit procuré les honneurs du Tribunat en 1801. On ne pouvoit lui contester un genre d'éloquence hardie et souvent brillante, mais manquant habituellement de sens et de méthode.

peuples. Je veux parler de ce fameux serment des cortès de la vieille Espagne, qui, si j'en crois l'histoire, fut long-temps prêté et reçu par mes propres ancêtres. La formule en est frappante: « *Nous autres,* dit ce serment, *qui* « *valons autant que toi* (voilà l'égalité na- « tive), *qui pouvons plus que toi* (voilà la « souveraineté nationale), *nous te faisons* « *notre chef* (voilà le contrat) *pour être le* « *gardien de nos intérêts* (voilà la condi- « tion), *sinon non* (voilà la menace, l'an- « nonce du châtiment qui provoquera l'oubli « des devoirs). »

De cette citation l'orateur passa à une véhémente invective contre la maison de Bourbon (1), qu'il accusa surtout d'être ennemie des lumières.

« La nation, dit-il, a fait des pas de géant dans la carrière des connoissances humaines; ceux qui prétendent encore à la dominer sont restés au même point. *Le temps et l'expérience ne leur ont rien appris et ne leur ont fait rien oublier.* Le délire de l'orgueil et de la vengeance et tous les genres de délire sont

---

(1) Cette maison, après la restauration, eut néanmoins la générosité de le nommer secrétaire-général de la guerre.

encore chez eux au même point d'exaltation, et cependant que demandent-ils, que veulent-ils? l'ancien territoire? ils ne purent le garder; les nouvelles conquêtes? on les a faites malgré eux. Quelles lois feroient-ils régner sur nous? les anciennes? les tables en sont brisées; nos Codes nouveaux? ils ne les comprennent pas, et chaque article les condamne. Où est leur armée? est-ce cette poignée de désespérés qui ont tenté vainement d'envahir quelques lambeaux de province, ces vétérans de la croisade contre-révolutionnaire dont les rangs s'éclaircissent tous les jours et que rien ne recrute?....

« C'en est trop : si quelque insensé osoit encore, au fond de son cœur, les appeler à cette patrie qui les rejette, il n'oseroit en exprimer le vœu.......... Ombres sacrées de nos guerriers qui avez versé votre sang pour la gloire et le bonheur de votre patrie! reposez en paix, les lauriers qui couronnent vos tombes ne seront point flétris! Ceux pour qui coula votre sang généreux auront à jamais horreur de ceux par qui ce sang a coulé. S'ils osoient toucher la terre où dorment vos mânes, cette terre les dévoreroit. »

Après cette apostrophe débitée avec toute la chaleur et l'emphase d'un jeune séide, l'orateur rappela les bienfaits innombrables dont Buonaparte avoit comblé la France, et proposa d'ajouter de nouveaux pouvoirs à ceux que son collègue Curée sollicitoit pour lui.

Au milieu de ce concert d'applaudissemens et de témoignages de servitude, une seule voix eut le courage de défendre la république et de braver la disgrâce du premier consul : ce fut celle de Carnot. Il s'étoit rendu célèbre dans la révolution par l'influence qu'il y avoit exercée, la part qu'il avoit prise à la tyrannie de 1793, son vote sanguinaire dans le procès de Louis XVI, les emplois dont il avoit été revêtu, l'étendue de ses connoissances dans l'art de la guerre, et une certaine austérité de mœurs peu commune parmi ceux qui professoient les mêmes doctrines que lui.

La plupart, enrichis des dépouilles de la fidélité proscrite, plus occupés de leurs intérêts personnels que de ceux de l'Etat, trembloient de voir rétablir le trône des Bourbons, et voyoient dans l'élévation de Buonaparte une garantie pour les biens, les honneurs et les emplois qu'ils avoient acquis pendant les troubles civils; et comme ils se croyoient sûrs de toutes les faveurs de l'empire s'ils favorisoient l'ambition du premier consul, ils s'inquiétoient peu de conserver à leur pays les biens qu'ils lui avoient si solennellement promis, la liberté et l'égalité.

Carnot, naturellement ennemi du trône qu'il avoit contribué à renverser, peu avide des biens de la fortune, ne voyoit dans le rétablissement d'un nouveau pouvoir qu'un nouveau moyen d'accroître une tyrannie déjà formidable. Au milieu de la défection générale de son parti, il professoit publiquement des doctrines républicaines, oubliant qu'il avoit lui-même opprimé son pays par les plus horribles proscriptions. Il commença son discours d'un ton circonspect et modéré.

« Loin de moi, citoyens collègues, dit il, la pensée de contester au premier consul les titres qu'il s'est acquis à la reconnoissance des Français; la France ne lui devroit-elle que le le Code civil, son nom mériteroit de passer à la postérité la plus reculée.

« Mais quelques services qu'un citoyen ait pu rendre à son pays, il est des bornes que la raison impose à la reconnoissance. Si ce citoyen a restauré la liberté publique, s'il a opéré le salut de son pays, sera-ce une récompense à lui offrir que le sacrifice de cette même liberté?

« Le jour où le peuple eut à délibérer sur le consulat à vie, chacun put aisément juger qu'il existoit une arrière-pensée, et prévoir un but ultérieur. Aujourd'hui, il se découvre enfin d'une manière positive. J'ai voté contre le consulat à vie, je voterai de même contre le rétablissement de la monarchie. Tout ce qu'on a dit en faveur du rétablissement du trône se réduit à ceci : « Sans lui, il est impossible d'assurer la stabilité du gouvernement et la tranquillité publique. » Je sais que nous avons fait des essais malheureux, mais je n'en suis pas moins persuadé que ce n'est pas par la nature de leur gouvernement que les grandes républiques manquent de stabilité ; c'est parce qu'étant improvisées au sein des tempêtes, c'est toujours l'exaltation qui préside à leur établissement. Une seule fut l'ouvrage de la philosophie, et cette république subsiste pleine de sagesse et de vigueur. Ainsi il étoit réservé au Nouveau-Monde d'apprendre à l'Ancien qu'on peut subsister paisiblement sous le régime de la liberté et de l'égalité.

« Oui, j'ose poser en principe qu'il est moins difficile de fonder une république sans anarchie, qu'une monarchie sans despotisme. Sans doute, il n'y auroit pas à délibérer sur le choix d'un chef héréditaire, s'il étoit nécessaire de s'en donner un ; il seroit absurde de vouloir mettre en parallèle avec le premier consul, le prétendant d'une famille tombée dans un juste mépris. »

Ici l'orateur se livra, comme ses collègues, à une véhémente invective contre la maison de Bourbon, et finit par regretter que la liberté se montrât à l'homme sans qu'il pût en jouir, qu'elle fût offerte à son bonheur et à ses vœux comme un fruit auquel il ne pouvoit porter la main sans être frappé de mort.

Son discours abondoit encore en pensées fortes et courageuses, en réflexions propres à frapper vivement l'assemblée. Ce dessein d'élever Buonaparte sur le trône étoit-il l'expression réelle du vœu de la nation ? « Je vois, disoit Carnot, des fonctionnaires publics, des conseils de département, des autorités presque toutes dépendantes du gouvernement, demander le trône pour le premier consul ; mais ne connoît-on pas le secret de ces pétitions et de ces adresses ?

« Est-ce lorsque toute la France attend avec anxiété l'issue d'un grand procès, lorsque déjà elle est consternée par des images lugubres et sanglantes, lorsqu'on poursuit par le glaive de la justice les plus ardens défenseurs du trône renversé, qu'il convient d'élever un trône nouveau, d'appeler le peuple à des fêtes monarchiques ? »

Jetant ensuite un regard sur ces tours redoutables où gémissoit dans les fers un illustre général, où son compagnon d'armes et de gloire venoit d'expirer d'une manière si tragique, il osa se rendre l'interprète de l'opinion publique, en exprimant des doutes sur la conspiration dont on accusoit le vainqueur de la Hollande, et paya un tribut d'éloges à cette illustre victime, dont il avoit été à portée de connoître les sentimens et d'apprécier les hautes qualités. Cette partie de son discours, qui ne reçut point les honneurs de l'impression, et fut soigneusement supprimée dans les journaux, fit une profonde impression sur l'auditoire et le public, et la courageuse éloquence de l'orateur parut racheter une partie des taches dont il avoit rougi le cours de sa vie politique.

Le premier qui entreprit d'étouffer l'impression produite par ce discours fut le tribun Arnauld, connu par des écrits sur des matières de commerce et de finances. Il s'étonna de voir son collègue, qui s'étoit fait en 1793 l'instrument aveugle d'un peuple furieux, combattre maintenant un vœu vraiment national, et douter des liaisons conspiratrices du général Pichegru à l'époque du 18 fructidor. Il rassembla de nouveau toutes les considérations qu'on venoit de faire valoir en faveur du premier consul, et vota pour son élévation au trône et l'irrévocable proscription de la maison de Bourbon.

Il fut bientôt remplacé à la tribune par M. Carion de Nisas, qui, s'animant d'une nouvelle ardeur pour Napoléon, repoussa les argumens de Carnot, releva de toutes les forces de son éloquence les qualités supérieures de son héros, et l'incapacité de la dynastie détrônée. Il soutint que, loin d'avoir préparé son élévation au trône, le cœur désintéressé du premier consul n'en avoit pas même conçu la pensée; qu'il avoit été le dernier à connoître le vœu de la nation, et le dernier à s'y rendre. Il cita un trait dont il se dit le témoin, et qui devoit donner la plus haute opinion de la sensibilité du premier consul et de son indifférence pour les grandeurs. « Un jour, dit-il, que Napoléon déploroit les malheurs et les désordres de la révolution, quelqu'un lui ayant représenté que c'étoit à cette révolution que la France étoit redevable de l'avoir pour chef : « Plût à Dieu, « répondit-il, que mon nom fût resté à jamais « inconnu, et que la France n'eût jamais « éprouvé les erreurs et les calamités dont elle « a à gémir! »

Mais de tous les orateurs qui se montrèrent dans cette circonstance, personne n'invectiva contre la dernière dynastie avec plus de violence que le tribun Costaz (1). « La restauration de la dynastie détrônée seroit, dit-il, un fléau dont les ravages du terrorisme ne nous donneroient qu'une foible idée; elle rendroit le gouvernement à des princes abrutis par l'orgueil et la mollesse, stupides au point que le seul fruit qu'ils aient tiré de leurs malheurs est de se reprocher de n'avoir pas été assez fidèles aux maximes qui les ont perdus, et de ne les avoir pas outrées. Ces princes, ayant la conscience de leur incapacité à gouverner des hommes raisonnables et éclairés, voudroient façonner des hommes propres à être gouvernés par eux, c'est-à-dire des hommes qui n'auroient plus rien d'humain que la forme extérieure, et qui, dépouillés de leurs facultés intellectuelles, pourroient, comme un vil bétail, être conduits sans effort d'intelligence; toute

---

(1) A l'époque de la restauration, il n'en fut pas moins élevé au rang de conseiller d'Etat. Il avoit été précédemment professeur de mathématiques, membre de l'Institut d'Egypte, où il avoit suivi Buonaparte, et jouissoit comme tribun de toute la faveur du gouvernement consulaire.

la puissance du gouvernement seroit employée à étouffer les lumières, et des inquisitions seroient établies contre toute sorte d'instruction; on seroit suspect pour avoir appris à lire, et criminel parce qu'on sauroit écrire, et cette patrie des sciences et des arts seroit bientôt couverte des ténèbres de l'ignorance; en perdant la supériorité des lumières, elle perdroit son agriculture, son commerce et toute sa considération politique. Nous devons à nous-mêmes, nous devons à notre postérité, nous devons à l'humanité entière, d'opposer d'invincibles obstacles à la reconstitution de la barbarie, au déluge de maux dont nous serions inondés. »

C'étoit ainsi que, dans cette lice de servitude ouverte aux plus vulgaires ambitions, on voyoit une foule d'hommes avides de fortune et d'honneurs, acheter aux dépens des sentimens les plus nobles et des devoirs les plus sacrés, une honteuse faveur, et se précipiter sans retenue au devant d'un despote redoutable dans ses haines, mais prodigue dans ses récompenses.

Les discours de Carion de Nisas et de quelques-uns de ses collègues furent répandus avec profusion parmi le peuple, et pendant plusieurs jours les rues de la capitale retentirent de la voix des crieurs publics proclamant *la sublime Réponse de Carion de Nisas à Carnot* (1).

Le lendemain, la commission fit son rapport. Les propositions de Curée furent adoptées au milieu des acclamations, et l'on délibéra que le procès-verbal seroit signé de tous les tribuns, et que leur vœu seroit aussitôt transmis au Sénat; cependant on n'y vit point la signature de Carnot.

Le Sénat étoit alors présidé par François de Neuchâteau, l'un des rhéteurs les plus adroits de la chambre et des plus souples flatteurs de Buonaparte :

« Citoyens tribuns, dit-il en répondant à l'orateur de la députation, ce que depuis deux mois nous méditions dans le silence, votre institution vous a permis de le discuter en présence du peuple. Vous avez servi à la fois le peuple et le gouvernement; vous venez d'exprimer aux conservateurs des droits nationaux un vœu vraiment national. Dans vos discours publics, nous avons retrouvé le fond de

---

(1) Carion fut, quelques jours après, fait officier de la Légion-d'Honneur, baron, et chancelier de la neuvième cohorte. Costaz fut nommé préfet de la Manche et membre de la Légion-d'Honneur.

toutes nos pensées. Comme vous, nous ne voulons pas des Bourbons, parce que nous ne voulons pas la contre-révolution, seul présent que puissent nous faire ces malheureux transfuges, qui ont emporté avec eux le despotisme, la noblesse, la féodalité, la servitude et l'ignorance, et dont le dernier crime est d'avoir supposé qu'un chemin pour retourner en France pouvoit passer par l'Angleterre. Ce que vous proposez avec enthousiasme, le Sénat le pèsera avec calme. Dans ce temple national, la Constitution doit reposer en quelque sorte sur les autels du dieu Terme. Si nous proposons de toucher à quelques articles de ce pacte sacré dont la garde nous est remise, ce ne sera jamais que pour ajouter à sa force et pour étendre sa durée.

« Le Sénat vous donne acte du dépôt que vous lui faites. »

A peine le Tribunat étoit-il retiré, que les sénateurs se disposèrent à le prévenir auprès du premier consul. Dès le 27 mars, six jours après l'indigne assassinat du duc d'Enghien, ils avoient voté une adresse confidentielle à Napoléon, où ils lui disoient qu'en réorganisant l'ordre social, son génie supérieur avoit fait un oubli qui augmentoit en ce moment ses dangers, et aggravoit les craintes de son

Sénat. « Il manque, disoient-ils, à notre Constitution, une haute cour, un jury national. Vous avez eu la confiance qu'un pareil tribunal ne seroit pas nécessaire : mais, citoyen premier consul, vous n'êtes pas le maître de négliger votre existence. Le Sénat, qui, par son essence, est le conservateur du pacte social, demande que la loi s'explique sur le premier objet de votre conservation. Un jury national ne suffiroit pas pour assurer en même temps et votre vie et votre ouvrage, si vous n'y joigniez pas des institutions tellement combinées que votre système vous survécût. Vous fondez une ère nouvelle, mais vous devez l'éterniser; l'éclat n'est rien sans la durée. Vous êtes pressé par les évènemens, par les conspirateurs, par les ambitieux; vous l'êtes, dans un autre sens, par une inquiétude qui agite tous les Français. Vous pouvez enchaîner le temps, maîtriser les évènemens, mettre un frein aux conspirateurs, désarmer les ambitieux, tranquilliser la France entière en lui donnant des institutions qui cimentent votre édifice, et prolongent pour les enfans ce que vous fîtes pour les pères. Soyez bien assuré, citoyen premier consul, que le Sénat parle ici au nom de tous les citoyens. Dans les cours étrangères, la saine politique vous tiendroit le même langage. Le repos de la France est le gage assuré du repos de l'Europe. »

Cette adresse, élaborée dans le cabinet même de Napoléon, n'expliquoit pas ouvertement la pensée du Sénat, mais on l'entrevoyoit ; on n'y prononçoit ni le nom de *monarchie* ni celui de *trône*, mais on les désignoit assez pour les apercevoir à travers les nuages officieux dont ils étoient enveloppés.

Peu de jours après, Buonaparte répondit :

« Sénateurs, votre adresse n'a pas cessé d'être présente à ma pensée ; elle a été l'objet de mes méditations les plus constantes. Vous avez jugé l'hérédité de la suprême magistrature nécessaire pour mettre le peuple français à l'abri des complots de nos ennemis et des agitations qui naîtroient d'ambitions rivales. Plusieurs de nos institutions vous ont paru en même temps devoir être perfectionnées, pour assurer sans retour le triomphe de la liberté et de l'égalité publiques. A mesure que j'ai arrêté mon attention sur ces grands objets, j'ai senti de plus en plus que, dans une circonstance aussi nouvelle qu'importante, les conseils de votre sagesse et de votre expérienc em'étoient nécessaires pour fixer toutes mes idées ; je vous invite donc à me faire connoître votre pensée toute entière. »

La réponse du Sénat ne se fit point attendre.

« Vous désirez, citoyen premier consul, de connoître la pensée toute entière du Sénat sur celles de nos institutions qui lui ont paru devoir être perfectionnées pour le bonheur du peuple français : le Sénat pense qu'il est du plus grand intérêt de la nation française de confier le gouvernement de la république à Napoléon Buonaparte, empereur héréditaire. L'amour des Français pour votre personne, transmis à vos successeurs avec la gloire immortelle de votre nom, liera à jamais les droits de la nation à la puissance du prince; le pacte social bravera le temps; la république, immuable comme son vaste territoire, verroit en vain s'élever autour d'elle les tempêtes politiques; pour l'ébranler, il faudroit ébranler le monde. »

Ces idées étoient développées dans une foule d'autres considérations déjà épuisées, mais que la rhétorique du vice-président François de Neufchâteau avoit essayé de rajeunir; elles étoient accompagnées d'un Mémoire où le Sénat, pour paroître ne pas abandonner entièrement le soin des libertés publiques, réclamoit de la générosité du premier consul l'indépendance des grandes autorités, le vote libre et éclairé de l'impôt, la sûreté des propriétés, la liberté individuelle, celle de la presse et des élections, la responsabilité des ministres et l'inviolabilité des lois constitutionnelles.

Tout étoit préparé au château de Saint-Cloud pour le dénouement de cette scène politique ; les conseils de Buonaparte avoient d'avance rédigé un projet de sénatus-consulte qui fut porté solennellement, le 16 mai suivant, au Sénat. La Chambre étoit présidée par le second consul Cambacérès, homme instruit et doux, mais vain et servilement ambitieux. Tous les ministres étoient présens. Trois orateurs du gouvernement y exposèrent les avantages du sénatus-consulte-organique : c'étoit en quelque sorte une nouvelle Constitution. On y conservoit le nom de *république*, on y sauvoit en apparence la plupart des libertés pour lesquelles, pendant quinze ans, tant de crimes avoient été commis, tant de sang répandu sur les échafauds et dans les champs de bataille. Mais telle étoit la force et l'étendue des pouvoirs de l'empereur, qu'on devoit s'attendre à voir bientôt peser le despotisme le plus absolu sur cette France qui avoit, au nom de la liberté, dépouillé le plus bienfaisant des rois de tous les moyens de soutenir sa couronne et d'opérer le bonheur des peuples.

Le projet de sénatus-consulte portoit que le gouvernement de la république étoit confié à un empereur qui prendroit le titre d'*empereur des Français;*

Que Napoléon Buonaparte étoit empereur des Français, et la dignité impériale héréditaire dans sa descendance directe, naturelle et légitime, de mâle en mâle, par ordre de primogéniture, à l'exclusion perpétuelle des femmes et de leur descendance.

On accordoit à Napoléon Buonaparte le droit d'adopter les enfans de ses frères, pourvu qu'ils eussent atteint l'âge de dix-huit ans, et que lui-même n'eût point d'enfans mâles au moment de l'adoption. Cette adoption étoit interdite aux successeurs de Napoléon et de leurs descendans.

A défaut d'héritier naturel, légitime et adoptif, la dignité impériale étoit déférée à Joseph Buonaparte et à ses descendans; à défaut de Joseph et de sa descendance, à Louis Buonaparte et à ses enfans; enfin, à défaut de ceux-ci, les grands dignitaires de l'empire et le Sénat se réunissoient pour déférer l'empire. Les membres de la famille impériale portoient le titre de *princes français;* le fils aîné de l'empereur, celui de *prince impérial.* Ils étoient de droit, à l'âge de dix-huit ans, membres du Sénat et du conseil d'Etat. Les grands dignitaires de l'empire étoient le grand-électeur, l'archi-chancelier de l'empire, l'archi-chancelier d'Etat, l'archi-trésorier d'Etat, le connétable, le grand-amiral. Ces dignités étoient à la nomination de l'empereur, et inamovibles. Ils étoient, comme les princes, membres du Sénat et du conseil d'Etat.

Les grands-officiers de l'empire se composoient de seize maréchaux, de huit inspecteurs et colonels-généraux d'artillerie, du génie, de la cavalerie et de la marine, et d'un nombre de grands-officiers civils, dont l'institution étoit laissée à l'empereur. Ils étoient inamovibles. Les dignitaires et les grands-officiers de l'empire présidoient les colléges électoraux des départemens.

Le Sénat et le conseil d'Etat avoient pour président l'empereur lui-même, ou celui qu'il choisissoit pour le représenter.

L'empereur prêtoit, dans les deux années de son avènement au trône, un serment ainsi conçu : « Je jure de maintenir l'intégrité du territoire de la république, de respecter et de faire respecter la liberté des cultes et les lois du concordat, de respecter et faire respecter l'égalité des droits, la liberté politique et civile, l'irrévocabilité des ventes des biens nationaux, de ne lever aucun impôt, de n'établir aucune taxe qu'en vertu de la loi, de maintenir l'institution de la Légion-d'Honneur, de gouverner dans la seule vue de l'intérêt, du bonheur et de la gloire du peuple français. »

Deux commissions choisies dans le Sénat veilloient à la liberté des personnes et de la presse ; mais, ce qui étoit tout à fait dérisoire, lorsqu'elles s'étoient assurées que ces libertés avoient été violées, elles n'avoient d'autre pouvoir que de rendre une déclaration portant qu'il y avoit de fortes présomptions que la liberté individuelle ou celle de la presse avoient été violées.

Le président du Sénat et celui du Corps législatif étoient à la nomination de l'empereur.

La justice s'administroit en son nom.

Les projets de loi décrétés par le Corps législatif pouvoient être dénoncés au Sénat par un de ses membres, renvoyés à une commission spéciale, pour y être examinés ; et le Sénat, après un rapport et trois lectures à six jours d'intervalle, pouvoit déclarer qu'il n'y avoit pas lieu à promulguer la loi.

Mais cette déclaration devoit être présentée par le président à l'empereur, qui restoit maître de refuser ou d'adhérer.

Les candidats au Sénat ou au Corps législatif étoient nommés au nombre de trois par les colléges électoraux ; l'empereur choisissoit pour le Sénat, et le Sénat pour le Corps législatif.

Une haute Cour impériale devoit connoître les délits commis par les membres de la famille impériale, les titulaires des grandes dignités, les grands-officiers de l'empire, les ministres, les conseillers et le secrétaire d'Etat. On lui déféroit les crimes ou les complots contre la sûreté intérieure ou extérieure de l'Etat (car on commençoit à substituer ce mot à celui de *république*), contre la personne de l'empereur et celle de l'héritier présomptif de la couronne ; elle jugeoit des délits relatifs à la responsabilité des ministres ou des conseillers d'Etat chargés de quelque partie d'administration publique, du fait de désobéissance des généraux de terre et de mer, des concussions ou dilapidations des préfets, des forfaitures ou prises à partie contre les tribunaux ou les juges, des dénonciations pour violation de la liberté des personnes ou de la presse ; ses arrêts n'étoient soumis à aucun recours ; elle étoit présidée par l'archi-chancelier de l'empire, et composée des princes, des grands dignitaires, des grands-officiers de l'empire, du grand-juge, de soixante sénateurs, des divers présidens du conseil d'Etat, de quatorze conseillers d'Etat et de vingt membres de la Cour de cassation. Le nouveau sénatus-constitutionnel devoit être présenté à la sanction du peuple.

En considérant les articles les plus importans dont il étoit composé, on pouvoit s'étonner de ne point voir les noms de Lucien et de Jérôme Buonaparte à côté de ceux de Joseph et de Louis, appelés à succéder au trône à défaut d'enfans mâles de Napoléon; mais ils étoient alors l'un et l'autre dans la disgrâce complète de leur frère.

Depuis l'élévation de Buonaparte au rang de premier consul, la division avoit souvent éclaté dans sa famille. Lucien, d'un esprit vif et impétueux, d'un caractère indépendant, n'avoit point conçu l'établissement du consulat de la même manière que son frère; il vouloit deux consuls, l'un chargé des affaires militaires, l'autre des affaires civiles; il consentoit volontiers à céder les premières à Napoléon, mais il croyoit avoir des droits incontestables à la direction des autres; les services qu'il avoit rendus le 18 brumaire au premier consul le rendoient exigeant, et ils sembloient en effet mériter une haute récompense. Buonaparte crut en vain le satisfaire en lui conférant le ministère de l'intérieur. Lucien y porta, il est vrai, des vues étendues, donna de l'éclat à son administration, et se fit surtout remarquer par une libéralité, un luxe de table et de fêtes qui tenoient de la prodigalité. Si Buonaparte composoit sa cour de généraux et d'hommes d'Etat, Lucien s'en faisoit une d'hommes de lettres et d'artistes; ses mœurs étoient loin d'être graves et sévères; il recherchoit la société des femmes, et en étoit recherché; il passoit auprès d'elles pour un homme aimable et voluptueux; auprès du public, pour un homme plus libertin que galant. On l'accusoit aussi de sacrifier, aux besoins toujours renaissans d'un luxe sans bornes, les intérêts de l'Etat, de faire le commerce des grains et de trafiquer de notre industrie avec l'étranger. Il est certain que le prix du papier augmenta considérablement sous son ministère, et qu'on eut la preuve qu'il en avoit fait passer la matière première en Angleterre (1).

La maison du premier consul étoit divisée en deux factions domestiques : celle de sa propre famille, à la tête de laquelle étoit Lucien; et celle de la famille Beauharnais, dont Joséphine étoit l'âme, et que favorisoit Fouché.

---

(1) Il avoit une manière neuve de réformer ses employés. S'il vouloit en réformer vingt, il faisoit faire une liste de quarante sur deux colonnes, et prenant des ciseaux, coupoit à droite ou à gauche sans autre examen.

Lucien souffroit avec impatience le ton d'autorité que son frère affectoit avec lui, et Buonaparte, excité par le ministre de la police, lui adressoit souvent de vives réprimandes, dont s'irritoit son âme impétueuse et hautaine. Il en résultoit souvent des scènes violentes, dont le secret n'échappoit pas toujours au public. Dans une de ces querelles, Lucien ayant jeté avec colère son portefeuille de ministre au premier consul, celui-ci appela ses gardes et leur dit : *Soldats, faites sortir ce citoyen qui manque au premier consul !*

Lucien ne doutoit pas que ces mauvais traitemens ne fussent provoqués par Joséphine et les siens. Pour s'en venger, et contribuer en même temps à l'élévation de son frère, il conçut le projet de rompre un mariage sans gloire et sans résultat.

Il falloit, pour y réussir, porter Buonaparte à un rang qui lui permît d'aspirer à une haute alliance. On avoit quelquefois agité, dans l'intérieur du palais, s'il convenoit d'abandonner les faisceaux consulaires pour le sceptre de Clovis et de ses successeurs. Lucien étoit persuadé qu'il ne s'agissoit que d'oser ; Buonaparte étoit moins décidé, et Fouché défendoit encore les intérêts de la révolution. Lucien, sans consulter ni son frère ni le ministre, fit composer par un de ses plus assidus courtisans, le poëte F., une brochure intitulée : *Parallèle de Cromwell, Monck et Buonaparte*. On y demandoit si Napoléon seroit Monck ou Cromwell, et l'on résolvoit cette question en déclarant qu'il seroit Buonaparte. Les considérations sur la maison de Bourbon n'y étoient pas épargnées, et leur incapacité servoit surtout de texte à l'écrivain adulateur. Lucien fit tirer un nombre considérable de cette brochure, en fit autant de paquets qu'il existoit de préfets, et leur recommanda de la distribuer dans leur département. Les ordres n'étoient, à la vérité, signés de personne, mais il étoit facile de deviner de quelle main ils émanoient.

La police de Fouché ne tarda pas à découvrir cet artifice; la brochure fut saisie, présentée à Buonaparte comme intempestive, téméraire, et propre à éveiller des passions qui n'étoient pas encore assoupies. Il devoit en résulter de nouvelles luttes entre les deux frères; elles devinrent si violentes, que Lucien menaça son frère de l'abattre comme il l'avoit élevé. L'ambassade de Madrid devint le prix de ces dissensions. On sait quel succès il eut à la cour de Charles IV, où il conçut le projet de faire épouser à son frère l'infante Isabelle, sœur de Ferdinand. Charles IV, admirateur aussi imprudent que passionné du premier consul, ne se refusoit point à ces vues, et Buonaparte lui-même se livroit volontiers à des espérances qui flattoient son ambition. Joséphine rompit tout, et l'on verra bientôt de quelle manière elle parvint à procurer un héritier de son sang à son époux, sans y prendre part elle-même, préférant le titre d'aïeule à celui de mère. Toute négociation fut donc rompue, et Lucien, de retour en France, fut nommé tribun. On l'avoit vu, en 1794, figurer dans ces honteuses et sacriléges orgies où d'infâmes prostituées alloient remplacer sur les autels l'image du Dieu vivant. On le vit alors seconder de tout son crédit et d'une éloquence vive, ardente et passionnée, les vues de son frère pour le rétablissement de la religion. Mais en 1794 il n'avoit que dix-huit ans, en 1801 il en avoit vingt-cinq; en 1794 il suivoit le parti populaire pour s'élever, en 1801 il devenoit religieux pour s'élever encore. On le vit aussi proposer et défendre avec force l'institution de la Légion-d'Honneur. Nommé lui-même grand-officier et membre du grand conseil de cette légion, il entra au Sénat, et reçut de son frère la sénatorerie de Poppelsdorf, maison de plaisance de l'électeur de Trèves, avec un produit de 25 à 30,000 francs.

Ce revenu, celui dont il jouissoit comme sénateur, les ressources qu'il avoit su se ménager en Espagne et en Portugal, le pouvoir toujours croissant de son frère, lui montroient un avenir riant de tous les bienfaits de la fortune, lorsqu'un évènement naturel, mais inattendu, vint troubler son bonheur et dissiper toutes ses espérances.

Dans le cours d'un voyage à sa sénatorerie, il perdit sa femme : c'étoit cette fille de l'aubergiste de Saint-Maximin, qu'il avoit épousée pour soutenir dans le club de cette ville sa réputation de patriotisme. Il l'avoit beaucoup aimée; elle s'étoit elle-même rendue recommandable par ses heureuses qualités et les avantages qu'elle avoit retirés de l'éducation qu'elle avoit reçue de son époux. Lucien, au milieu de ses infidélités, n'avoit jamais manqué de procédés pour elle. Il lui fit élever un monument dans sa terre du Plessis-Chamant, près de Senlis.

Sa sœur Eliza vint alors prendre la direction de sa maison; et comme elle avoit, ainsi que Lucien, un goût décidé pour la poésie et les déclamations théâtrales, le Plessis devint bientôt le rendez-vous d'une société de beaux esprits qui jouoient la tragédie. Parmi les actrices se faisoit remarquer une beauté déjà célèbre par ses galanteries, et que Lucien venoit d'attirer à sa cour; elle se nommoit Mme *Jouberteau,* et jouoit avec talent les rôles de princesses et de reines; elle étoit jeune, grande, belle, spirituelle, avoit fait les délices de plusieurs hommes riches et voluptueux, sans avoir jamais, disoit-on, appartenu à son mari. Lucien l'avoit vue chez le comte de La B......, en étoit devenu passionnément amoureux, et peu de temps après l'avoit obtenue de son ami. La belle favorite ne tarda pas à ressentir les atteintes d'une grossesse. Lucien n'avoit que des filles, et désiroit ardemment un fils. Dans les premières ardeurs de sa passion, il lui promit de l'épouser si elle devenoit mère d'un garçon. Le garçon vint, et Lucien ne songea plus qu'à réaliser sa promesse. Instruit de ces intrigues amoureuses, Buonaparte devint furieux; il avoit fait un roi, se disposoit à le devenir lui-même; et pour préparer son élévation, il vouloit commencer par donner la main d'une princesse à son frère; il lui destinoit la reine d'Etrurie; cette infante étoit loin d'être belle. Lucien, enchaîné par les charmes de sa nouvelle conquête, ne voulut pas même lui préférer un trône. «Mais qui peut, lui disoit Buo-

naparte, vous asservir à une pareille femme ? n'a-t-elle pas été à tous ceux qui ont voulu l'entretenir ? Je voulois vous faire épouser une infante d'Espagne avec un royaume que j'agrandirai, et vous lui préférez une gourg.....!
— Soit, répondit Lucien ; mais la mienne est du moins jeune, belle, et ne sent pas.... »

Napoléon ne put se contenir; son frère se hâta de disparoître de sa présence, mais plus déterminé que jamais à accomplir sa promesse. De retour à son hôtel, il appelle le maire de son arrondissement, lui enjoint de faire apporter les registres de l'état civil, et de recevoir sa déclaration de mariage. Buonaparte en est instruit; le maire reçoit défense d'obéir. Lucien, outré de colère, part pour sa terre du Plessis, arrive à onze heures du soir, mande au château le maire et le curé. Le maire est absent; mais son adjoint est le curé même; il n'ose se refuser aux ordres de Lucien; le mariage est doublement célébré au château. Rien ne sauroit peindre la fureur du premier consul. Osera-t-il priver son frère de sa liberté ? c'est lui qui lui a frayé la route du trône; il dispose d'ailleurs d'un parti nombreux. Buonaparte se contente de lui enjoindre de quitter la France, et le relègue à Milan.

C'étoit au milieu de ces débats que le duc

d'Enghien expiroit dans les murs de Vincennes sous la criminelle sentence de ses juges. Lucien ne prit aucune part à ces évènemens, et condamna même assez hautement ceux qui avoient poussé son frère à cet acte aussi lâche que cruel. « On a voulu, disoit-il, lui faire acheter son élévation par un crime. Il est tout-puissant, et se soumet à des humiliations dont rougiroit l'homme le plus foible. » Sa conduite et ses discours lui valurent l'exclusion du trône, mais il en témoigna d'autant moins de regrets, qu'il croyoit peu à la durée de la nouvelle dynastie.

Jérôme étoit à la même époque tombé dans la même disgrâce, et c'étoit aussi un mariage qui lui avoit attiré le courroux de son frère. Envoyé à Saint-Domingue, il étoit revenu en France peu de temps après, avoit été chargé par son frère du commandement d'une croisière à la hauteur de la Martinique, s'étoit vu forcé de se retirer aux Etats-Unis, où, sans l'autorisation de sa famille, et quoique mineur, il avoit contracté un mariage avec la fille d'un riche négociant nommé *Paterson*. A son retour en France, Napoléon avoit exigé la rupture de son mariage; et Jérôme, soutenu par son frère Lucien, s'étoit pendant quelque temps refusé à ses ordres; mais moins fidèle et moins indépendant que lui, il avoit fini par céder. Napoléon n'en continuoit pas moins de le tenir sous un joug rigoureux; et son mécontentement duroit encore lorsqu'il fit présenter le sénatus-consulte qui devoit établir sa dynastie.

Mais ces particularités ne furent point les seules causes qui déterminèrent le Sénat à faire passer la couronne impériale sur la tête d'un fils adoptif de Napoléon; les désordres de ses amours étoient presque publics, et depuis, les Mémoires attribués à Fouché ont pris soin de les divulguer (1). Le Sénat les

---

(1) « Depuis long-temps Napoléon avoit la certitude, malgré les artifices de Joséphine, qu'elle ne lui donneroit jamais de progéniture. Cette situation, tôt ou tard, devoit lasser le fondateur d'un grand empire dans toute la force de l'âge. Joséphine se trouvoit entre deux écueils : l'infidélité et le divorce. Aussi ses inquiétudes et ses alarmes s'étoient-elles accrues depuis l'avènement au consulat à vie, qu'elle savoit n'être qu'un acheminement à l'empire. Dans l'intervalle, désolée de sa stérilité, elle imagina de substituer sa fille Hortense dans l'affection de son époux, qui déjà, sous le rapport des sens, lui échappoit, et qui, dans l'espoir de se voir renaître, pouvoit rompre le nœud qui l'unissoit à elle. Ce n'eût pas été sans peine : d'une part l'habitude, de l'autre l'amabilité de Joséphine, et une sorte de superstition, sembloient lui assurer à jamais

connoissoit, et voulut les favoriser. Le premier dogme de son évangile étoit une obéissance aveugle et sa propre conservation.

Deux jours après la présentation du projet

---

l'attachement, du moins les procédés de Napoléon; mais de grands sujets de transe et d'inquiétude n'en existoient pas moins. Le préservatif se présenta naturellement à l'esprit de Joséphine, elle fut même peu contrariée dans l'exécution de son plan. Toute jeune, Hortense avoit éprouvé un grand éloignement pour le mari de sa mère; elle le détestoit; mais insensiblement, le temps, l'âge, l'auréole de gloire qui environnoit Napoléon, et ses procédés pour Joséphine, firent passer Hortense d'une sorte d'antipathie à l'adoration; sans être jolie, elle étoit spirituelle, sémillante, pleine de grâces et de talens; elle plut, et les penchans devinrent si vifs de part et d'autre, qu'il suffit à Joséphine d'avoir l'air de s'y complaire maternellement, et ensuite de fermer les yeux pour assurer son triomphe domestique. La mère et la fille régnèrent à la fois dans le cœur de cet homme altier. Quand, d'après le conseil de la mère, l'arbre porta son fruit, il fallut songer à masquer par un mariage subit une intrigue qui déjà se déceloit aux yeux des courtisans. Hortense eût donné volontiers sa main à Duroc; mais Napoléon songeant à l'avenir, et calculant dès lors la possibilité d'une adoption, voulut concentrer dans sa propre famille, par un double inceste, l'intrigue à laquelle il alloit devoir les charmes de la paternité : de là l'union de son frère Louis et d'Hortense, union malheureuse et qui acheva de déchirer tous les voiles. »

de sénatus-consulte, il se réunit de nouveau pour entendre le rapport d'une commission nommée pour la forme. Le Sénat étoit présidé, comme auparavant, par le second consul Cambacérès; son collègue Le Brun et les ministres étoient présens. Le projet fut adopté sans délibération, et l'on résolut à l'unanimité que le Sénat tout entier se rendroit sur le champ à Saint-Cloud, pour déposer aux pieds du premier consul l'acte qui lui déféroit la couronne. Cambacérès, comme président, portoit la parole. On pouvoit se rappeler que c'étoit aussi lui qui, quelques années auparavant, l'avoit portée lorsque la Convention avoit proposé la mise hors de la loi de quiconque oseroit arborer les signes de la royauté, et l'on n'avoit point perdu le souvenir de la phrase cruelle dont il avoit appuyé son vote contre le sursis dans le malheureux procès de Louis XVI (1). Mais il étoit indifférent à ces sortes

---

(1) « En prononçant la mort du dernier roi des Français, vous avez fait un acte dont la mémoire ne passera jamais, et qui sera gravé par le burin de l'immortalité dans les fastes des nations..... ; qu'une expédition du décret de mort soit envoyée *à l'instant* au conseil exécutif, pour le faire exécuter dans les vingt-quatre heures de la notification. »

d'hommes d'abattre les têtes des rois ou de les couronner, pourvu qu'ils y trouvassent sûreté, fortune et dignités.

« Sire, dit-il à son collègue devenu son maître, l'amour et la reconnoissance du peuple français ont, depuis quatre années, confié à Votre Majesté les rênes du gouvernement, et les Constitutions de l'Etat se reposoient déjà sur vous du choix d'un successeur. La dénomination plus imposante qui vous est décernée n'est qu'un tribut que la nation paye à sa propre dignité et au besoin qu'elle sent de vous donner chaque jour des témoignages d'un respect et d'un attachement que chaque jour voit augmenter.

« Eh! comment le peuple français pourroit-il trouver des bornes pour sa reconnoissance, lorsque vous n'en mettez aucune à vos soins et à votre sollicitude pour lui! Heureuse la nation qui, après tant de troubles et d'incertitudes, trouve dans son sein un homme digne d'apaiser la tempête des passions, de concilier tous les intérêts, de réunir toutes les voix! Heureux le prince qui tient son pouvoir de la volonté, de la confiance et de l'affection des citoyens! S'il est dans les principes de notre Constitution de soumettre à la sanction du peuple la partie du sénatus-consulte qui concerne l'établissement d'un gouvernement héréditaire, le Sénat n'en pense pas moins que, pour le bonheur et la gloire de la république, il doit à l'instant même proclamer *Napoléon empereur des Français.* »

Napoléon répondit :

« Tout ce qui peut contribuer au bien de la patrie est essentiellement lié à mon bonheur. J'accepte le titre que vous croyez utile à la gloire de la nation. Je soumettrai à la sanction du peuple la loi de l'hérédité. J'espère que la France ne se repentira jamais des honneurs dont elle environne ma famille. Dans tous les cas, mon esprit ne sera plus avec ma postérité, le jour où elle cesseroit de mériter l'amour et la confiance de la grande nation. »

Après cette froide et hypocrite réponse, où l'on ne remarquoit pas un seul mot qui vînt du cœur, le nouveau César se retira dans son palais, et le Sénat, pour achever son œuvre de servilité et terminer dignement la journée, alla saluer du nom d'*impératrice* l'épouse du premier consul.

Ainsi périt la république proclamée douze ans auparavant au milieu des cadavres et des échafauds, et déclarée impérissable ; ainsi commença l'empire immortel de Napoléon, proclamé sur les tombes sanglantes du duc d'Enghien et du général Pichegru. « Jamais, comme l'a dit avec raison un écrivain monarchique, jamais empereur romain ne dut le diadême à de plus vils affranchis ; posé par de telles mains, il eût souillé le front même de Titus. »

Cependant le Sénat trouva des rivaux qui le devancèrent dans cette carrière d'avilissement. Le Corps législatif n'étoit point réuni lorsque le tribun Curée fit sa motion ; mais les membres de cette assemblée qui résidoient à Paris tremblant d'être les derniers renégats de la république, se hâtèrent de se rendre dans la salle des questeurs, pour aller à Saint-Cloud, sous la présidence de M. de Fontanes, porter aussi le tribut de leur apostasie ; leur adresse étoit, comme toutes les autres, remarquable par son caractère de servilité, mais on y voyoit briller en phrases élégantes tout le talent de l'orateur pour le genre démonstratif.

Mais le Corps législatif lui-même, quelque diligence qu'il eût faite pour prévenir le Sénat même, avoit trouvé des flatteurs encore plus empressés que lui. Dès le 22 avril, les douze municipalités de Paris, présidées par le préfet, étoient venues déposer aux pieds du premier consul leur hommage particulier, et le conjurer, au nom du bonheur et du salut publics, de donner à la France un gouvernement fort de ses services, et durable comme sa gloire; et pour ne rien négliger de ce qui pouvoit leur mériter sa faveur, elles lui rappelèrent que, deux ans auparavant, à l'époque où le consulat à vie lui avoit été déféré, elles lui lui avoient apporté le même vœu. « Mais, disoient-elles, des motifs qu'il ne nous est pas permis de pénétrer, vous déterminèrent à le refuser, et même à en empêcher la publicité. »

Il ne manquoit plus que les suffrages de l'armée : c'étoient ceux que le premier consul ambitionnoit davantage; il savoit que plusieurs généraux blâmoient hautement ses projets d'élévation, et se montroient peu disposés à y donner les mains; quelques-uns tenoient encore pour la république; et la police de Buonaparte n'ignoroit pas qu'un d'eux, dans une réunion d'officiers, frappant vivement de son sabre sur une table voisine, avoit dit : « S'il faut que la république périsse et que le trône soit relevé, je sais bien où aller chercher celui qui a le droit d'y monter! » D'autres étoient indignés de la proscription du général Moreau et de la fin tragique du général Pichegru. Les généraux

Lecourbe, Magdonald, Dessoles, fidèles à l'honneur et à l'amitié, s'exprimoient librement à ce sujet. Mais l'étoile de Napoléon et les artifices de son conseil triomphèrent de tout; les adresses des armées égalèrent bientôt les adresses des villes et des colléges électoraux; les régimens de dragons réunis à Compiègne sous les ordres du général Baraguey-d'Hilliers, n'attendirent pas la motion du tribun Curée; le 28 avril, un aide-de-camp vint présenter leur vœu au premier consul; bientôt tous les corps de l'armée suivirent cet exemple; les adresses affluèrent de tous les points de la France.

La ville de Bordeaux elle-même (qui depuis.....) ne voulut pas être la dernière à demander la proscription irrévocable des anciennes institutions, et la fondation d'une quatrième dynastie dans l'auguste maison que venoit d'élever le génie du premier consul.

Les adresses du clergé arrivèrent les dernières, mais elles mirent le sceau à l'avilissement général. Les pontifes du Dieu vivant vinrent sacrifier, sans rougir, sur l'autel de Baal.

« Le Dieu des dieux et des rois, dit l'archevêque de Rouen, avoit donné et il avoit repris. Il n'a pas rendu, mais il a donné de nouveau, comme il avoit donné le trône de Clovis à Charlemagne, et le trône de Charlemagne à saint Louis. »

« De même que le Dieu des chrétiens, dit l'archevêque de Turin, est le seul qui soit digne d'être adoré, de même, vous (Napoléon) êtes le seul digne de commander aux Français. »

« Prions Dieu, dit un autre prélat, qu'il protége de sa main puissante l'homme de sa droite. »

« Qu'il vive ! s'écrie un autre, qu'il commande à jamais, le nouvel Auguste, cet empereur si grand qui vient de recevoir la couronne des mains de Dieu !

« La soumission lui est due comme dominant sur tous; à ses ministres, comme envoyés par lui pour protéger le bien et punir le mal; à tous, à cause de Dieu, parce que tel est l'ordre de sa providence.

« Que Dieu soit toujours glorifié à travers les vicissitudes humaines, soit qu'il transporte, soit qu'il raffermisse les couronnes; car le Très-Haut a déclaré par son prophète qu'il domine sur tous les royaumes de la terre, et les distribue selon sa volonté. »

La main se refuse à retracer ces doctrines corruptrices de la morale, du droit et de la religion. On rougit de voir cette illustre

Eglise gallicane réduite, sous le concordat, à un tel degré d'avilissement.

La plupart de ces adresses, envoyées avant l'installation de Napoléon, ne parurent point d'abord dans les journaux officiels; on les tint quelque temps en réserve, afin d'en former comme une masse d'adhésions quand le jour opportun seroit arrivé.

Mais, dans des circonstances aussi graves, ce n'étoit pas assez du vœu de la France : il étoit nécessaire de s'assurer du consentement de l'Europe. Les puissances du continent verroient-elles avec indifférence s'asseoir sur le trône de saint Louis un heureux aventurier dont l'ambition s'annonçoit d'une manière si menaçante? Renonceroient-elles, en sa faveur, au dogme de la légitimité, fondement essentiel et sacré de toute monarchie? Sacrifieroient-elles sans retour une maison avec laquelle elles avoient eu et conservoient encore de si nombreuses et de si saintes relations? Buonaparte opposoit, à ces considérations, le droit de la victoire. Si toutes ses forces étoient en ce moment concentrées sur les bords de la mer, il pouvoit, dans un danger pressant, abandonner subitement ses projets contre l'Angleterre, et se reporter tout entier sur le continent. Il n'étoit pas homme à céder, comme les esprits vulgaires, à des intérêts et des vues de second ordre. Mais non content d'employer la crainte, il voulut encore régner par la persuasion. Aux négociations diplomatiques, il ajouta la puissance du raisonnement, et ce fut encore le comte de Montgaillard qui fut chargé de plaider sa cause. Il lui fit publier une brochure intitulée : *La France sous le gouvernement de Buonaparte.*

Le but de cet ouvrage étoit de démontrer qu'il importoit à toute l'Europe de conserver le gouvernement français tel que la révolution l'avoit fait ; d'abandonner la cause des Bourbons, de fortifier la puissance de Buonaparte, et de contribuer à l'établir sur des bases inviolables, perpétuelles et sacrées. On demandoit quel homme en Europe oseroit succéder à Buonaparte, si non celui qui auroit appris de lui l'art de régner ? On assuroit que la force de l'Europe étoit placée dans les Gaules ; que c'étoit dans les Gaules que César avoit trouvé les moyens de gouverner sa patrie et de maîtriser l'univers. « La France, disoit l'auteur, est le seul Etat capable de réprimer le despotisme maritime de l'Angleterre, le seul Etat qui puisse répondre à l'Europe de sa tranquillité. Un homme est devenu l'arbitre suprême, nécessaire et irrévocable des destinées du monde. Le monde est entraîné par un mouvement irrésistible. Cet homme veut le repos des nations ; les nations doivent contribuer, de tous leurs moyens, à la conservation de sa personne, à la stabilité de son gouvernement. »

Mais déjà toutes les puissances européennes, et l'Angleterre elle-même, avoient reconnu la république française et le consulat. Il étoit donc à présumer que les intérêts de la maison de Bourbon ne leur seroient pas plus chers dans cette circonstance qu'auparavant : aussi verra-t-on leurs ambassadeurs rester auprès du nouveau souverain, et bientôt reconnoître pour rois autant de plébéiens de la famille impériale qu'il plaira à Buonaparte d'en élever sur les débris des anciennes dynasties.

On étoit d'avance sûr de la cour de Rome, et l'on peut donner ici comme un fait positif que la reconnoissance de Buonaparte comme empereur des Français et son couronnement de la main même du pape faisoient partie des conditions secrètes du concordat. On avoit l'expérience que, dans ces sortes de circonstances, ni la cour de Rome ni le clergé ne s'étoient rendus difficiles ; il suffisoit que la religion et l'Eglise trouvassent protection dans le nouvel ordre de choses. Buonaparte paroissoit donc tranquille sur les déterminations des puissances. La Russie seule pouvoit lui donner quelques inquiétudes. On proposa, dans son conseil privé, d'envoyer à la cour de l'empereur Alexandre des femmes spirituelles et jolies; c'étoit un moyen qu'on avoit employé autrefois auprès de son père; mais on aima mieux s'en reposer sur le caractère noble, pacifique et vraiment français de l'empereur Alexandre.

Dès le lendemain de sa promotion, on vit le nouvel empereur assis sur un trône, créer des princes, et recevoir à ses pieds leurs sermens. Ses frères Joseph et Louis, devenus Altesses Impériales, furent revêtus des dignités de grand-électeur et de connétable; celle de grand-amiral fut réservée à Eugène Beauharnais. Cambacérès et Le Brun, devenus Altesses Sérénissimes, obtinrent les titres d'archichancelier et d'architrésorier. Les généraux Berthier, Murat, Bessières, Lannes, Augereau, Brune, Mortier, Moncey, Jourdan, Masséna, Bernadotte, Soult, Ney, Davoust reçurent le bâton de maréchal d'empire. Sa Majesté en conféra aussi le titre aux généraux Lefèbvre, Serrurier, Kellerman et Pérignon, membres du Sénat, mais seulement comme marque d'honneur. Ces noms étoient moins éclatans que ceux de Turenne, de Luxembourg et de Villars; mais

Buonaparte se réservoit de les relever bientôt par des titres empruntés de l'ancienne noblesse. Tous, présentés par le Sénat, reconnurent pour souverain celui que, vingt-quatre heures auparavant, ils ne reconnoissoient guère que comme leur égal. Tous lui jurèrent avec empressement obéissance et fidélité.

Le Sénat lui-même vint fléchir le genou devant son propre ouvrage, et son vice-président, après un long préambule, lui dit :

« Sire, les Romains souhaitoient à chaque nouvel empereur qu'il fût plus fortuné qu'Auguste, plus vertueux que Trajan. Nous n'avons pas besoin de chercher dans l'histoire des rapprochemens dont aucun ne sauroit vous flatter. Nulle autre époque ne ressemble à l'époque de Buonaparte ; nous ne connoissons qu'un vœu qui soit digne de vous : sire, soyez long-temps vous-même ; vous n'aurez point de modèle, vous en servirez toujours. »

Que François de Neufchâteau, sorti des derniers rangs de la révolution, soit descendu, dans ses discours, jusqu'à ce degré d'avilissement, on peut n'en pas être surpris ; mais dans cette foule de sénateurs qui se traînoient à la suite d'un pareil panégyriste, parmi les Fouché, les Garat, on comptoit des noms honorés dans l'ancienne monarchie, des Luynes et des Choiseul-Praslin, et bientôt le palais du nouveau César se remplira de serviteurs non moins illustres et non moins dégradés.

La proclamation du sénatus-consulte eut lieu deux jours après dans la capitale, avec une pompe et un cérémonial extraordinaires ; on y voyoit figurer les présidens et vice-présidens du Sénat, du Corps législatif et du Tribunat, les maréchaux d'empire, les inspecteurs et colonels-généraux, les officiers supérieurs de l'état-major général et de celui de la garnison de Paris, les douze municipalités, et leur chef le préfet du département.

Mais ni cette pompe ni les fêtes qui les suivirent ne purent faire sortir le peuple de son indifférence ; tout fut sans joie et sans élan ; l'opinion publique se manifesta même avec plus d'éclat que ne l'auroit voulu le nouveau gouvernement.

La veille de la proclamation, on avoit représenté au Théâtre-Français une nouvelle tragédie sous le titre de *Pierre-le-Grand* : c'étoit une production du même tribun Carion de Nisas, qui avoit soutenu avec tant de chaleur la motion de son collègue Curée, et combattu avec tant de zèle le discours de Carnot. L'allusion étoit facile à saisir ; la flatterie y étoit prodiguée à l'excès ; la pièce fut sifflée dès le commencement jusqu'à la fin. Jamais on n'avoit vu une chute plus unanime et plus bruyante. L'auteur avoit eu la maladresse de dénoncer, avant la représentation, une conspiration des écoles contre sa pièce. Il n'en fallut pas davantage pour armer contre lui même celles qui n'y songeoient pas. On retint à la seconde représentation les élèves de l'Ecole polytechnique; mais elle ne fut pas moins tumultueuse que la première; et l'opposition fut si violente, que la police elle-même renonça à soutenir cet ouvrage.

Les calembourgs et les épigrammes se joignirent à ces marques publiques d'improbation. On ne parloit du nouvel empereur qu'avec dérision ou mépris. *Nous avons vu*, disoit-on, *un empereur debout* (de boue) *sur un trône sans glands* (sanglant), allusion terrible au meurtre du duc d'Enghien.

Si, après les brillantes victoires d'Italie et d'Allemagne, après la publication du concordat, après la paix de Lunéville et celle d'Amiens, il se fût trouvé quelqu'un qui, comme Antoine, eût posé la couronne sur la tête du moderne César, peut-être cet acte eût-il été accueilli au milieu des plus vives acclamations; mais ici tout s'annonçoit sous les auspices les plus sinistres; c'étoit au milieu des ap prêts d'un sacrifice de victimes humaines qu'on inauguroit le trône impérial ; et parmi ces victimes il s'en trouvoit dont les noms rappeloient l'ancienne monarchie, et qui inspiroient un touchant intérêt. On se demandoit ce que deviendroit un règne qui débutoit par des arrêts de mort, et ce qu'il falloit se promettre d'un trône qui s'entouroit d'échafauds. La nation attendoit un acte de clémence, Napoléon ne lui donna que le spectacle d'une exécution.

FIN DU CINQUIÈME VOLUME.

TABLE DES CHAPITRES

DU CINQUIÈME VOLUME.

Chapitre premier. Expédition du général Richepanse à la Guadeloupe. Résistance opiniâtre de Pélage; détails sur ce mulâtre. Soumission de la colonie. Mort du général Richepanse. *Page* 1

Chap. II. Actes de sévérité du premier consul envers quelques officiers opposés à son gouvernement. Nouvelle Constitution établie sous le nom de *lois organiques*. Réunion de l'île d'Elbe et du Piémont à la France. Prise de possession du duché de Parme. Suppression du ministère de la police générale; réunion de ce ministère à celui de la justice. Elimination d'un grand nombre de tribuns. Travaux entrepris. Encouragemens donnés aux arts d'industrie. Suppression du culte théophilanthropique. Nouveaux présages de guerre. 17

Chap. III. Cession de la Louisiane aux Etats-Unis d'Amérique. Répression des pirates d'Alger et de Tunis. Plaintes de Buonaparte contre l'Angleterre, et de l'Angleterre contre Buonaparte. Interdiction des journaux anglais en France. Procès intenté à la requête du premier consul, contre l'émigré français Pelletier, l'un des anciens collaborateurs des *Actes des apôtres*; issue de ce procès. Réponses violentes des journaux français aux journalistes anglais. Rupture entre les deux Etats. Départ de l'ambassadeur de Sa Majesté britannique. Décret qui ordonne l'arrestation des Anglais sur toute l'étendue du territoire français. *Page* 38

Chap. IV. Déclaration du roi d'Angleterre; exposé des motifs qui l'ont déterminé à la guerre. Réponse du premier consul à ce manifeste. Sensation produite en France par le départ de l'ambassadeur. Inquiétudes des maisons de commerce. 114

Chap. V. Communication officielle au Sénat, au Corps législatif, au Tribunat. Adresses de félicitations, offrandes de vaisseaux par les départemens. Mouvemens militaires dans l'Europe. Ordre d'arrêter tous les Anglais en France, en Hollande, en Italie et dans tous les Etats soumis aux armes françaises. Situation de la Suisse depuis le traité de Lunéville ; détails sur l'occupation de cette république par la France. Médiation du premier consul. République valaisanne. 129

Chap. VI. Démarches de Buonaparte auprès de Louis XVIII, pour engager ce prince à renoncer à ses droits. Réponse du roi. Nombreuses améliorations dans l'intérieur de la France. 170

Chap. VII. Situation politique de l'Europe. Préparatifs de guerre sur tous les points de l'Angleterre, de la France, de la Hollande, de l'Espagne et de l'Italie. Commencement des hostilités, invasion de l'électorat d'Hanovre. 203

Chap. VIII. Projet formé en Angleterre contre le gouvernement et la personne du premier consul. Débarquement secret de Georges Cadoudal, du général Pichegru et de plusieurs royalistes engagés dans la conspiration. Mission du colonel Savary sur les côtes de l'Ouest. Arrestation de plusieurs Vendéens soupçonnés de complicité avec Georges. Arrestation du général Moreau, de Pichegru, de Cadoudal et de plusieurs personnes. Message du premier consul. Sénatus-consultes. *Page* 223

Chap. IX. Mission de Méhée de la Touche auprès de sir Drake, ambassadeur anglais à la cour de Bavière, et de l'adjudant Rosey auprès de sir Spencer Smith, ambassadeur à la cour de Wurtemberg. 269

Chap. X. Assassinat du duc d'Enghien. 289

Chap. XI. Digression sur les divers écrits publiés récemment à l'occasion de la mort du duc d'Enghien. 361

Chap. XII. Effroi général de l'Europe à la nouvelle de l'assassinat du duc d'Enghien. Honneurs rendus à ce prince à Londres et à Saint-Pétersbourg. Délibérations du corps diplomatique. Conduite ferme de la Russie et de la Suède. Timidité des autres puissances. Fin tragique du général Pichegru. 394

Chap. XIII. Usurpation du trône; élévation de Buonaparte à la dignité impériale. 417

FIN DE LA TABLE.